Pachamama Tales

WORLD FOLKLORE SERIES ADVISORY BOARD

Simon J. Bronner, Ph.D.
   Distinguished Professor of Folklore and American Studies
   Pennsylvania State University at Harrisburg

Joseph Bruchac, Ph.D.
   Abenaki Storyteller and Writer

Natalie O. Kononenko, Ph.D.
   Professor of Slavic Language and Literature
   University of Virginia

Norma J. Livo, Ed.D.
   Writer and Storyteller

Margaret Read MacDonald, Ph.D.
   King County Library System

PACHAMAMA TALES

FOLKLORE FROM ARGENTINA, BOLIVIA, CHILE, PARAGUAY, PERU, AND URUGUAY

RETOLD AND TRANSLATED BY PAULA MARTÍN

Edited by Margaret Read MacDonald

Illustrations by Luna Núñez

World Folklore Series

 LIBRARIES UNLIMITED

AN IMPRINT OF ABC-CLIO, LLC
Santa Barbara, California • Denver, Colorado • Oxford, England

Copyright 2014 by Paula Martín and Margaret Read MacDonald

All rights reserved. No part of this publication may be reproduced, stored in a retrieval system, or transmitted, in any form or by any means, electronic, mechanical, photocopying, recording, or otherwise, except for the inclusion of brief quotations in a review, without prior permission in writing from the publisher.

Library of Congress Cataloging-in-Publication Data

Martín, Paula, 1962–
  Pachamama tales : folklore from Argentina, Bolivia, Chile, Paraguay, Peru, and Uruguay / retold and translated by Paula Martín ; edited by Margaret Read MacDonald.
    pages cm. — (World folklore series)
  Includes bibliographical references and index.
  English and Spanish parallel text.
  ISBN 978–1–59158–299–1 (hardback) — ISBN 978–1–61069–853–5 (ebook) 1. Folklore—South America. 2. Indians of South America—Folklore. I. Title.
GR130.M37 2014
398.2098—dc23   2014007863

ISBN: 978–1–59158–299–1
EISBN: 978–1–61069–853–5

18 17 16 15 14   1 2 3 4 5

This book is also available on the World Wide Web as an eBook.
Visit www.abc-clio.com for details.

Libraries Unlimited
An Imprint of ABC-CLIO, LLC

ABC-CLIO, LLC
130 Cremona Drive, P.O. Box 1911
Santa Barbara, California 93116-1911

This book is printed on acid-free paper ∞

Manufactured in the United States of America

Photographs reprinted by permission of José Luis Barisani.

Illustrations by Luna Núñez.

The publisher has done its best to make sure the instructions and/or recipes in this book are correct. However, users should apply judgment and experience when preparing recipes, especially parents and teachers working with young people. The publisher accepts no responsibility for the outcome of any recipe included in this volume and assumes no liability for, and is released by readers from, any injury or damage resulting from the strict adherence to, or deviation from, the directions and/or recipes herein. The publisher is not responsible for any reader's specific health or allergy needs that may require medical supervision, nor for any adverse reactions to the recipes contained in this book. All yields are approximations.

CONTENTS

Preface xi
Introduction xiii
    Pachamama xiii
    Agradecimientos xiv
    Pachamama xiv
    Giving Thanks xv
    A Beautiful Rainbow xvi

PART 1:
SOUTHERN SOUTH AMERICA

The Lands from Which These Stories Come 3
The People Who Tell These Tales 11
Traditional Children's Games 17
    Argentina: El huevo podrido/The Rotten Egg 17
    Bolivia: Carrera de carretilla/The Wheelbarrow Race 17
    Chile: ¿Quién es?/Who Is It? 17
    Paraguay: Las ollitas/The Little Pots 18
    Peru: La gallinita ciega/The Blind Chicken 18
    Uruguay: "Veo Veo."/"I see, I see." 18
Regional Recipes 19
    Bolivia: Sopa de maní/Peanut Soup 19
    Argentina: Dulce de leche/Caramel Sauce 20
    Chile: Carbonada/Beef Stew 20
    Paraguay: Sopa paraguaya/Paraguayan Corn Bread 21
    Peru: Ceviche/Fish Prepared in Lemon Juice 21
    Uruguay: Flan/Egg Custard 22

PART 2:
FOLKLORE OF SOUTHERN SOUTH AMERICA

Cuentos de animales/Animal Stories 27
   El mono y el *yacaré* 27
   The Monkey and the Yacaré. *Guaraní folktale from Paraguay and Corrientes Province, Argentina.* 30
   Las manchas del sapo 32
   The Toad's Spots. Folktale from Argentina. Versions found in Jujuy, Santiago del Estero, Catamarca, La Rioja, Santa Fe, Buenos Aires, Salta, Tucumán, San Luis, Córdoba, Entre Ríos, and Chubut. 34
   La zorra vanidosa 36
   The Vain Fox. Quechua tale from Peru. 38
   El sapo y el quirquincho bola 39
   The Toad and the Round Armadillo. Folktale from Argentina. Version collected from San Luis Province. Other versions found in Jujuy, Salta, Catamarca, Mendoza, Córdoba, Formosa, Corrientes, Entre Ríos, Río Negro, Chubut, and Santa Cruz. 40
   ¿Quién ve primero la salida del sol? El sapo y el ñandú. 41
   Who Was First to See the Sun? The Toad and the Ñandú. Folktale from Argentina. Versions from Catamarca, Mendoza, and San Luis. 42
   El zorro y el cuy 43
   The Fox and the Cuy. Folktale from Peru. 44
   Khamkhe y Kusi-Kusi (El zorro y la araña) 46
   Khamkhe and Kusi-Kusi (The Fox and the Spider). Aymara folktale from Bolivia. ... 47
   Kharua y Kjirkinchu (La llama y el armadillo) 48
   Kharua and Kjirkinchu (The Llama and the Armadillo). Aymara folktale from Bolivia. 49
   El río de los pájaros pintados 50
   The River of the Painted Birds. Folktale from Uruguay. 51

Leyendas de instrumentos musicales/Legends of Musical Instruments 53
   Quirquincho, el gran cantor 53
   Quirquincho, the Great Singer. Folktale from Bolivia. 56
   La leyenda de la guitarra 58
   The Legend of the Guitar. Folktale from Argentina. 59
   La *quena:* la leyenda del *Manchai Puytu* (caverna tenebrosa) 60
   The Quena: *The Legend of* Manchai Puytu *(Gloomy Cavern). Quechua legend from Peru.* 61
   Los tambores del *Candombe* 62
   Candombe *Drums. Folktale from Uruguay.* 63
   El Kultrún 64
   The Kultrún. *Mapuche folktale.* 66

Cuentos de zonzos/Stories of Fools 69
   Cinco kilos de maíz 69
   Five Kilos of Corn. Folktale from Argentina. 72
   El zonzo valiente... 74
   The Brave Fool. Folktale from Argentina. 78
   Cuando Ingele se creyó muerto... 82
   When Ingele Believed He Was Dead. Folktale from Catamarca, Entre Ríos, San Juan, and Buenos Aires Province, Argentina and Uruguay. 84
Monstruos, brujas, diablos y otras criaturas espantosas/Monsters, Witches, Devils, and other Scary Creatures...87
   Domingo Siete 87
   Sunday Seven. Folktale from San Luis, Argentina. 91
   La suegra del diablo.. 94
   The Devil's Mother-in-Law. Folktale from Entre Ríos and Tucumán, Argentina and from Valdivia, Chile. 98
   El herrero Miseria 102
   Misery, the Blacksmith. Folktale from La Rioja, Misiones, and La Plata, Argentina and from Coquimbo and Valdivia, Chile. 107
   El Familiar 112
   The Devil's Helper. Popular belief from Jujuy, Salta, Tucumán, Santiago del Estero, and the northwest of Catamarca, Argentina and from Coquimbo, Chile. 114
   El cuero *(Hueke Huekú o Trelke-wekufe)* 116
   The Cowhide. Mapuche legend from Chile and Argentina. 118
   La bruja de Jujuy 120
   The Jujuy Witch. Folktale from Jujuy, Argentina. 120
   La leyenda del origen del encaje de Ñandutí 121
   The Origin of Ñandutí *Lace. Guaraní legend from Paraguay.* 122
   El *Millalobo* 123
   The Millalobo. *Folktale from the Island of Chiloé in Chile.* 125
Lugares perdidos/Lost Places 127
   El paraíso de Chungará... 127
   The Paradise of Chungará. A folktale of the Aymara people who live on Lake Chungará on the Altiplano of Chile, near Bolivia's Lake Titicaca. 129
   El origen de Lago Chungará... 130
   The Origin of Lake Chungará. Folktale of the Aymara people who live on Lake Chungará on the Altiplano of Chile, near Bolivia's Lake Titicaca. 132
   La desaparición de La Serena... 134
   The Disappearance of La Serena. *Folktale from the northern coast of Chile.*....... 135
   El Lago Asiru Qucha.. 136

Lake Asiru Qucha. Quechua folktale from Arani, Bolivia. *137*

La montaña viajera *138*

The Traveling Mountain. Folktale of the Shipibo-Conibo of Ucayali, in the Peruvian Amazon. *140*

Cuentos de plantas y árboles/Stories of Plants and Trees 143

La yerba mate *143*

The Yerba Mate. Guaraní legend from Paraguay, Uruguay, and Argentina. *145*

Anahí, la flor del ceibo *147*

Anahí, *the* Ceibo *Flower. Guaraní legend from Paraguay.* *149*

La historia de la flor del Irupé *151*

The Legend of the Irupé *Flower. Guaraní legend from Paraguay.* *152*

El origen de la yuca *153*

The Origin of Yuca. Folktale of the Machiguenga people of the Amazon basin of Peru. *154*

La mujer caníbal *155*

The Cannibal Woman. Qom (Toba) folktale of the Pampa del Indio, Chaco Province, Argentina. *157*

Leyenda del *Lajau (Ombú)* *158*

The Legend of the Lajau (Ombú). *Uruguayan folktale retold by the author Sergio López Suárez.* *160*

El origen del Calafate *163*

The Origin of the Calafate. Selknam legend from Patagonia. *164*

Como consiguió sus espinas el queshque *165*

How the Queshque Cactus Got Its Spines. Legend from Peru. *166*

Cuentos del cielo/Sky Stories 167

Porqué son blancas las estrellas *167*

Why the Stars Are White. Qom (Toba) folktale from the Gran Chaco. *168*

Ñucu, el gusano *169*

Ñucu, *the Worm. Chimané (Tsimané) tale from the Department of Beni, Bolivia.* *171*

El'Al y Kellfu, el cisne *173*

El'Al and Kellfu, the Swan. Tehuelche tale from Patagonia. *175*

La noche del Tatú *177*

The Night of the Tatú. *Folktale from the Cashinahua of Peru.* *179*

Cuentos con criaturas fantásticas/Tales of Fantastic Creatures 181

El duende sombrerudo *181*

The Big Hatted Duende. *Folktale from Northwestern Argentina: Salta, Jujuy, Catamarca, Tucumán and Santiago del Estero.* *185*

Yasí Yateré *188*

Yasí Yateré. *Guaraní folktale from Paraguay and the Argentine littoral.* *190*

El Runa-uturunco, el hombre-tigre.. *192*
The Runa-Uturunco, *the Man-Tiger. Quechua myth from Northwestern Argentina.* *194*
Zapam Zucum... *196*
Zapam Zucum. *Aymara folktale from Northwestern Argentina, La Rioja, Bolivia, and Northern Chile.* *197*

Cuentos de nunca acabar/Endless Tales *199*
   La hormiguita.. *199*
   The Little Ant. Chilean folktale. *200*
   La vaca del rey.. *200*
   The King's Cow. Chilean folktale. *201*
   El rey que tenía dos hijos *201*
   The King Who Had Two Sons. Chilean folktale. *202*
   El cuento de nunca acabar *202*
   The Never Ending Story. Argentinian folktale. *203*
   La flauta de Bartolo *203*
   Bartolo's Flute. Argentinian folktale. *203*
   José se llamaba *204*
   José Is the Name. Argentinian folktale. *204*
   El cuento de la Buena Pipa.. *204*
   The Story of the Good Pipe. Argentinian folktale. *205*

     Glossary 207
     Pachamama Tale Notes... 213
     Bibliography 233
     Index 237

PREFACE

In 1998 Paula Martín invited me to come tell stories in Buenos Aires as her guest. She introduced me to the rich life of contemporary storytelling in that cosmopolitan city. Tellers meet in many cafés throughout the city to share stories . . . some are folktales, many are by contemporary authors. The audiences for these late night sessions are adults, and adult programs are offered at dinner theatre performances, and museum and library evenings. Paula also took me to see exciting telling for children at theatres and schools.

Later I was fortunate to be able to invite Paula to come tell stories in our libraries in Seattle and for our King County Storyfest International. And still later, Paula and I worked together in Habana, Cuba at their ContArte storytelling festival. Staying at the home of teller Elvia Pérez, we three planned a collection of Cuban folktales, *Desde los Vientos de Manguito/From the Winds of Manguito* (Libraries Unlimited, 2004). Elvia wrote it, Paula translated into English, and I edited the collection.

Now it is time to offer a collection of folktales from Paula's own territory. Though many of the stories are from her own country of Argentina, we expanded our reach to include tales from adjacent Chile, Uruguay, Paraguay, Bolivia and since the Andean culture of Bolivia holds so much in common with the Andean regions of Peru, we include Peru also. Paula has traveled extensively throughout Argentina and to the other countries as well. I was fortunate to live for two years in Buenos Aires (1972–1974). Each year we spent a month in Santiago de Chile, driving our Volkswagen bus over the Andes, and touring through Bariloche and down to the island of Chiloé. Twice we drove up to spend a month in Asunción, Paraguay and visit Iguazú Falls. Often we drove, flew, or ferried over to Uruguay to stay in Montevideo or Punta del Este. And en route to Buenos Aires, we had traveled to Lima, Cuzco, Machu Pichu, by train down the high mountain plateau to Puno, where we caught an overnight boat across Lake Titicaca and then by bus to La Paz.

It has been a delight to revisit these places again in my imagination as I worked with Paula on this collection. We have given our readers a sampling of the vast body of folk literature which has evolved here, and through these tales we hope to offer a glimpse into some of the many cultures of these countries.

Margaret Read MacDonald, Guemes Island, Washington

INTRODUCTION

PACHAMAMA

La Pachamama es la tierra como madre, la Madre Tierra. Es la madre de los cerros, de la vida que nace y crece, de la gente. Por ella maduran los frutos y se fecundan los vientres. Es ella quien controla las heladas y las lluvias. Cuando se enoja puede enviar el trueno y la tormenta. Es ella también quien ayuda a las tejedoras y a los alfareros a terminar sus piezas de artesanía. Vive en los cerros y guarda las riquezas de las minas.

En el mes de agosto la Pachamama abre sus entrañas para fecundar a las semillas con el amor de Pachamamac, el sol. En el tiempo en que transcurre esta unión sagrada la gente cuida de sus acciones, sus deseos, sus pensamientos, sus emociones de modo tal que nada interfiera ni entorpezca la felicidad de sus dioses.

Durante el mes de agosto, se celebran los ritos de veneración a la Pachamama. La tierra se abre y se le da de comer y de beber. Con profundo agradecimiento por las bondades recibidas se le ofrece *chicha* (una bebida alcohólica que se hace con la fermentación del maíz), cigarros, granos, hojas de coca, *acullicos* (hojas de coca mascadas), flores e hilos de colores. Se le pide por los días que vendrán, por los nuevos proyectos, por la salud y por el bienestar general.

El templo de la Pachamama es la naturaleza entera, pero la veneración se hace a través de las *apachetas*, montículos de piedra que se van colocando una sobre otra hasta armar una pirámide. Muchas de estas apachetas tienen que ver con los caminos y los caminantes. Algunas veces señalan el punto más alto del camino y otras un punto de encuentro entre un camino que termina y otro que comienza. Algunas veces muestran el lugar desde el cuál se descubre un nuevo horizonte. A través de estas apachetas los viajeros le piden a la Pachamama salud y protección en el camino y los senderos, que otorgue descanso y fuerzas para continuar y que les dé permiso para ingresar a un lugar nuevo.

En la veneración a la Pachamama se le ofrece el primer bocado de comida, el primer sorbo de bebida y el primer fruto de la cosecha. Así entonces, que vayan para ella las primeras palabras de este libro.

AGRADECIMIENTOS

Este libro nace en la Pachamama, con cuentos que han sido paridos y criados desde la tierra de Sudamérica y de sus gentes. Es el momento de hacer una apacheta de palabras para pedir por su camino y su ingreso a un lugar nuevo pero sobre todo para agradecer profundamente las bondades recibidas para que este nacimiento suceda.

A Margaret Read MacDonald, por su profesionalismo y pasión por los cuentos, por todo lo que aprendí en el camino a su lado y por los nuevos senderos que se abrieron a través de este encuentro. Es quien hizo que este libro fuera posible.

A Barbara Ittner, que creyó en este proyecto brindando su apoyo y lo esperó con mucha paciencia.

A mis abuelos, que trajeron de sus provincias de Tucumán y Córdoba tantos cuentos, creencias, música y supersticiones que poblaron mi alma y mi imaginación.

A mis padres, que me dieron la vida y a mis hermanas y hermano con quienes compartimos cuentos, canciones y nuestra historia.

A mis hijos Joia, Javier y Luna, bellos seres que hacen de mi corazón un paraíso de colores y son un apoyo y un motor constante. A Luna también por sus hermosas ilustraciones.

A José Luis, mi amor, que llegó cuando menos lo esperaba en medio de flores lilas con su maletín de doctor cuida-corazones y su corazón gigante y bello. Gracias también por esas fotos asombrosas.

A mis maestros y colegas en la narración oral, arte antiguo y maravilloso, por quienes estos y otros cuentos se encarnan, recuperan su voz y cobran vida.

A los que nos precedieron en el arte y oficio de recopilar cuentos y canciones y cuyo legado es inigualable. De estas latitudes podemos nombrar a: Berta Vidal de Battini, Susana Chertrudi, Félix Colluccio y Leda Valladares entre otros.

A Lidia Porto, por regalarme la colección de la biblioteca de Blas que tanto me ayudó en el impulso final de este libro.

A Delia Aguilera, por su asesoramiento en cuestiones del Paraguay, por los bellísimos encajes de ñandutí y por su inconmensurable ayuda diaria.

A los que abran las páginas de este libro, deseándoles un buen transitar por el sendero y que puedan desentrañar la magia, la belleza y la bondad que estas tierras ofrecen.

PACHAMAMA

According to South American indigenous traditions, Pachamama is earth as a mother, Mother Earth. She is the mother of the mountains, of life that is born and grows, of all people. It is because of her that fruit ripens, animals multiply, and women have babies. It is she who controls frosts and rains. If she gets angry, she sends thunder and storms. She is also the one who helps weavers and potters finish their handicrafts. She lives in the mountains and guards the riches of mines.

In August, Pachamama opens her entrails to make the seeds grow with the love of Pachacamac, the sun. During the time of this sacred union, people take care of their actions, their desires, their thoughts, and their emotions so that nothing interferes or impedes their gods' happiness.

All through the month of August, Pachamama veneration rites are celebrated. The earth opens and is given food and drink. With deep gratefulness for the goods received, she is offered *chicha* (an alcoholic beverage that is made with fermented corn), cigarettes, grains, coca leaves, *acullicos* (chewed coca leaves), flowers, and colorful threads. She is asked for goodness in the days that will come, for new projects, for health, and for general wellbeing.

Pachamama's temple is all nature but the veneration is through the *apachetas*, cairns of piled stones, one over the other forming a pyramid. Many of these *apachetas* are related to roads and travelers. Sometimes, they mark the highest point of the way and others mark where a road ends and another one begins. Sometimes, they show a place from which a new horizon could be discovered. Through these *apachetas* travelers ask Pachamama for health and protection along the way and the paths, for her to grant rest and the strength to continue and for her to grant permission to enter a new place.

In veneration to Pachamama one offers the first bite of food, the first sip of drink, and the first fruit of the harvest. So let us offer to her as well, the first words in this book.

GIVING THANKS

This book is born in Pachamama with stories that have been born and raised from the land of South America and its people. Now is the time to make an *apacheta* with words, so we hope for this book's good path and its entrance into a new place, and above all, to give profound thanks for the benefits received so that it could happen.

To Margaret Read MacDonald, for her professionalism and passion for the stories, for all that I have learned at her side and for the new paths that opened through this encounter. She is the one who made this book possible.

To Barbara Ittner, who believed in this project offering her support and waited for it patiently.

To my grandparents, who brought from their provinces of Tucumán and Córdoba so many stories, music, and superstitions that inhabited my soul and my imagination.

To my parents, who gave me life, and to my sisters and brother with whom we shared stories, songs, and our history.

To my children Joia, Javier, and Luna, beautiful beings that make of my heart a colorful paradise and offer constant support and strength. To Luna also for her wonderful illustrations.

To Jose Luis, my love, that came when I least expected it in between lilac flowers with his doctor's heart-caring briefcase and his giant and beautiful heart. Thank you also for the amazing pictures.

To my teachers and colleagues in storytelling, old and marvelous art, through whom this and other stories manifest, recover their voice, and come to life.

To all who preceded us in the art of collecting songs and stories and whose legacy has no comparison. From these latitudes we can name: Berta Vidal de Battini, Susana Chertrudi, Félix Colluccio, and Leda Valladares among others.

To Lidia Porto, who gave me the collection from Blas's library that was of so much help in the final push of this book.

To Delia Aguilera, for her advice on Paraguayan issues, for the beautiful ñandutí laces and for her immeasurable daily help.

To all who will open the pages of this book, wishing them a good path along the way and the ability to fathom the magic, the beauty, and the goodness that these lands offer.

Introduction

A BEAUTIFUL RAINBOW

South America is a continent of fascinating contrasts. There are hectic, cosmopolitan cities where people dress fashionably, with towering high-rises and all the characteristics of modern life, and then there are small towns where life has barely changed through hundreds of years and people dress in the same traditional clothing as centuries ago. There are vast extensions of virgin, unpopulated areas where nature contrasts with those other areas where everything shows the man-made touch.

From deserts to rain forest, from mountains to seashores, from tropical to Antarctic weather, as in a rainbow, the whole color spectrum is reflected.

And thus, there is something to be found for every interest that one may have: mountains with scenic treks or high altitude climbs; beaches that offer anything from unspoiled tropical islands to whale watching, or crowded fun. In the jungles and tropical rain forest, one can discover all types of animal and plant species. If you like water, you can find anything from the largest and the widest river to waterfalls and even glaciers. There are extensive deserts and salt plains. If you are interested in culture and history, there are many ruins with their mysteries to be discovered, colonial churches, missions, fortresses, and palaces. If you like music, there is *candombe* in Uruguay, *tango* in Argentina, harp music in Paraguay, *cueca* in Chile, and the beautiful Andean music in Bolivia and Peru. There are artists and artisans that offer amazing pieces of pottery, weavings, leather work, or paintings.

This diversity is also in the stories. This is why, even though we tried to be as representative of the different regions and ethnic groups as possible, we may have left some of the colors out. We have chosen for this book tales from the countries of the southern part of the South American continent. The ethnic groups living in these areas are not confined to one country, but their homelands stretch across borders. There is a logic to our inclusion of Quechua and Aymara tales (Peru, Bolivia, northern portions of Chile and Argentina), Guaraní tales (Paraguay and portions of Argentina, Uruguay, and Bolivia), Mapuche tales (Chile and Argentina), and of course, tales of Spanish origin which abound especially in Chile, Peru, Argentina, and Uruguay.

As we read these stories, it is useful to think about why the people of this area wanted to keep telling them. Stories pass from person to person for generations; some are imagined independently by groups of people, others travel to new lands as people migrate from place to place. People pass on their folktales for many reasons. We find here stories such as the "Sky Stories" which help people think about the things they see in the heavens and their relationships to heavenly beings. The tales of "Lost Places" are connected to specific places in the landscape and sometimes help people explain strange geological effects. Tales explaining the origins of plants, trees, stars, and musical instruments are sometimes imaginative inventions, and are sometimes connected to more deeply seated cultural beliefs. The "how and why" story is a playful form which every culture seems to enjoying creating. And it is one that today's students have success replicating in the classroom as well.

Every culture has its frightening tales, often seriously imbedded into the terrors of the group, and of course very useful in keeping children under control: "Don't wander off or the *Millalobo* might get you!" Stories of witches and devils traveled from Spain with emigrants and continue to hold a deep connection to the Catholic traditions now embedded in the area. These too suggest the importance of steering clear of evil.

Animal stories such a "The Vain Fox" and "Khamkhe and Kusi-Kusi" are excellent devices to teach morals to children. Every group also needs some just plain fun stories to relax with in the evening and our "Fool Stories" fill this bill. And for those persistent children who just won't go to sleep, there are the totally annoying "Endless Tales."

We have focused in this book on folktales told by contemporary people, all collected by folklorists in the last hundred years or so. For a good children's collection of ancient mythology, see John Bierhorst, *Black Rainbow: Legends of the Incas and Myths of Ancient Peru* (New York: Farrar, Straus and Giroux, 1976).

These tales have served the people of South America well for generations, now is your turn to join in. We welcome you and we hope you will enjoy your visit to our lands through these stories!

PART 1

SOUTHERN SOUTH AMERICA

THE LANDS FROM WHICH THESE STORIES COME

For this book we have taken stories from the southern part of the continent of South America. Our tales come from Perú and Chile on the continent's Pacific side, from Argentina and Uruguay on the Atlantic, and from landlocked Bolivia and Paraguay. In terms of our tales, it makes the most sense to think about the various geographical regions of this area, rather than political borders.

THE ALTIPLANO

Let's start with the Altiplano. The Altiplano (which means "high plain" in Spanish) has an average height of 12,300 feet (3750 meters). Some passes reach as high as 15,000 feet (4570 meters). The air at these altitudes has much less oxygen than air at sea level. Visitors from lower altitudes find themselves feeling weak until they have acclimated to the lack of oxygen. But the native people of this region have adapted physically to this and manage to work exceedingly hard even at this high altitude.

This huge, high plain, which stretches across the tops of the Andean mountain chain, features even higher volcanic peaks along its western border and high peaks of the Cordillera Real along the eastern border in Bolivia. The Altiplano begins in southern Peruvian territory, just north of Lake Titicaca, and stretches across western Bolivia, touching on the borders of Chile to the West and Argentina to the south. Most of the native residents of the Altiplano are Aymara.

The llama and alpaca are basic to the life of the Quechua and Aymara who live in these high Andean lands. From these animals they get wool to weave their clothing and blankets. The Aymara story of "Kharua and Kjirkinchi" ("The Llama and the Armadillo") shows us just how harsh life on the Altiplano can be. From one season to another, there is always some hardship to endure.

The people of the Altiplano do not care much for snobbish folks who think they know it all. The Aymara story of "Khamkhe and Kusi-Kusi" shows a fox being dressed down by a small spider for his arrogance. And in a Peruvian story, "Fox and *Cuy*," the fox is tricked by a little *cuy*, a guinea pig. *Cuy* are much prized in the Altiplano and Andean high country of Peru and Bolivia as a delicious dinner!

From the Altiplano come also the stories of Chungará, the lost city, whose inhabitants are said to have fled toward Tiahuanaco and Lake Titicaca.

The Lands from Which These Stories Come

Over the mountain range to the east of the Altiplano lie Bolivian lands with more favorable climates. Our Quechua tale "El Lago Asiru Qucha" comes from Arani, Bolivia. You will notice that this tale is very similar to the story of Chungará, told on the slightly higher Altiplano.

PERUVIAN ANDES

The people of the Andean high country to the north of the Altiplano in Peru share much of the same climate. Here we find the historic city of Cuzco, the gateway to Machu Pichu. The Quechua culture found in this part of the Andes has many similarities with the Aymara culture of the Altiplano.

The haunting strains of Andean folk music are known now throughout the world. Quechua and Aymara music is played on different and unique instruments: a flute-type *quena*, made of cane or wood; a square flute called a *tarka*, panpipes called *sikus* or *sampoñas*, drums called *cajas*, and the *charango*, a string instrument that used to be made of an armadillo shell but now is made of wood, since the animal is under protection. The story of "Quirquincho, the Great Singer" tells how armadillo came to give his shell to become an instrument, the *charango*. "The *Quena:* the Legend of *Manchai Puytu*" tells how the *quena* with its enchanting tones came to be.

Also from the Quechua people we have the story of "La zorra vanidosa" ("The Vain Fox"). As with the Aymara, the Quechua use stories to teach morals. The condor in this story is a highly respected bird with a huge wingspan. In the high mountain air, the full moon must be gorgeous. No wonder the fox wanted so badly to reach it! And from the Quechua we also have the story of "How the Queshque Cactus Got Its Spines," another tale which features the fox.

AMAZONIAN RAIN FOREST

The eastern parts of Peru and Bolivia drop off steeply into the Amazonian rain forest basin. In these areas live native people who have tentative contact with the world outside their jungles. From here comes the Machiguengas' tale, "The Origin of Yucca." Manioc or cassava roots (yuca) are a main staple of the diet of these people. The Cashinahua people live also in the Peruvian rain forest. Their tale of "The Night of the *Tatú*" tells how night originated.

From another Amazonian people, the Shipibo-Conibo, comes the magical tale of a city that floated away, "The Traveling Mountain." Further south in the Amazonian basin, the Chimané (Tsimané) people along the Beni River in Bolivia's Beni Province tell the tale of "Ñucu, the Worm" about the origin of the Milky Way.

COASTAL PLAIN

To the west, Peru drops off steeply again, this time to a coastal plain. The capital, Lima, is located there. And far to the south in Peru lies the Atacama Desert. So Peru has Andean Mountains, coastal cities, dry desert, and rain forest!

Traveling south along the coast, we reach Chile. Chile is a very long, narrow country, enclosed between the Andean Mountains to the east that separate it from Argentina, and the Pacific Ocean to the west. Chile's natural environment resembles the west coast of North

America in many ways except everything is reversed, north to south. The northern part of coastal Chile is desert; just as in the Northern Hemisphere we have desert lands in the far south, such as Baja California. As we move south in Chile, the desert gives way to pleasant farmland and at Valparaiso we have a coastline, not unlike California's Monterey area. Inland is the capital city of Santiago de Chile, a city with a pleasant Southern California feel.

Further south, snowcapped volcanic peaks erupt from the Andean Mountain range, reminding one of the snowcapped volcanoes in the Pacific Northwest. Even further south begin forested islands, reminiscent of the islands of Canada's British Columbia. And at the southernmost tip lie the fiords, as in the North American continent's coast of British Columbia and Alaska.

From the coast of northern Chile comes the ancient tale of "The Disappearance of *La Serena.*" In this tale, we find the appearance of a Spanish soldier, Juan Soldado. The story comes from a historical time period when the city was well developed, with a church and rich men about.

In Valdivia, much further south on the coast, we find the story of "The Devil's Mother–in–Law" and a version of "Misery, the Blacksmith." These tales appear in many provinces of Argentina as well. Since Chile and Argentina share a similar Spanish heritage and a border, we find many of the same tales told throughout both countries.

The endless tales, "The Little Ant," "The King's Cow," and "The King Who Had Two Sons" also come from the Spanish heritage of Chile's coastal areas.

CHILEAN AND ARGENTINIAN SOUTHERN ANDES

In the Central and Southern Andean mountains of Chile and Argentina live the Mapuche people. Here the mountain range becomes less harsh than the Andes in Northern Chile/Argentina and the Altiplano. There are forested mountains, snowcapped volcanoes, ancient glaciers, and ski resorts. The Mapuche tale of "The Cowhide" comes from this region. The Mapuche also live further south in Chile's Southern Archipelago and in Patagonia.

CHILE'S SOUTHERN ARCHIPELAGO

At the southernmost end of Chile's highway system the land dissolves away into myriad wooded islands where Mapuche people live. Chiloé is one of the largest islands and being reached by a ferry from Puerto Montt, has many residents. The story of the Millalobo, a creature who lives in a lake on Chiloé is included in our section on monsters.

THE NORTHERN ARGENTINE ANDES

Across the Andes we find the eighth largest country in the world, Argentina. In Latin America only Brazil has a larger land mass. This country stretches from the Altiplano and Gran Chaco in the north to the cold lands of Tierra del Fuego in the south.

Driving east from Santiago, one reaches the Andean Mountains and the Bermejo Pass, crossing the 12,572 feet (3832 meters) mountain range into Argentina. Another day of driving will bring you to its capital Buenos Aires.

The Lands from Which These Stories Come

North of the Pass we find the provinces of Salta, Jujuy, Tucumán, La Rioja, and Catamarca. These are dry, mountainous regions. Though many of the residents here are descended from native people, the folklore from this region tends to draw on Spanish traditions. Many versions of "The Devil's Helper" were heard in this area (Salta, Jujuy, Tucumán, Catamarca), as were versions of "Misery, the Blacksmith" and "The Devil's Mother-in-Law." With their Catholic faith and Spanish legend tradition, these stories of witches and devils are taken as true. The story of "The Jujuy Witch" was told to Margaret by her *mucama*, Berta Bautista, when they lived in Acassuso. Berta definitely believed that this had happened.

From this area also come animal fables such as the story of "The Toad's Spots" and "The Toad and the Round Armadillo." And from La Rioja comes the bizarre tale of the "*Zapam Zacum*." The story of "El duende sombrerudo" is found throughout the provinces of this region. And the fool story, "Five Kilos of Corn" is found in Jujuy, Tucumán, and La Rioja.

THE PAMPAS

Central Argentina is a broad plain, the pampas, where cattle are a major part of life. This is a tall grass prairie. The pampas area includes the Argentinian provinces of Buenos Aires, La Pampa, Santa Fe, Entre Ríos, Córdoba, and parts of San Luis, as well as most of Uruguay and even a bit of the Brazilian state of Rio Grande do Sul.

The gauchos are an important part of Argentinian and Uruguayan folklore, just as cowboys form such an important part of the lore of the American West. You can read more about them on page 11. The stories from this area are mainly Spanish in origin, told by the ranchers and their workers. Music was important in the life of the gaucho. Our story of "The Legend of the Guitar" comes from this tradition. "The Toad´s Spots" mentions the many kinds of traditional folk dance popular among the gauchos. "Sunday Seven" features an *ombú* tree. This tree is one of the few trees that would grow on the pampas grasslands, so an *ombú* was a place for the gauchos to rest in the shade during a break from their work looking after the cattle. The fool stories are popular in this region as "Five Kilos of Corn" was found in Córdoba and "When Ingele Believed He Was Dead" in Entre Ríos.

URUGUAY

Uruguay is the second smallest country in South America. Its gently rolling hills and fertile lands are conducive to agriculture and to the raising of cattle. The gaucho lifestyle of Argentina is a folk tradition also in Uruguay. And cattle and sheep ranching are still important to this country. The country borders on the Atlantic Ocean to the east, with many beautiful seaside areas. To the south it lies on the broad Río Plata. The residents of this area, and of Argentina, are mostly of European descent, primarily from Spain and Italy. One fourth of the residents of Uruguay claim Italian origin. Thus, the folklore from the area has strong roots in Spanish and Italian folklore. Many of the folktales told in the Pampas of Argentina are also told in the Uruguayan gaucho culture. For example, our story of "When Ingele Believed He Was Dead" comes from sources in both Argentina and Uruguay. We also include the tale of the origin of the arrival of *candombe* drumming with the Bantu slaves, "*Candombe* Drums." The 2006 census listed nine percent of Uruguayans as black/mulatto.

"The River of the Painted Birds" gives a glimpse into the myriad bird life of Uruguay and "The Legend of the *Lajau (Ombú)*" shows us many of the trees of Uruguay.

RÍO DE LA PLATA

Buenos Aires, the nation's capital, is located on the Río de la Plata (River of Silver). This enormous river is formed by the joining of the Río Uruguay and the Río Paraná. It widens quickly to an estuary 140 miles (225 kilometers) wide by the time it empties into the Atlantic Ocean and thus is the widest river in the world. The Argentinian capital, Buenos Aires, is set well inland from the sea, near the start of this 180 mile (290 kilometer) long river. At the river's mouth on the opposite shore lies Montevideo, the capital of Uruguay. Buenos Aires had a 2010 population of 2.89 million and is one of the 20 largest cities in the world. Montevideo's 2011 population was 1.3 million. Since folklorists have tended to collect tales from rural areas, our collection does not reflect the incredible diversity of these cities: Italian, German, British, Jewish among others. From Buenos Aires we do have the five never-ending tales from Paula Martín's family tradition. The fool stories "Five Kilos of Corn" and "When Ingele Believed He Was Dead" are also found in this province.

THE GRAN CHACO

The Gran Chaco is a large semi-arid plain, sparsely settled. Most of the Gran Chaco lies in Paraguay. The portions of the Gran Chaco nearest to the Andes in the west are dry, with little vegetation. The areas farther to the east get more rainfall and support savanna vegetation, though high rainfall here often results in a swampy plain.

The Gran Chaco extends into the Formosa and Chaco provinces of Argentina, slightly into Bolivia on its western edge, and into Brazil's Matto Grosso and Matto Grosso do Sul provinces.

From the Gran Chaco we have a story told by the Qom/Toba people explaining why the stars are white. The story features use of the *algarrobo* (or carob) tree, which lives in parts of the Gran Chaco. The Qom/Toba also tell a story of the origin of tobacco in "The Cannibal Woman."

PARAGUAY'S PARANÁ REGION AND THE ARGENTINE LITTORAL

The capital of Paraguay, Asuncion, is located on the Paraguay River, south of the Gran Chaco and close to the Argentinian border. The area to the south is called the "Paraná" and is a pleasant lightly wooded land, good for farming. The Guaraní, who make this their homeland, make up a large proportion of Paraguay's citizens and their language is a second national language, along with Spanish. The Guaraní people are also found down the Paraná River into Argentina´s Littoral region. This riverine area includes portions of the provinces of Entre Ríos, Corrientes, and Misiones, but there are Guaraní people in Chaco and Formosa provinces as well. Some Guaraní also live across the Paraguayan borders into Bolivia, Brazil, and Uruguay.

Several Guaraní tales are included in this book. The tale of "The Monkey and the *Yacaré*" is from Paraguay and is also found in Corrientes Province in Argentina. The tale would be told in riverine areas where this caiman is common. We have stories about the origin of Paraguay's native plants, "Anahí, the *Ceibo* Flower" and "The Story of the *Irupé* Flower." And we have an unusual story, "The Origin of *Ñanduti* Lace" about the delicate lace created by Guaraní women. And we have a tale of the "*Yasí Yateré*," a creature who, along with his variant, the *Kurupí*, is found from the Argentine Littoral north through Brazil and beyond.

MATA ATLÁNTICA

The amazing Iguazú Falls is located at the corner of Argentina, Brazil, and Paraguay. The Iguazú River crashes over the edge of the Paraná Plateau just fourteen miles from where it joins the Paraná River. The falls extend for 1.7 miles (3 kilometers), and vary in height from 197 to 269 feet (60 to 80 meters). In 2012, they were declared one of the new seven natural wonders of the world. Around this area and extending into Misiones Province of Argentina are the extremely diverse and lush forests of the Mata Atlántica or Atlantic Forest, which extends into this region from Brazil. The Guaraní traditionally inhabited the lands around the falls.

ARGENTINIAN CENTRAL ANDES OR CUYO

On the Argentinian side of the Southern Andes lie the provinces of San Juan, San Luis, and Mendoza. This region includes the Andes and their foothills. It is a high, dry, and sunny area and is famous for its wines and olives. Versions of "Who Is First to See the Sunrise?" "The Toad and the Ñandú" and "The Toad and the Round Armadillo" were found in San Luis and Mendoza. Fool stories seem popular here; "The Brave Fool" is found in San Luis, and a version of "When Ingele Believed He Was Dead" was found in San Juan.

PATAGONIA

The southern tip of South America drops down into the sea just opposite Antartica. The Chilean side of this area is rugged and uninhabited, with deep fiords, islands, and horrific winds. On the Argentinian side the mountains slope down to a broad steppe-like plain, which drops off in thirteen abrupt terraces, about 330 feet (100 kilometers) at a time. Here it is cold and windy as well, but the flatter land allows sheep farming.

Argentina considers several of its states to be part of Patagonia: Neuquén, Río Negro, Chubut, Santa Cruz, Tierra del Fuego, Malvinas, and other islands. The northern states of Neuquén and Río Negro are somewhat milder than the most southern tip of the region. Here live the Mapuche and a northern group of Tehuelche. Farther south, especially near the Andes, live another Tehuelche group, largely assimilated after European encroachment. The magical tale of "El'Al and Kellfu, the Swan" is a Tehuelche tale. In the extreme south, the Selknam essentially died out after Europeans took over their territory, though some of their stories remain. We include the Selknam tale of "The Origin of the Calafate."

Our Mapuche story, "The Cowhide" comes from Santa Cruz province, high in the Andes at Lake Buenos Aires. There are recollections of this story on the Chilean side of the Andes and in Chiloé as well. Lago Buenos Aires crosses the border and is shared with Chile, where it is called General Carerra Lake. Another Mapuche tale, "*The Kultrún*," tells of the importance of the *kultrún* drum in Mapuche cosmogony and ceremonies.

THE PEOPLE WHO TELL THESE TALES

Many of the stories in this collection are told by the descendants of Spanish ranchers and settlers who live in the pampas (flatlands) of Argentina and Uruguay, and in the coastal plains of Chile and Peru. Some of these settlers came from other European countries as well, but the tales bear a strong memory of stories told in Spain. We can find variants of many of the stories both in Spain and throughout Latin America.

In the tales of Argentina and Uruguay, we find a strong influence of the gaucho culture. Gauchos are similar to cowboys in the sense that they also herded cattle on the broad pampas plains and spent much of their time on horseback. The horse is most of what a gaucho would own in the world, together with the *facón*, a large knife that they used as their only eating tool as well as to defend themselves. They developed a distinctive way of life. They wore broad hats, ponchos, broad pants called *bombacha* and drank *mate*, a tea made from leaves of the yerba mate plant, which they sipped from a little gourd using a silver straw. Even though this nomad way of life does not exist anymore, many of these characteristics still remain. In the countryside, people still dress in bombachas and ponchos and the *facón* is now used to eat a good *asado*, or barbecue. Mate is still very popular in Argentina, Uruguay, Paraguay, and the south of Brazil and gourds encrusted in silver are sometimes used.

In this collection, you will find tales set in a countryside of isolated farmsteads and ranches. Much rural life still exists in these regions, but we also find cities such as Lima, Santiago de Chile, Montevideo, La Paz, and Buenos Aires. The latter is the second largest city in South America (after Sao Paolo, Brazil). However, most of our tales were collected from rural storytellers, rather than from city residents.

Some of the tales in this collection come from ethnic people native to South America long before the Europeans arrived. Many ethnic groups are native to this region. We have included stories from just a few of these, but include tales from all of the largest populations: Quechua, Aymara, Mapuche, and Guaraní.

ANDEAN PEOPLES

Quechua

Quechua is a language spoken in the high Andean country of Peru, parts of Bolivia, and in the Andean regions of Ecuador, Colombia, and the northernmost parts of Chile and Argentina.

In 1969, Quechua was named the second official language of Peru. The many Quechua-speaking groups have different dialects. There are as many as 14 million Quechua speakers in these combined countries.

The Quechua people speak of Pachamama, (Mother Earth) who grants fertility to the fields. Burnt offerings and libations are made to Pachamama to ensure her aid and to thank her for her goodness.

The Quechua and Aymara (below) raise llamas, alpacas, guanacos, and vicuñas who do well in this high, dry region. From the wool of these animals, they weave blankets, ponchos, shawls, and other clothing.

Both Quechua and Ayamara (below) create haunting music with their unique folk instruments. The play a panpipe (*siku*), a flute (*quena*), drums (*caja*), and a string instrument traditionally made from the shell of an armadillo (*charango*).

The leaves of the coca plant are used in rituals by both Aymara and Quechua and have traditionally been chewed as a stimulant to help them survive their harsh lives in this difficult landscape and cold climate. The chewing of coca leaves by the Andean peoples is a very mild usage. Unfortunately, this same plant is the source of cocaine, so attempts to stop the export of coca to other countries has resulted in the criminalization of a traditional part of local life.

A variety of small, tasty potatoes are raised by the Quechua and Aymara at this high altitude. And the native grain quinoa has become highly desired in the U.S. and European food markets. The grain is high in protein and has been a staple of local diets here, but high prices paid for export of the grain sometimes means that local families sell it rather than consume it themselves.

Quechua people have tried to gain political power for themselves and Quechua women leaders such as Hilaria Supa and María Sumires have been elected to the Peruvian Congress.

Aymara

Around two million Aymara live on the Altiplano in Bolivia and Peru and into the northernmost Andean part of Chile.

The Aymara women (as well as the Quechua women) wear heavy, full woolen skirts, shawls, and bowler hats. These hats reportedly were added to the local dress when a shipment from Europe arrived in the 1920s for the use of European railroad workers. The hats were found to be too small for the workers, but the local women loved them.

Like the Quechua, the Aymara give offerings to Pachamama, and also to Inti (the Sun). Though both the Aymara and the Quechua are strong adherents to Catholicism, having been converted by the Spaniards, they also still respect their traditional belief systems.

More recently, the Aymara people have organized to gain political power for themselves. Evo Morales, a former coca grower and trade union leader, won the presidency of Bolivia in 2005 and was re-elected in 2009.

Mapuche

The Mapuche reside in south-central Chile and southwestern Argentina. The term *Mapuche* means "people from the earth" and is used to include the Huilliche (people from the south), Lafkenche (people from the west), Nagche (people from the valley), Pehuenches (people from Auracaria, in the Andes, and alongside the Bío Bío River).

The Mapuche people bred European sheep in such a way that they would produce thicker and longer wool than usual. In this manner, they were able to supplement the use of alpaca and llama hair with sheep's wool for weaving ponchos and blankets. Weaving continues today in Mapuche communities, creating items to sell or to wear for festivals or as additions to their contemporary clothing.

The Mapuche in Chile fought against Spanish and Chilean domination for 350 years, but were finally settled on reservations in the 1800s. In 1980, the reservation lands were transferred to individual Mapuche. As a result of this, some Mapuche have lost their land, sold off to pay debts and through enticements.

There are over 1,000,000 Mapuche in Chile and around 300,000 in Argentina. Half of the Chilean Mapuche people live in their traditional area from the Bío Bío River south to Chiloé Island while the other half live near Chile's capital, Santiago.

PATAGONIAN PEOPLE

Tehuelche

Around 11,000 Tehuelche now live in the provinces of Santa Cruz, Chubut, and Buenos Aires (Tehuelche who moved to the city). In 2011, twenty-three acres of land were set aside in Santa Cruz Province in Argentina for Tehuelche and Mapuche people.

Selknam/Ona

The Selknam people inhabited the southernmost areas of Patagonia and Tierra del Fuego. Unfortunately when the European ranchers arrived with their sheep, the Selknam saw sheep simply as more game to hunt. The tribe was almost entirely wiped out by angry ranchers who stalked them in man-hunts. A 2001 census showed 505 people of Selknam ancestry in Argentina. No speakers of the Selknam language, Ona, remain. We include one of the Selknam stories which has survived, in honor of this disappearing people.

PEOPLE OF PARAGUAY AND THE ARGENTINE LITTORAL

Guaraní

There are around 4.6 million Guaraní speakers in Paraguay. Guaraní also live nearby in the borders of Argentina, Uruguay, Brazil, and Bolivia. After centuries of intermarriage between Europeans and Guaraní, Paraguay officially states that its population is 93 percent mestizo.

The Guaraní language is taught in school in Paraguay, which considers itself a bilingual country. However, the Guaraní taught in schools is Guraní-Jopara (Guaraní with Spanish words intermixed, and Spanish verb endings appended). Native speakers of the language use a purer Guaraní.

The Guaraní women are known for their remarkable *ñandutí* lacemaking. Legend says that they learned this from observing how a spider weaves her web. Page 118 gives one version of this tale.

Qom/Toba

The Qom (Toba) live in the Gran Chaco and its borders in Argentina. This large desert/swamp lies mostly in Paraguay, but also stretches into Argentina, Bolivia, and Brazil.

A group of Argentinian Toba has chosen to reclaim their earlier name as Qom people. They are producing a dictionary in an attempt to preserve their language, and are lobbying in Argentine courts for tribal rights.

AMAZONIAN BASIN AND LOWER EASTERN SLOPES OF THE ANDES

Machiguenga

The Machiguenga people live in the Amazon rain forest in the Peruvian border east of Machu Picchu and close to the borders with Brazil and Bolivia along the Urubamba River and the Madre de Dios River. Their numbers range from 6,000 to 10,000. They grow manioc, bananas, corn, sweet potatoes, and other foods in gardens cleared in the forest, and gather game and fruits from the forest itself. The Machiguenga traditionally lived in homes of thatched palm. Government approaches and missionary outposts have drawn them to small westernized communities. Recently drug traffickers have kidnapped and terrorized some Machiguenga.

Shipibo-Conibo

Around 25,000 speakers of Shipibo live in the Amazonian regions of Peru, Bolivia, and Brazil. The Shipibo and Conibo people combined to form one group, the Shipibo-Conibo. A main habitation area is along the Ucayali River in the Amazonian area of Peru. Their lifestyle is threatened today due to encroachment by oil, logging, drug trafficking, and missionaries. Deforestation, erosion, and global weather changes causing drought and floods have caused some of the fruit trees they depend on to die out. The women make beadwork, textiles, and pottery, some of which is now sold to the tourist market.

Chimané/Tsimané

Between 2,000 and 2,500 Chimané (Tsimané) live in the Beni River area of Bolivia's rain forests as well as along tributaries on the Ceja de Selva (eastern Andean slope). These people have been hunter-gathers, living off the wildlife and plants of the jungle and growing bananas and manioc. They would grow crops in one area of their territory during part of the year, then move to the river to fish during another part of the year, moving around in the territory they considered their home. However, recent encroachments into their forests are altering their lifestyle as they gravitate toward settlements. Missionaries, drug traffickers, and loggers have all played a part in this disruption.

A study of the Tsimané Health and Life History Project is showing that the Chimané do not develop heart disease in old age, so their traditional lifestyle has had some health benefits.

Cashinahua

Also called Kashinawa, they call themselves the Huni Kuin ("Real People"). Between 2,400 and 7,500 reside in the Peruvian state of Colonel Portillo and the Brazilian states of Acre and South Amazonas. They live along the Curanja and Purus rivers. The Huni Kuin have traditionally been hunter-gathers, and also fish and grow maniac and plantain in small patches. Their contact with westerners has been unfortunate. Around the turn of the twentieth century, they were pushed out of their original riverine homes by rubber extractors and sometimes massacred. In the 1950s, many died in a disease epidemic after an anthropologist had lived among them for a time. Today some of their groups still shun contact with outsiders while others are drifting to settlements.

TRADITIONAL CHILDREN'S GAMES

ARGENTINA: *EL HUEVO PODRIDO*/THE ROTTEN EGG

Players sit in a circle on the floor. One of the players is the rotten egg and will walk around the circle carrying a ball of paper. All the players chant:

Jugando al huevo podrido	Playing rotten egg
Se lo tiro al distraído	I throw it to the distracted person
El distraído no ve	the distracted person doesn´t see
Y huevo podrido es	and becomes the rotten egg

While the players chant, the "rotten egg" throws the ball of paper behind whoever is not watching and starts to run. The one who received the ball of paper behind him or her has to stand up and run after the "rotten egg." If the "rotten egg" is caught, the same player has to be the "rotten egg" again. But if the "rotten egg" sits down in the empty space that was left before being caught, then the new player is the "rotten egg."

BOLIVIA: *CARRERA DE CARRETILLA*/THE WHEELBARROW RACE

This is a wheelbarrow race in which pairs race against each other. One person puts his or her hands on the ground and his or her feet are held up in the hands of the second person, like the handles of a wheelbarrow. The pairs race to see who can reach the finish line first. Note: *Carretilla* means "wheelbarrow" in Spanish.

CHILE: *¿QUIÉN ES?*/WHO IS IT?

Players stand in a line. The leader of the line is "it."
　　The leader calls out: "Have you seen my friend?"
　　The players answer: "No, sir."
　　The leader calls out: "Do you know where my friend is?"
　　The players answer: "Yes, sir."
　　The leader walks nine steps forward and stops. During this walk, the players shift places behind the leader.
　　The players call out: "Do you know who is behind you?"

The leader can ask three questions to help identify the hidden "friend." For example: "Is it a girl or boy?" "Is she tall or short?" If the leader guesses correctly, he or she changes places. If not, the leader is still "it" and the game continues.

PARAGUAY: *LAS OLLITAS*/THE LITTLE POTS

Two players squat in front of the group with their hands holding onto the backs of their knees.

The two players call out, asking if the other players have pots to sell.

They respond yes, to come buy them.

The two players have to try and catch the other players by touching them with their elbows, without letting go of their legs.

Anyone caught becomes a pot as well, until everyone is a pot!

PERU: *LA GALLINITA CIEGA*/THE BLIND CHICKEN

The "blind chicken," the person who is "it," has his or her eyes blindfolded. This person is turned around several times by the other players until the "blind chicken" has lost all sense of direction. Then everyone runs and the "blind chicken" tries to catch them. Be sure this is played in a defined space and that there are no tripping hazards for the blindfolded player. The person caught is now "it" and the game begins again.

In another version of this game, the players stand in a circle with the "blind chicken" in the center. The blindfolded player must not only touch them, but also identify them. The players may switch places or move the circle so as to confuse the "blind chicken."

URUGUAY: "*VEO VEO.*"/"I SEE, I SEE."

This guessing game is a Uruguayan version of "I Spy with My Little Eye." This game should be played with two or more players.

> One of the players chants: *Veo Veo.* (I see, I see.)
> The others reply: *¿Qué ves?* (What do you see?)
> *Una cosa.* (A thing.)
> *¿Qué cosa?* (What thing?)
> *¡Maravillosa!* (Marvelous!)
> *¿De qué color?* (What color is it?)

Then the player has to say a color and the rest of the players have to guess what he or she is looking at. The player who guesses correctly wins a turn to say: "*Veo. Veo.*"

REGIONAL RECIPES

BOLIVIA: *SOPA DE MANÍ*/PEANUT SOUP

This vegetarian dish is a peanut soup with vegetables.

You Will Need:

¼ pound of raw peanuts
oil
2 green onions chopped, including part of the green stems
1 teaspoon cumin
1 teaspoon pepper
1 teaspoon paprika

1 tablespoon crushed garlic
1 tablespoon chopped parsley
5 carrots, cut up
6 cabbage leaves, cut up
3 potatoes, peeled and cut up
½ cup of peas
1 chicken bouillon cube

To Prepare This:

Grind the peanuts in a food processor until they form a creamy paste with no lumps.

Pour the peanut mixture into a pan and add some oil to thicken and soften, on low heat, stirring constantly to prevent sticking.

Add some water if needed. The mixture is done when it becomes slightly lumpy and loses its raw smell.

Add ½ teaspoon of turmeric for color.

In another pan, prepare a soup with the chicken bouillon cube.

Bring 3 quarts of water to a boil. Add bouillon cube. Add spices, carrots, onion, and peas. Add the peanut mixture, stir well and simmer. Finally, add potatoes, cabbage, and parsley and continue to simmer until the vegetables are done.

ARGENTINA: *DULCE DE LECHE/CARAMEL SAUCE*

This is a sweet caramel-like paste that is delicious as a spread on bread, as a filling for cake, or poured over ice cream. This is a much loved ingredient of all sorts of sweets in Argentina.

You Will Need:

4 cups milk
2 cups sugar
1 teaspoon baking soda
1 tablespoon vanilla

To Prepare This:

Bring the milk to a boil in a heavy sauce pan.

Add sugar, baking soda, and vanilla.

Whisk the mixture until sugar is completely dissolved.

Lower heat to medium low and simmer for 2 to 2 ½ hours, until the mixture turns to caramel.

You can test whether or not it is done by spooning a bit onto a plate. When it is no longer runny, it is done.

CHILE: *CARBONADA/BEEF STEW*

This is a traditional meat stew.

You Will Need:

2 pounds of rump steak
1 carrot
½ onion
2 garlic cloves
3 large potatoes
½ pound green beans, cut up
1 cup peas
2 tablespoons rice
salt, pepper, oregano

To Prepare This:

Cut the meat into ½ inch pieces.

Brown the meat in oil in a large stew pot.

Cut the carrot in ½ inch pieces and add.

Chop the onion and add.

Chop the garlic finely and add.

Add a pinch of oregano and paprika, pepper and salt to taste.

Add 2 quarts water and cook until the meat is tender.

Add the cubed potatoes, peas, green beans, and 2 heaping tablespoons of rice.

Cook until the potatoes are soft.

PARAGUAY: *SOPA PARAGUAYA*/PARAGUAYAN CORN BREAD

Though called Paraguayan "soup," this is in fact a delicious corn bread.

You Will Need:

3 large onions
1 teaspoon of salt
6 tablespoons butter
4 eggs

2 cups corn meal
1 cup crumbled cheese (a salted white cheese)
1 cup whole milk
1 tablespoon cream

To Prepare This:

Chop the onions finely. Boil the onions in 3 cups of salted water for 10 minutes in a covered saucepan. Allow the cooked onions to cool.

In a large bowl, beat the butter until smooth.

Add the eggs one at a time, continuing to beat.

Add the crumbled cheese.

Add the cooked onions along with the water in which it was boiled.

Slowly add the corn meal, milk, and cream, alternating and adding each a little at a time.

Stir until smooth and pour into a large greased and floured pan.

Bake in the oven for 1 hour at 400°F. or until toothpick inserted in center comes out clean.

PERU: *CEVICHE*/FISH PREPARED IN LEMON JUICE

This is a cold salad served chilled on a bed of lettuce. The fish is marinated for several hours in lime juice rather than being cooked.

You Will Need:

2 pounds of a fresh white fish (corvina or tilapia) with all bones removed
3 medium size onions sliced thinly
8 limes
5 chile peppers (Peruvian recipes call for including the seeds, but we suggest removing them, as they make the dish too hot for North American tastes.)
salt and pepper to taste

1½ tablespoons of chopped cilantro
3-5 crushed garlic cloves
3 lettuce leaves

Optional: Traditionally, this Peruvian dish is served accompanied by boiled sweet potato and slices of corn-on-the-cob.

To Prepare This:

Take the bones out of the fish and wash the fish thoroughly with water and salt. Let stand in the salt water for 10 minutes.

Cut into ½ inch pieces. Put the fish in a pan and season with the crushed garlic and salt.

Add finely chopped chile peppers (seeds removed first).

Add squeezed lime juice.

Add chopped cilantro.

Sprinkle with pepper.

Let sit for 10 minutes.

Cover the fish with the sliced onion and chill in the refrigerator. Recipes call for letting the ceviche marinate in the refrigerator from 1 to 3 hours.

Serve on lettuce leaves.

Garnish with chunks of boiled sweet potato and slices of corn-on-the-cob, if desired.

URUGUAY: *FLAN/EGG CUSTARD*

This delicious desert is popular throughout Latin America.

You Will Need:

6 eggs
2 ½ cups warm whole milk

1 teaspoon vanilla
1 cup sugar

To Prepare This:

Preheat oven to 325°F.

Grease ramekins (small individual bowls)

Slowly melt the sugar in a small saucepan over medium heat.

Stir until the sugar has turned to caramel of a light amber color.

Pour into the ramekins.

Put in refrigerator to cool.

Mix eggs, milk, and vanilla. Pour into ramekins on top of caramel.

Set ramekins in large baking pan half filled with water.

Bake 45 minutes until custard sets.

Let cool before serving. To serve, turn upside down onto a plate.

PART 2

FOLKLORE OF SOUTHERN SOUTH AMERICA

CUENTOS DE ANIMALES

ANIMAL STORIES

EL MONO Y EL *YACARÉ*

Cuento folklórico Guaraní de Paraguay y Corrientes, Argentina.

Había una vez un mono que quería cruzar el río para ir a una gran fiesta que había del otro lado. Le daba miedo hacerlo, no sólo porque no sabía nadar, sino además porque en la orilla vivía un *yacaré* grandote. Desde lo más alto de un árbol, el mono comenzó a hablarle para ver si conseguía que lo ayudara a cruzar.

> —¡Cómo te va *chamigo*! El otro día una *guaina* me preguntó por *vó*.
> —¿Si? ¿Y qué dijo?
> —Dijo que sos un mozo muy lindo y muy elegante...

El yacaré pegó un coletazo de la alegría.

> —¿De veras? ¿Cuál es? ¿Cuál moza? ¡Decíme por favor!
> —¡Esa!...la que vive allá del otro lado y que es muy bonita...
> —No sé cuál me decís.

—¡Qué lástima! Justo hoy hace una fiesta en su casa... pero como no puedo cruzar el río no te la puedo presentar.
—¡Yo te puedo cruzar! Subite a mi lomo con cuidado que yo te llevo.
—¿Y es seguro?
—Pero sí, no me vas a decir que tenés miedo del agua.
—Nnnno... claro que no.

El mono se subió con cuidado al lomo del *yacaré*. Temblaba de miedo mientras el *yacaré* se sacudía entusiasmado.

—Mientras te cruzo decime qué más te dijo de mí...
—Que sos un mozo lindo, nadador...
—Ja, ja, ja... eso me gusta —decía el *yacaré* y de la alegría daba coletazos y quería que le contara más. El mono, muerto de miedo seguía inventando.
—¿Qué más? ¿Qué más?
—Que tenés lindos ojos, y el lomo suave, que sabés cantar y bailar...
—Ja, ja, ja... eso me gusta —decía el *yacaré* y de la alegría sacudía más aún su cola mientras el mono temblaba cada vez con más miedo.

Como el río era muy ancho, el *yacaré* seguía preguntando:

—Y, ¿qué más ha dicho de mí la *guaina*?
—Que sos un mozo valiente, que sabés trabajar bien y que sos tan romántico...
—Ja, ja, ja... eso me gusta —volvía a decir el *yacaré* y se sacudía tanto que el mono no sabía cómo hacer para mantenerse sobre su lomo, pero no podía hacer ni decir nada porque si no se caía al agua.

Cuando llegaron a la otra orilla, el yacaré volvió a preguntar:

—Antes que me la presentes, dime ¿qué más te dijo de mí?

El mono pegó un gran salto primero a tierra firme y luego trepó a un árbol. Cuando vio que estaba bien alto y a salvo, gritó:
—Esto es lo que ella dijo de vos: (Y comenzó a insultarlo en guaraní.)

Ese tobá mocái,
acä chipá guazú,
jheté curú,
rezá guazú,
mborajiú locro,
tï tortero,
sa botö,
yurú guazú...
(Ese cabeza de falso *chipá* grande,
con el cuerpo lleno de verrugas,
ojos saltones y quebrados como locro de pobre,
lomo de serrucho,

nariz de tortero,
ojo de botón,
boca grande...)

Y dicen y cuentan, que desde ese día el *yacaré* se mueve muy despacio por el agua. Está pensando y buscando una oportunidad para vengarse del mono.

THE MONKEY AND THE *YACARÉ*

Guaraní folktale from Paraguay and Corrientes Province, Argentina.

The yacaré *is a caiman (or alligator) that can be six to eight feet long. They live in the rivers of Argentina, eastern Bolivia, Paraguay, Uruguay, and Brazil—especially the Pantanal region. This story has some unusual Paraguayan Guaraní words in it. It is more fun to just play with them, rather than making up a translation. Note: A* guaina *is a young girl.*

There once was a monkey who wanted to cross the river to get to a big party that was taking place on the other bank. He was afraid to cross, not only because he didn't know how to swim, but also because a huge *yacaré* lived on the river bank. From the top of a tree, the monkey called to the *yacaré* to see if the alligator would help him cross the river.

"How are you doing, *chamigo*! The other day a *guaina* was asking for you."
"Really? And what did she say?"
"She said that you are a very good-looking and elegant lad..."

The *yacaré* shook his tail from joy.

"Really? Which one? Which young woman? Please tell me!"
"That one! The one that lives there on the other side of the river and who is very beautiful..."
"I don't know which one. You tell me."
"What a pity! Just now she is having a party at her house... but since I can't cross the river, I can't introduce her to you."
"I can get you to the other side! Climb on my back carefully and I will take you."
"Is it safe?"
"Of course. You are not going to tell me that you are afraid of the water, are you?"
"Nnnno... of course not."

The monkey climbed up carefully onto the back of the alligator. He was trembling from fright while the alligator shook himself with enthusiasm.

"While I cross over, tell me what else she said about me..."
"That you are nice-looking, a good swimmer..."
"Ha, ha, ha... I like that," said the alligator and he kept on shaking his tail from happiness and wanted to hear more. The monkey, full of fear, kept on inventing.
"What else? What else?"
"That you have nice eyes, soft skin, that you know how to sing and dance..."
"Ha, ha, ha... I like that," said the alligator, while he shook his tail even more and the monkey trembled, more and more frightened.

Since the river was very wide, the alligator kept on asking,

"And what else did the *guaina* say about me?"

"That you are brave, that you are a good worker and that you are so romantic..."

"Ha, ha, ha... I like that," repeated the alligator and shook itself so much that the monkey barely knew how to remain on his back, but he wouldn't do or say anything, afraid of falling into the water.

When they finally arrived at the other side of the river, the alligator asked once more, "Before you introduce me to her, tell me what else she said about me?"

First the monkey took a great leap to firm ground and then he quickly climbed a tree. When he saw that he was high enough to be safe, he yelled, "This is what she said about you: (And he began to insult him in Guaraní.)

Ese tobá mocái, acä chipá guazú, jheté curú, rezá guazú, mborajiú locro, tï tortero, sa botö, yurú guazú."

Which is Guaraní for:

Head like a big, fake *chipá* (cheese bread). Body covered with warts. Eyes darting and cracking like the stew of a poor man. Nose like a saw. Button-eyes. Big mouth.

And it is said and it is told, that from that day on the alligator moves very slowly through the water. He is thinking, and looking for an opportunity to take revenge on the monkey.

LAS MANCHAS DEL SAPO

Cuento folklórico de Argentina. Versiones de Jujuy, Santiago del Estero, Catamarca, La Rioja, Santa Fe, Buenos Aires, Salta, Tucumán, San Luis, Córdoba, Entre Ríos y Chubut.

Hace mucho pero mucho tiempo, los pájaros fueron invitados a una gran fiesta en el cielo. El sapo se lamentaba, pues amaba bailar y de ninguna manera quería perderse esa fiesta, pero ¿cómo hacer? Solo podían llegar al cielo aquellos que pudieran volar.

Cuando llegó ese día, el cuervo que era muy presumido, se puso su traje negro de gala. Mirándose al espejo decía:

—¡Soy tan apuesto! ¡Tan buen mozo!

Mientras el cuervo estaba concentrado en acicalarse, el sapo sigilosamente fue dando saltos hasta esconderse dentro de la guitarra. Cuando el cuervo estuvo listo, cargó su guitarra al lomo y así partieron hacia la fiesta, el cuervo sin percatarse de que llevaba un polizón escondido. Al llegar al cielo, encontraron a todas las otras aves sentadas a la mesa del banquete: la golondrina azul, la calandria, el loro, el chingolo, el pecho colorado, el picaflor, la viudita, la paloma, cada una de ellas vestida con las más elegantes plumas que pueda uno imaginarse.

El cuervo dejó la guitarra en un costado y antes de buscar un lugar dijo:

—Muchas gracias por invitarme a esta fiesta. Tocaré la guitarra y bailaré con gusto. En cuanto a la comida no se preocupen por mí. Puedo comer cualquier cosa y si está podrida ¡Mejor!

La fiesta era espléndida. Las aves comieron y bebieron todo tipo de delicias. Cuando empezó a sonar la música salieron todas a bailar. El cuervo invitó a la paloma a bailar una chacarera y cantando le decía:

Palomita estás hermosa
Tal vez quieras ser mi esposa
Sabes soy un cuervo lindo
Inteligente, listo y rico.

La paloma respondió a su vez:

Señor Cuervo no es usted
mi compañero deseado
¡Comer carroña podrida
no es nada delicado!

La fiesta continuaba y el sapo seguía en su escondite, pero cada vez se le hacía más difícil resistir las ganas de bailar. La música era cada vez más bonita. Hubo pala-pala, chacarera, zamba, bailecito pero en cuanto empezó el malambo el sapo no pudo más y allí salió de su escondite zapateando y haciendo todo tipo de destrezas con sus patas y sus saltos. Se hizo un gran silencio y todos se miraron extrañados. La fiesta era exclusiva para pájaros. ¿Cómo había llegado hasta allí un sapo?

Fue el mismo cuervo el que con su guitarra lo desafió a una payada. Se nombraron los jueces y los dos adversarios comenzaron a afinar sus respectivos instrumentos. El cuervo salió sorteado para comenzar:

> *Disculpe si soy curioso,*
> *le pido una explicación...*
> *¿cómo pudo entrar a la fiesta*
> *sin ninguna invitación?*
> *Y le pido que me aclare*
> *como ha llegado al lugar,*
> *pues nunca en todos mis años*
> *he visto a un sapo volar...*
> *¡Creo decir con razón*
> *Usted entró de polizón!*

El sapo respondió:

> *Este es un hecho cumplido*
> *Aquí estoy porque he venido*
> *Mi encanto me hace volar*
> *Vuelo con mi pensamiento.*
> *Vuelo como mi corazón*
> *Vuelo con mis sentimientos*
> *De polizón han venido,*
> *según las cosas indican,*
> *debajo de su plumaje,*
> *los piojos que a usted le pican...*

El cuervo se enfureció y empezó a correrlo por todos lados para pegarle. Las otras aves intervinieron y la confusión fue general. Cuando todo fue un enredo de gritos y plumas, el sapo aprovechó para a esconderse nuevamente en la guitarra de cuervo sin que nadie se diera cuenta. Finalmente, la fiesta se dio por terminada y los animales se prepararon para regresar a la tierra. El cuervo, seguía enojado con el sapo pero al no poder encontrarlo por ningún lado, cargó su guitarra y se fue. En ese momento se dio cuenta del escondite del sapo, sin embargo disimuló y no dijo nada, pero cuando estaba en pleno vuelo giró su guitarra haciendo caer al sapo a toda velocidad. El sapo vio que estaba por caer en un pedregal y empezó a gritar:

—¡Piedras! ¡Muévanse a un lado! ¡Córranse rápido por favor!

Por supuesto, las piedras no se movieron y el sapo las golpeó con toda la fuerza de su caída. Cuando reaccionó le dolía todo el cuerpo y vio que había quedado lleno de moretones y manchas. Pensó que se le curarían sin embargo quedó así para siempre.

Cuentan y dicen que los sapos pueden anticipar la lluvia porque una vez uno de ellos, llegó hasta el mismísimo cielo y que las manchas del lomo son la prueba de esta osada aventura.

THE TOAD'S SPOTS

Folktale from Argentina. Versions found in Jujuy, Santiago del Estero, Catamarca, La Rioja, Santa Fe, Buenos Aires, Salta, Tucumán, San Luis, Córdoba, Entre Ríos, and Chubut.

The payada *in the rhyming contest is a ten-line rhyming couplet, or* décima, *accompanied by a guitar. The* malambo *is a tap dance accompanied by percussion instruments.*

A long time...a very long time ago, birds were invited to a big party up in the sky. The toad was moaning because he loved dancing and didn't want to miss that party, but what could he do? The only ones that could get there were the ones that could fly.

When that day arrived, the crow, which was very conceited, put on his black party suit. Looking at himself in the mirror, he said, "I'm so handsome! I'm so good-looking!"

While the crow was focused on sprucing up, the toad went jumping stealthily and hid inside the guitar. When the crow was ready to go, he carried the guitar up on his back and in this way, they departed for the party. The crow didn't realize that he was carrying a hidden intruder. When they got to the sky, they found all the other birds sitting at the banquet table: the blue swallow, the *calandria* (lark), the parrot, the *chingolo* (red-collar sparrow), the red breast, the hummingbird, the *viudita* (widow), the dove, each one of them dressed in the most elegant feathers that one can imagine.

The crow left his guitar on one side and before finding a place to sit he said,

> "Thank you for inviting me to this party. It will be my pleasure to play the guitar and dance. As far as food is concerned, don't worry about me. I can eat anything and if it is rotten, so much the better!"

The party was splendid. The birds ate and drank all kinds of delicacies. When the music started, they all stood up to dance. The crow invited the dove to dance a *chacarera* and while dancing he sang:

> Ms. Dove you look so pretty,
> Would you like to marry me?
> As you know I am the crow,
> handsome, witty, smart, and rich.

The dove replied:

> Mr. Crow, I'll let you know
> You are not my kind of mate.
> Eating dead and rotten things
> It's not delicate!

The party went on and the toad was still in his hiding place, but as time went by it got harder to resist the temptation to dance. The music was getting better and better. There was *pala-pala, chacarera, zamba, bailecito,* but as soon as the *malambo* started the toad couldn't contain himself any longer and came out of his hiding place tapping and doing pirouettes with his legs and his jumps. Silence filled the place and the birds looked at each other aghast. The party was exclusively for birds. How did a toad get there?

It was the crow himself who challenged toad to a *payada*—rhyming competition. Judges were appointed and the two opponents started to tune their instruments. The crow was chosen to begin:

> Excuse me if I'm curious
> But I need an explanation...
> How did you get to this party
> Without an invitation?
> And I want you to be clear
> How you came up to the sky
> Because not in all my years
> Have I seen a frog fly...
> I'm afraid I have to say
> You came as stowaway!

The toad replied:

> This is an accomplished thing
> I am here because I came!
> My charms help me fly
> I fly on my thoughts.
> I fly with my heart.
> I fly with my feelings.
> As everything clearly shows,
> the ones that stowed away
> are lice under your wings
> biting you all the way!

The crow got really furious and started to run after him trying to punch him. The other birds intervened and there was mass confusion. When everything turned into a mess of screams and feathers, the toad took advantage of the situation and went back to hide inside the crow's guitar without anybody noticing. Finally, the party was over and all the animals got ready to return to the earth. The crow was still mad at the toad, but since he couldn't find him anywhere, he took his guitar and flew off. At that moment he noticed the toad's hiding place, but pretended not to notice anything and didn't say a word. But when he was in mid-air, he turned the guitar upside down really fast and the toad fell out at full speed. The toad saw that he was about to hit a stony place and started to shout, "Stones! Move to one side! Move fast! Please!"

Of course, the stones didn't move and the poor toad hit them as hard as he could. When he collected himself, his whole body ached and he noticed that it was fully covered with bruises and spots. He thought they would heal, but he remained like that forever.

It is told and it is said that toads can tell when it's going to rain because one time one of them went up to the sky itself. The toad's spots are a proof of this bold adventure.

LA ZORRA VANIDOSA

Un cuento Quechua de Perú.

Había una vez una zorra que se creía la más maravillosa de la tierra. Miraba con desprecio a todas las otras zorras. Su pelaje le parecía más sedoso que el de las otras. Su hocico tenía una terminación puntiaguda perfecta. Sus ojos, eran los que más brillaban.

Esta zorra tan hermosa como vanidosa, estaba enamorada de la luna. Por la noche, mientras las otras zorras se dedicaban a cazar, esta zorra simplemente se sentaba a contemplar a la luna. Quería encontrar una forma de trepar hasta ella y así observarla de cerca. Y una noche, tuvo una idea. Fue a ver a su amigo el cóndor con una cara muy triste.

—¿Qué sucede? —preguntó el cóndor—Te ves tan triste...
—Estoy triste —respondió la zorra—porque quiero estar más cerca de la luna. Tú tienes unas alas muy fuertes. ¿Podrías acarrear una soga hasta sujetarla en la luna? ¡Así podría luego treparme!
—Con todo gusto lo intentaré—prometió el cóndor. Y sujetando una cuerda firmemente con el pico, echó a volar muy pero muy alto... hasta alcanzar la luna. Allí, sujetó la cuerda y llamó a la zorra.
—¡Ya está lista!

La zorra tomó la cuerda, enroscó su cola en ella y empezó a trepar, impulsándose hacia arriba, patita tras patita. Apenas había subido unos metros cuando miró hacia abajo y vio a sus hermanas que corrían muy ocupadas entrando y saliendo de sus cuevas.

—Qué animales miserables que son—pensó la zorra—Están pegadas al suelo, viviendo en sus agujeros de tierra, mientras que yo, la hermosa e inteligente, puedo trepar al cielo.

Continuó trepando, orgullosa de sí misma:

—¡Soy yo!, ¡la que asciende al cielo como los pájaros!

Luego escuchó un chillido:

—¡Ja!, ¡Ja!, ¡Ja!, ¡Ja!, ¡Ja!
—¿Qué es eso? ¿Quién se está riendo de mí?

Había un hermoso loro de colores volando muy cerca de la zorra. El loro se reía ante la escena ridícula que estaba presenciando ¡una zorra por el aire!

—¿De qué te ríes, pajarraco? ¿Acaso no sabes quién soy yo? ¡Soy la zorra más hermosa de la tierra!

Pero el loro continuó riendo:

—¡Ja!, ¡Ja!, ¡Ja!

—¡Ríete si quieres, loro asqueroso! Un pájaro pesado como tú apenas puede volar. Nunca podrás volar tan alto como yo puedo trepar. ¡Estoy yendo a la luna!

Esto enfureció al loro. Las plumas de la cabeza se ensancharon y la cara se le puso de un rojo brillante. Con una voz áspera graznó:

—¿Cómo te atreves a insultarme de esta manera?

Luego el loro balanceándose en la cuerda, empezó a picotearla.
Picoteo y picoteo... hasta que la zorra empezó a caer... ¡a caer a la tierra!

—¡Hermanas! ¡Hermanas!—gritaba mientras caía—¡Atájenme! ¡Me voy a chocar!

Pero las hermanas de la zorra ya estaban acurrucadas en sus cuevas durmiendo. Ninguna escuchó sus gritos.

THE VAIN FOX

Quechua tale from Peru.

Compare this story with "The Toad's Spots" on page 33–34.

There once was a fox who believed herself to be the most gorgeous fox in the land. She looked down on all the other foxes. Her coat was silkier than theirs. Her snout was more beautifully pointed. Her eyes were more shiny.

This beautiful but vain fox was enamored of the moon. While the other foxes were out hunting at night, this fox would just sit and gaze at the moon. She thought there should be some way to climb up to the moon so she could see it better. And one night, this fox had an idea. She went to her friend the condor with a very sad face.

"What is wrong?" asked the condor. "You seem so sad..."

"I am sad," responded the fox, "Because I want so badly to go nearer to the moon. You have such strong wings. Could you carry a rope as you fly and fasten it to the moon? Then I could climb up!"

"I could certainly try that," promised the condor. And holding a rope firmly in his beak, he flew high high high...all the way to the moon. There he fastened the rope firmly and called down to the fox. "All is ready!"

The fox grasped the rope, wrapped her long tail around it, and began to hoist herself up...paw after paw. The fox was only a few yards off the ground when she looked down and saw her sisters all busily running in and out of their holes.

"What miserable animals they are," thought the fox. "They are stuck on the earth living in their dirt holes, while I, the beautiful and clever one, can climb to the sky."

She climbed on, feeling so proud of herself, "It is I...who ascend to the sky like the birds!"

Then she heard a screeching sound, "Ha! Ha! Ha! Ha! Ha!"

"What is that? Who is laughing at me?"

There was a beautifully colored parrot flying very near to the fox. The parrot was laughing at the ridiculous sight of a fox in the air.

"What are you laughing at, bird? Don't you know who I am? I am the most beautiful fox in the land!"

But the parrot kept on laughing, "Ha! Ha! Ha!"

"Laugh if you want, you ugly parrot. A heavy bird like you can hardly fly. You can never fly as high as I can climb. I am going to the moon!"

This infuriated the parrot. Its head feathers flared out and its face turned bright red. In a hoarse voice it squawked, "How dare you insult me in this manner?"

And balancing on the rope, the parrot began to peck at it! Pecking and pecking...until the poor fox found herself falling ... falling toward the earth!

"Sisters! Sisters!" called the falling fox. "Catch me! I'm going to crash!"

But the fox's sisters had already curled up in their dens and gone to sleep. Not a one of them heard her cries.

EL SAPO Y EL QUIRQUINCHO BOLA

Cuento folklórico de Argentina. Versión recopilada en San Luis. Otras versiones de Jujuy, Salta, Catamarca, Mendoza, Córdoba, Formosa, Corrientes, Entre Ríos, Río Negro, Chubut y Santa Cruz.

El quirquincho es capaz de convertirse en una bola, metiendo la cabeza, las piernas y la cola bajo el caparazón.

En un tiempo de sequía, el quirquincho y el sapo se lamentaban por no tener qué comer. Un día mientras conversaban, vieron venir una carreta. La carreta estaba cargada con quesos. El quirquincho tuvo una idea. Corrió hasta la huella del camino, escondió sus patitas bajo el caparazón, la cabeza bajo la cola y así se transformó en una bola redonda y dura. Cuando la rueda pasó por encima del quirquincho bola, la carreta se sacudió y un queso cayó al costado del camino. El quirquincho saltó sobre el queso y empezó a comerlo ignorando al sapo. El sapo mirando con la boca abierta dijo:

—¿Qué estás comiendo, hermanito?
Este queso.—respondió el quirquincho.
—¿Y de dónde lo has sacado?
—De la carreta esa que pasó.
—¿Y cómo has hecho para sacarlo de la carreta?
—Y... me he puesto en el camino, la rueda ha tropezado conmigo y entonces ha saltado el queso.
—¡Convídame, hermanito! ¡Por favor!
—No, anda y consigue un queso tal como lo he conseguido yo.

El sapo se quedó pensando un instante.

—Déjame probar qué tal es, para ver si vale la pena arriesgarme.

El quirquincho entonces, con la punta de la uña arañó una pizca de queso y se lo dio al sapo a probar.

—Mmmmm... ¡Es delicioso! Voy a intentar.

El sapo fue a los saltos atrás de la carreta y cuando logró alcanzarla se colocó en la huella. Cuando la rueda pasó encima del sapo, lo dejó chatito y con los ojos reventados hacia los costados. Y así quedó el sapo, para siempre.

THE TOAD AND THE ROUND ARMADILLO

Folktale from Argentina. Version collected from San Luis Province. Other versions found in Jujuy, Salta, Catamarca, Mendoza, Córdoba, Formosa, Corrientes, Entre Ríos, Río Negro, Chubut, and Santa Cruz.

The quirquincho (armadillo) is able to turn itself into a ball by tucking its head, legs, and tail into its shell.

During a time of drought, the *quirquincho* and the toad were complaining because they didn't have anything to eat. One day, while they were talking, they saw a cart approaching. The cart was loaded with cheeses. The armadillo got an idea. He ran to the track on the road, hid his legs under his shell and his head under his tail and turned into a round and hard ball. When the wheel ran over the round quirquincho the cart jolted and a piece of cheese fell to the side of the road. Quirquincho jumped onto the cheese and started eating, ignoring the toad. The toad stared with an open mouth and said,

> "What are you eating, brother?"
> "This cheese" replied Quirquincho.
> "And where did you get it from?"
> "From that cart that just passed."
> "And how did you get it from the cart?"
> "Well... I placed myself on the road and when the wheel bumped over me the cheese fell out."
> "Share with me, brother! Please!"
> "No, you go and get your own cheese, just as I did."

The toad thought for a moment.

> "Let me try the cheese to see if it is worth risking myself."

Quiquincho then, with the tip of one nail, scratched a little bit of cheese and gave to the toad for him to taste.

> "Mmmmm...It's delicious! I'll go try it."

The toad hopped after the cart and when he reached it, he placed himself on the track. When the wheel ran over the toad, it left him flattened out, with his eyes bulging to the sides. And that's how the toad stayed, forever.

¿QUIÉN VE PRIMERO LA SALIDA DEL SOL? EL SAPO Y EL ÑANDÚ.

Cuento folklórico de Argentina. Versiones de Catamarca, Mendoza y San Luis.

Un día, el sapo estaba entre unos pastitos cuando se acercó el ñandú a tomar agua. El ñandú era muy orgulloso y despreciaba al sapo por ser gordo, petiso y chato. No lo miraba, ni lo saludaba, ni nada. Es más, ya estaba a punto de pisarlo cuando el sapo le gritó:

—¡Epa, don! ¡Tenga cuidado! ¿No ve que hay gente? ¡Hay que ser más educado!
—Disculpe, amigo, no lo vi... como usted es tan petiso... me tengo que agachar mucho para poder verlo. Y como yo soy tan alto, ando siempre mirando para arriba, a las cosas que están a mi altura.
—Yo seré petiso, pero puedo ver más lejos que usted —dijo el sapo—y si quiere le juego una apuesta.
—¿Ah, sí? ¿Y qué apuesta es esa?
—A ver quién puede ver primero el sol mañana, acá en este mismo lugar.
—¡No diga, amigo! Muy bien, don sapo, mañana nos vendremos aquí al alba para ver quién ve primero la luz del sol.

Se pusieron de acuerdo en el precio de la apuesta y se despidieron. Al otro día, cuando todavía estaba oscuro y en el cielo aún se veían las estrellas, se encontraron el sapo y el ñandú. Cada uno tenía que elegir el lugar que más le convenía. El ñandú se subió a una loma que había por ahí.

—Bueno, le dejo tomar ventaja —dijo el sapo tranquilo.

El ñandú estiraba el cuello y miraba hacia el este, hacia donde sale el sol.

El sapo se quedó ahí nomás, pero se puso a mirar hacia el oeste, a las cumbres de la cordillera de los Andes que tenía al frente.

El ñandú pensaba:

"Además de gordo, petiso y chato es más tonto de lo que me imaginaba. Ni siquiera sabe por dónde sale el sol."

Así se quedaron hasta que comenzó a aclarar. El sapo lo más tranquilo. El ñandú que saltaba y estiraba el cogote para ver más alto y más lejos. Entonces el sapo dio un salto y empezó a gritar:

—El sol... la luz... ya lo vi... lo vi primero... ¡Gané! ¡Gané!

El ñandú se dio vuelta y vio las cumbres de la cordillera bañadas con la luz del sol.

El sapo ganó y el ñandú no sólo tuvo que pagar la apuesta sino que además quedó con el cogote y las piernas estiradas como las tiene ahora.

Cuentos de animales/Animal Stories

WHO WAS FIRST TO SEE THE SUN? THE TOAD AND THE ÑANDÚ.

Folktale from Argentina. Versions from Catamarca, Mendoza, and San Luis.

A ñandú, *or rhea, is an ostrich-like bird found in the southern part of South America.*

One day, a toad was resting in the grass when a *ñandú* came along to drink water. The *ñandú* was very proud and despised the toad for being so fat, short, and flat. He did not look at him, or greet him, or anything. Even more, he was about to step on him when the toad cried out:

"Hey, sir! Be careful! Don't you see there is someone here? You should be more civilized!"
"Pardon, friend, I didn't see you. . .since you are so short. . .I have to bend a lot to see you. And since I am so tall, I go about always looking up. . .at things that are of my height."
"I might be short, but I can see much further than you," said the toad. "And if you wish, I will make you a bet."
"Ah, yes? And what bet is this?"
"To see who can first see the sunrise tomorrow, here in this very place."
"You don't SAY, friend! Very well, Mr. Toad, tomorrow we will come here at dawn to find out who sees the light of the sun first."

They made an agreement on the amount of the bet and left. The next day, when everything was still dark and in the sky were seen only stars, the toad and the *ñandú* met. Each had to choose the spot that best suited him. The *ñandú* climbed a hill that was there.

"Good, I will let him have the advantage," said the toad calmly.

The *ñandú* stretched out his neck and stared toward the east toward where the sun rises.

The toad, however, stayed where he was, but began to look toward the west at the peaks of the Andes mountains that were in front of him.

The *ñandú* thought, "In addition to being fat, short, and flat, he is more stupid than I imagined. He doesn't even know where the sun rises."

And there they stayed until the sky began to lighten. The toad was the calmest. It was the *ñandú* who jumped and stretched his neck to see higher and farther. Then the toad gave a leap and started to shout:

"The sun. . .the light. . .I already saw it. . .I saw it first. . .I win! I win!"

The *ñandú* turned around and saw the peaks of the mountain ridge bathed in the light of the sun.

The toad won and the *ñandú* not only had to pay the bet, but also remained with his neck and legs stretched out as they are today.

EL ZORRO Y EL CUY
Cuento folklórico de Perú.

Un día, un campesino salió a recorrer sus plantaciones de alfalfa y encontró al cuy comiéndose las plantas. Para castigarlo lo dejó amarrado a una estaca mientras le decía

—¡Mañana te voy a comer guisado!

Al poco tiempo, pasó por allí un zorro y en cuanto vio al cuy amarrado comenzó a burlarse.

—¡Alguien está en problemas! ¡Alguien va a convertirse en guiso!
—Nada de eso... —respondió el cuy— estoy acá porque el campesino quiere darme de comer muchas gallinas ¡pero a mí no me gustan!

Al oír esto, el zorro se entusiasmó.

—¡Dámelas a mí, a mi me encantan!
—Bueno, entonces toma mi lugar que te den de comer las gallinas.

El cuy cambió lugares con el zorro y se alejó corriendo a toda velocidad.
Cuando el campesino encontró al zorro en lugar del cuy, le empezó a pegar diciendo:

—¿Cómo te vas a dejar engañar por un animal tan chico como el cuy?—luego lo liberó.
El zorro tenía una sola cosa en su mente, encontrar al cuy y vengarse.
—¡Ese cuy! ¡Cuando lo agarre! —decía el zorro apretando los dientes.
Lo buscó por todas partes y finalmente lo encontró debajo de una inmensa piedra que simulaba sostener.
—¡El mundo se viene abajo y el cielo nos va a aplastar! ¡Zorro! ¡Ven a sostener la piedra en la que se apoya el mundo mientras voy a buscar ayuda!

El zorro tomó el lugar del cuy y éste huyó a toda velocidad. El zorro se quedó sosteniendo un buen rato. Cuando ya estaba a punto de agotar sus fuerzas, soltó la piedra y como no se cayó el zorro se dio cuenta que nuevamente el cuy lo había engañado.

—¡ESE CUY! ¡CUANDO LO AGARRE!—decía el zorro mientras daba fuertes resoplidos por la nariz. Finalmente lo encontró cavando un hueco en la tierra en forma desenfrenada mientras gritaba:
—¡Se viene la lluvia de fuego! ¡Socorro! ¡Sálvese quien pueda!
—¡Ahora sí que no me engañas más!
—dijo el zorro—¡Sal del hueco ahora mismo que voy a ser yo el que se salve de la lluvia de fuego!

El cuy salió y el zorro se metió dentro del pozo. El cuy tapó el hoyo rápidamente y huyó y así fue como el cuy se libró del zorro que lo perseguía.

THE FOX AND THE *CUY*

Folktale from Peru.

Cuy (pronounced coo-ee) is an Andean name for "guinea pig." They are considered a culinary delight in Andean parts of Peru, Bolivia, and Ecuador and are bred for this purpose.

One day, a farmer went to look around his alfalfa plantations and found a *cuy* eating his plants. In order to punish him, he tied him up to a stake while saying:

Tomorrow I'm going to eat *cuy* stew!

Shortly after, a fox passed by and as soon as he saw the tied-up *cuy* he started to mock.

"Somebody is in trouble! Someone is going to become stew!"
"Not at all," answered the *cuy*.

"I'm here because the farmer wants to feed me a lot of hens, but I don't like them!"

Hearing this, the fox was excited.

"Give them to me! I love them!"
"Well then, take my place so that you can get the hens."

The *cuy* traded places with the fox and then ran away at full speed.
When the farmer found the fox in the *cuy's* place, he started to beat him saying,

"How come you let yourself be fooled by such a small animal as the *cuy*?"

And then he freed him.
The fox had only one thing on his mind, to find the *cuy* and take revenge.

"That *cuy*! Wait till I find him!" said the fox, gnashing his teeth.

He searched for him everywhere and finally found him beneath a huge stone that he seemed to be holding up.

"The world is falling and the sky will crush us! Fox! Come hold up this rock which the world is falling on, while I go for help!"

The fox took *cuy's* place and *cuy* escaped as fast as he could. The fox remained there supporting the stone for quite a while. When he was almost out of strength, he let go of the stone and when it did not fall, he realized that the *cuy* had fooled him again.

"THAT *CUY*! WAIT TILL I CATCH HIM!" exclaimed the fox, snorting angrily.
Finally, he found the *cuy* frantically digging a hole in the earth while screaming,

"The rain of fire is coming! Help! Save yourself if you can!"

"You are not going to fool me again!" said the fox, "Come out of the hole right now! I'm going to be the one protected from the rain of fire!"

The cuy came out and the fox went into the hole. *The cuy* covered the hole really fast and ran away. That's how the *cuy* finally freed himself from the fox that chased him.

KHAMKHE Y KUSI-KUSI
(EL ZORRO Y LA ARAÑA)

Cuento Aymara de Bolivia.

En una noche fría y lluviosa, Khamkhe, el zorro, se metió en una cueva para protegerse. En una pared estaba Kusi-Kusi, la araña pequeñita. Al ver a esta criatura insignificante, el zorro se acercó para aplastarla. Pero la araña escapó y reprochó al zorro:

—¿Qué es esto de entrar a mi casa e intentar matarme? ¿Acaso no sabes que los animales más grandes deben ser amables con los más pequeños?

A lo que el zorro se echó a reír:

—¿Quién te crees que eres, cosita insignificante, como para venir a darme lecciones sobre cómo comportarme?

La araña pequeñita no dijo ni una palabra pero trepó por su hilo hasta el techo de la cueva y luego se dejó caer con gracia mientras tejía un hilo muy fino. Agregó este hilo a su telaraña y volvió a subir para comenzar de nuevo. Hilo tras hilo, completó su telaraña y cuando terminó se sentó en el centro de su hermoso tejido y llamó al zorro que estaba abajo:

—Ahora mira lo que he creado y fíjate quién puede aprender de quién.

Como se puede ver en esta historia, aún las criaturas más insignificantes pueden humillar a aquellos que se consideran superiores.

KHAMKHE AND KUSI-KUSI (THE FOX AND THE SPIDER)

Aymara folktale from Bolivia.

One cold and rainy night, Khamkhe, the fox, went into a cave to escape the weather. There on the wall was Kusi-Kusi, the tiny spider. Seeing this insignificant creature, the fox came near to squash it. But the spider escaped and reproached the fox.

"What do you mean, coming into my cave and attempting to kill me? Don't you know that large animals should show kindness to the smallest ones?"

At that the fox began to laugh.

"Who are you, you puny little thing, to give me lessons on how to behave."

The tiny spider said not a word, but climbed her thread to the ceiling of the cave, and then let herself down gracefully, spinning out a thin thread. She attached that to her web and rose back up to begin again. Thread by thread she filled out her web and when she was done, she sat in the middle of her beautifully spun web and called down to the fox below.

"Now just take a look at what I have created and see who can learn from whom."

As we can see from this story, even the most insignificant creature can humiliate those who consider themselves superior.

KHARUA Y KJIRKINCHU
(LA LLAMA Y EL ARMADILLO)

Cuento Aymara de Bolivia.

Un día Kahrua, la llama, se encontró con Kjirkinchu, el armadillo. La llama, siempre curiosa, se agachó para examinar el caparazón de esta criatura tan extraña. El armadillo comenzó a burlarse de la llama, diciendo que era un animal estúpido y flacucho.

Era verdad que la llama estaba muy flaca entonces, porque era esa época del año en que el pasto escaseaba, al principio de noviembre. Al mismo tiempo, era la época del año donde se podía comer la *ttula*, una fruta que crece bajo tierra y también era cuando aparecen los *lakhatus,* unos gusanos que suben a la superficie de la tierra en busca de raíces tiernas. Ambas eran las comidas preferidas del armadillo.

—No puedo decir si eres delgado o gordo, porque no puedo ver nada bajo tu caparazón, pero te desafío a que nos encontremos nuevamente en el mismo lugar en junio y ahí veremos.
—¡De acuerdo
—¡gritó descaradamente el armadillo y luego desapareció en su madriguera.

Cuando llegó el momento de la cita, no se veía al armadillo por ninguna parte. Debilitado por el hambre se acurrucaba en su madriguera. Esta era la época del año en que los gusanos se alejaban a la profundidad de la tierra para evitar las heladas y era muy difícil encontrar plantas de *ttula*. En cambio el pasto estaba bien verde y se encontraba en abundancia por el Altiplano. La llama apareció saludable y bien alimentada a encontrarse con el armadillo. Como no lo encontró en el lugar acordado, fue a buscarlo a la madriguera. Espió a la criatura hambreada, escupió en el agujero y se alejó riendo.

Como esta historia muestra, a cada uno le toca el turno en la prosperidad y a cada uno le toca el turno en la escasez. No es sabio reírse de la desgracia ajena ni agrandarse por el éxito propio.

KHARUA AND KJIRKINCHU
(THE LLAMA AND THE ARMADILLO)
Aymara folktale from Bolivia.

One day Kahrua, the llama, met Kjirkinchu, the armadillo. The llama, who is always curious, bent down and began to examine the shell of this strange creature. The armadillo started at once to laugh at the llama, calling him a skinny, stupid animal. It was true that the llama was very skinny just then, because this was the time of year when the grass was scarce, at the beginning of November. But at the same time, this was the time of year when the underground fruit of the *ttula* are ready to eat, as well as the *lakhatus* worms that come to the surface in search of tender roots. Both were the preferred foods of the armadillo.

"I can't tell if you are skinny or fat, because I can't see under your shell. But I challenge you to meet me at this same place in June and see what we shall see."

"Agreed!" shouted the sassy armadillo, and disappeared into his burrow.

When the time of the appointment came, the armadillo was nowhere to be seen on the roads. He was weak with hunger, huddled in his burrow. This was the time of year when the worms dug deep down in the earth to avoid the freezes and the *ttula* plants were rare. However, now the grass was green and abundant on the Altiplano. So the llama appeared healthy and well-fed when he came to meet the armadillo. Not finding him at the meeting place, he went looking for the armadillo at his burrow. Spying the starving creature, he spat down the hole and went away laughing.

As this story shows, to each comes his turn at prosperity and to each comes his turn at scarcity. It is not wise to laugh at misfortune, nor to feel puffed up about success.

EL RÍO DE LOS PÁJAROS PINTADOS

Cuento de Uruguay.

Cuando comenzaron los primeros calores de la primavera con ellos llegaron también los primeros pájaros. Eran muchos pájaros y de muchos colores. Esas tierras ofrecían generosamente una gran variedad de paisajes, y así, cada ave pudo encontrar su casa. En las praderas verdes y onduladas se quedaron el ñandú, la perdiz, el tero, el chingolo y el picabuey. En los árboles altos y a los costados de los caminos anidaron la calandria, el churrinche, el hornero, la tijereta y el cardenal. En los pastizales la martineta, el verdón y la monterita cabeza gris. Las quebradas se poblaron con la urraca, el loro, el batatá, el gavilán y el cuervo. El titirí, la viudita negra y el zorzal, se quedaron cerca de los ríos y en las serranías, el cardenal, el mirlo y la calandria. Los palmares se llenaron con el ñacurutú, los carpinteros y los halcones. En los bañados y esteros se acomodaron los chajás, las garzas y las gallinetas. Los largos kilómetros de costa atlántica se poblaron con gaviotas, pingüinos, lechuzas y hasta con el crespín. Los cisnes, los flamencos y los patos colmaron de belleza a las lagunas y los lagos.

¡Quién pudiera ver aquello! Cientos de aves diferentes coloreaban el cielo azul con sus plumas multicolores a la vez que regalaban a la tierra sus cantos maravillosos.

Un día, cruzó el gran río un joven indio con su familia en busca de una tierra donde hacer su hogar. Tal como les sucediera a los pájaros, quedaron deslumbrados con el paisaje. Armaron sus tolderías cerca del río. Allí no sólo podían conseguir agua y comida sino también embriagarse con el canto del río y el de los pájaros.

Una noche, reunidos alrededor del fuego, le pusieron nombre a ese río: "Uruguay" que en guaraní quiere decir "el río de los pájaros pintados." Cuentan que a ese río le gustó tanto su nuevo nombre, que lo llevó hacia el norte, el sur, el este y el oeste y se lo contó a todos los pájaros. Y todos los pájaros lo cantaron "Uruguay, Uruguay" nombrando así cada rincón de esa hermosa tierra.

THE RIVER OF THE PAINTED BIRDS

Folktale from Uruguay.

When the first warmth of spring arrived, with it came the first birds. There were many birds of many colors. These lands generously offer a wide variety of landscapes, and thus each bird can find its home. On the rolling green meadows we find the *ñandu* (rhea), the *perdiz* (partridge), the *tero* (curlew), the *chingolo* (rufous-collared sparrow), and the *picabuey* (cattle tyrant). In the high trees and alongside the roads nested the *calandria* (calandra lark), the *churrinche* (vermillion fly-catcher), the *hornero* (oven bird), the *tijereta* (fly-catcher), and the cardinal. In the pastures, the *martineta tinamou* (crested partridge), the *verdon* (seed pampas greenfinch), and the grey-headed *monterita* (long-tailed reed finch). The ravines are populated with the *urraca* (magpie), the *loro* (parrot), the *batará* (barred antshrike), the *gavilan* (hawk), and the *cuervo* (crow). The *titiri* (warbler), the *viudita negra* (black widow), and the *zorzal* (thrush) stay along the rivers, and in the mountains are the cardinal, the *mirlo* (blackbird), and the *calandria* (calandra lark). The palms are filled with *ñacarutú* (owls), *carpinteros* (woodpeckers), and *halcones* (hawks). In the marshes and estuaries are accommodated the *chajás* (crested screamers), the *garzas* (herons), and the *gallinetas (moorhens)*. The long kilometers of the Atlantic coast are populated with *gaviotas* (seagulls), *pingüinos* (penguins), *lechuzas* (owls), and even with *crespin* (cuckoos). The *cisnes* (swans), flamingoes, and ducks covered with beauty the lagoons and lakes.

Who could see something like this! Hundreds of different birds coloring the blue sky with their multicolored feathers, while at the same time gifting the earth with their marvelous songs.

One day a young Indian crossed the great river with his family in search of a land to make their home. Just as had happened with the birds, his family were dazzled by this scenery. They set up their camps near the river. There they could not only get water and food, but could be intoxicated with the song of the river and of the birds.

One night, sitting around the fire, they gave a name to this river: "Uruguay" which in Guaraní means "the river of the painted birds." They say that the river liked this new name so much, that it carried it to the north, the south, the east, the west and told it to all the birds. And all the birds sang "Uruguay, Uruguay," thus naming every corner of this beautiful land.

Cuentos de animales/Animal Stories

LEYENDAS DE INSTRUMENTOS MUSICALES

LEGENDS OF MUSICAL INSTRUMENTS

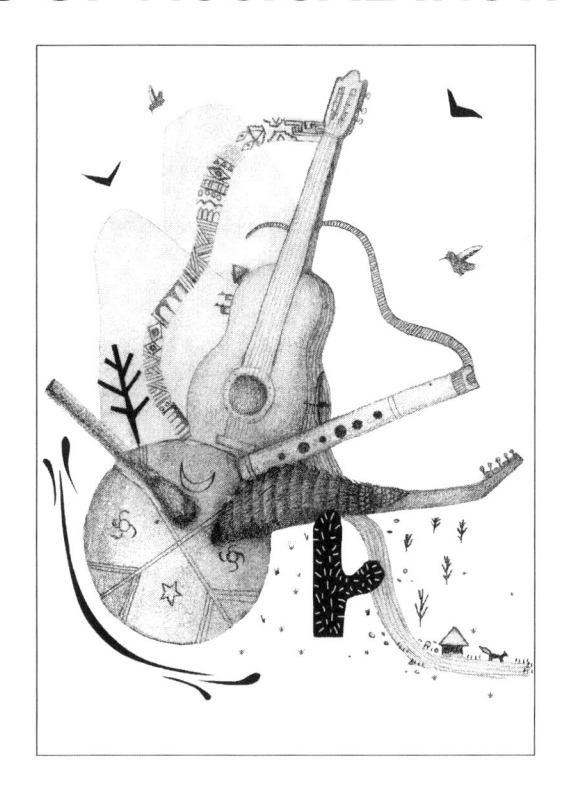

QUIRQUINCHO, EL GRAN CANTOR
Cuento folklórico de Bolivia.

Quirquincho *es un pequeño armadillo que habita en el altiplano. El charango es un instrumento que se asemeja a una pequeña guitarra de diez cuerdas. Originalmente se hacía del caparazón del armadillo, pero hoy en día se hace de madera. Es extensamente utilizado en toda la música andina.*

Hace mucho tiempo, había un quirquincho que amaba la música. El no sabía cantar ni tocar ningún instrumento pero tenía otro don especial: podía encontrar música en todas las cosas que lo rodeaban. El ruido que hacía el viento al pasar por su cueva parecía el sonido de una flauta.

Las piedras que rodaban por la montaña se transformaban en instrumentos de percusión, las campanas que se oían a lo lejos llegando desde la iglesia del pueblo lo dejaban embelesado.

Todos los días, cuando bajaba el sol, se iba hasta la orilla de un pequeño arroyo porque a esa hora salían las ranas a cantar. Para él ellas sonaban como un coro de sopranos y contraltos.

—¿Porqué no puedo cantar así yo también? ¡Transformar el aire en música! ¡Si yo pudiera hacer eso sería el animal más feliz del altiplano!
—exclamaba el quirquincho, mientras escuchaba el coro. Luego se volvía a las ranas y aplaudiendo gritaba:
—¡Bravo! ¡Otra! ¡Exquisito! ¡Fabuloso!

Las ranas no sólo no le agradecían sino que además, le hacían burla:

—¡No puede cantar como nosotras! ¡Porque no tiene una boca grande como nosotras!
—¡Ni siquiera tiene voz!
—gritaban entre risas.

Pero el quirquincho no se ofendía, porque la música que escuchaba era tan bella que le hacía perdonar toda ofensa. Se quedaba a la orilla del arroyo, escuchando extasiado.

Una tarde se llenó de alegría cuando sintió un sonido nuevo, una música distinta que venía acercándose por el camino. Un hombre llevaba unos canarios que revoloteaban y cantaban dentro de una jaula. Los pájaros eran de color amarillo dorado y parecían pedacitos de sol. La armonía era tan hermosa que el quirquincho se mantuvo quieto, totalmente cautivado. No atinó a moverse por el temor de quebrar el encantamiento de tan bella melodía. Pero en cuanto sintió que el sonido se alejaba, salió corriendo detrás del hombre y de los pájaros.

Las ranas vieron al quirquincho correr tras los canarios.

—¡Miren! Ahora el quirquincho quiere aprender a trinar ya que no pudo aprender a croar!
—comentaban entre risas las ranas y celosas del canto de los canarios agregaban:
—Nosotras cantamos mejor que los canarios.
—¡Todo el mundo sabe muy bien que los canarios son ranas que vuelan!
—¡Por supuesto! ¡Y además con esos piquitos insignificantes nunca pueden sacar un sonido como el de nuestras bocazas!

El quirquincho siguió al hombre de la jaula tan rápido como pudo hasta que sus patitas comenzaron a sangrar de tanto raspar en la arena. Y cuando el dolor hizo que dejara de caminar, vio con tristeza cómo se alejaban los pájaros de la voz maravillosa. Se quedó tendido en la arena hasta que el último trino mágico se perdió a lo lejos. Al anochecer, comenzó triste y lastimosamente el regreso a su cueva.

Antes de llegar, pasó junto a la choza del hechicero de la aldea. El hombre estaba sentado mirando al fuego. El Quirquincho se acercó y le habló:

—¡Por favor!—le rogó—Usted que todo lo puede, enséñeme a cantar como los canarios, como las ranas o como los grillos. Yo también quiero transformar el aire en música.

El hechicero que entendía el lenguaje de los animales, lo miró:

—¿De veras quieres cantar?
—Sí,—le respondió el quirquincho—es lo que más anhelo en mi vida.
—Mira —le dijo el hechicero—puedes hacerlo, pero el precio que tienes que pagar es muy alto.
—No importa. Estoy dispuesto a todo.
—Muy bien. Te aseguro que mañana, por la tarde, estarás cantando.

Al día siguiente, a la hora del crepúsculo, las ranas se asomaron al escuchar un nuevo sonido. No podían creer lo que estaban viendo ni escuchando. Comenzaron a gritar:

—¡Vengan, vengan a ver!
—¡El quirquincho está cantando!
—¡Es un milagro!
—¡Está cantando en las manos del hechicero!
—¡Vengan!

Y todas salieron y escucharon.

Efectivamente, un sonido que tenía la vibración de las campanas, la melodía del viento y la percusión de las piedras, era el que salía del interior del quirquincho.

Se quedaron contemplándolo y tuvieron que reconocer que cantaba mejor que ellas, mejor que los pájaros y mejor que los grillos.

—¡Es el mejor cantor del mundo!
—dijo la rana vieja, reconociendo su derrota.

Lo que ellas no supieron, hasta mucho tiempo después, es que el quirquincho había aprendido a cantar pero cuando su caparazón se convirtió en *charango* en las manos del hechicero.

Y lo que sabemos desde entonces, es que el pequeño quirquincho, como un verdadero gran artista, estuvo dispuesto a dar su vida por realizar su ideal.

QUIRQUINCHO, THE GREAT SINGER

Folktale from Bolivia.

Quirquincho *is a small armadillo that lives in the Altiplano. The* charango *is an instrument that resembles a little guitar with ten cords. It was originally made of the armadillo shell, although today it's more often made of wood. It's widely used in all Andean music.*

A long time ago, there was a *quirquincho* that loved music. He couldn't sing or play any instrument, but he had another special gift: he was able to find music in all the things that surrounded him. The sound of the wind while passing through his cave, resembled flutes. The stones that rolled down the mountain were transformed into percussion instruments. The church bells that sounded far away captivated him.

Every day, when the sun went down, he would sit by the edge of a creek, because that was the time that the frogs came out to sing. To him, they sounded like a choir of sopranos and contraltos.

> "Oh! Why can't I also sing like that? To be able to transform air into music! If I could do that I would be the happiest animal in all the Altiplano!" exclaimed Quirquincho, while listening to the choir. Then he turned to the frogs and clapping enthusiastically shouted,
>
> "Bravo! Encore! Exquisite! Fabulous!"

The frogs not only were not grateful towards him, they also made fun of him.

> "He can't sing like we do because he hasn't got a big mouth like we do!" "He hasn't even got a voice!" they shouted, laughing all the while.

But Quirquincho didn't get offended, because the music was so beautiful that it made him forgive it all. He remained at the edge of the creek, listening with ecstatic delight.

One afternoon, he filled up with joy when he heard a new sound, a new music that was approaching down the road. A man was carrying a cage filled with canaries that sang and flew all around. The birds were golden yellow and they resembled little pieces of the sun itself. The harmony was so beautiful that Quirquincho stayed still, totally captivated. He did not dare move for fear of breaking the enchantment of such beautiful melody. But when he realized that the sound was going away, he ran after the man and the birds.

The frogs saw Quirquincho run after the birds.

> "Look! Now Quirquincho wants to learn how to warble, since he didn't learn how to croak!" the frogs muttered, laughing. And jealous of the birds' singing, they added,
>
> "We sing better than canaries do. And everybody knows that canaries are frogs that fly!" Of course! And with those tiny beaks they never can get a sound such as ours with our big mouths!"

Quirquincho followed the man with the cage as fast as he could, until his little legs began to bleed from scratching along the sandy ground. And when the pain was unbearable, he stopped walking and watched with great sadness as the birds of the marvelous music went away. He stayed lying right there in the sand until the last warble was lost in the distance. When the night broke, he started on his way back to his cave in pain and sadness.

Just before arriving at his cave, he passed by the village wizard's hut. The man was sitting next to the fire. Quirquincho came up to him and pleaded,

> "Please! You can do anything. Please teach me how to sing like the canaries, or the frogs or the crickets. I too want to turn the air into music."

The wizard could understand animal languages, so he looked at the little *quirquincho,*

> "Do you really want to sing?"
> "Yes," answered Quirquincho, "more than anything in the world. It's what I most long for in my life."
> "Look," said the wizard, "I can do it, but the price that you have to pay is way too high."
> "It doesn't matter. I am ready for anything."
> "All right. I assure you that tomorrow afternoon you'll be singing."

The next day, at sunset, the frogs came out of the water as soon as they heard a new sound. They couldn't believe what they were seeing or hearing. They started to shout.

> "Come look at this!"
> "Quirquincho is singing!"
> "It's a miracle!"
> "Quirquincho is singing in the wizard's hands!"
> "Come!"

And all the frogs came out and they listened.

Indeed, it was a sound that had the vibration of the church bells, the melody of the wind and the percussion of the stones. But it came from inside Quirquincho's body.

The frogs remained still, contemplating, and finally they had to admit that he sang better than all of them and even better than the birds or the crickets.

> "He is the best singer in the whole world!" said the oldest frog, admitting to their defeat.

What they didn't know until much later is that Quirquincho learned how to make music, but by having his shell turned into a *charango* in the wizard's hands.

And what we know since then is that the little *quirquincho*, as a true great artist, was willing to give his entire life to realize his ideal.

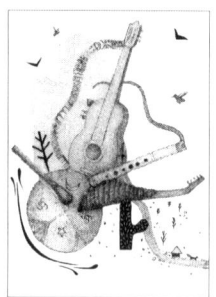

LA LEYENDA DE LA GUITARRA

Cuento folklórico de Argentina.

Había una vez un gaucho llamado Froilán que vivía en un rancho apartado de toda población. La soledad era su única compañera. Sólo se encontraba un amanecer tras otro y un crepúsculo tras otro. Sólo, con su horizonte de cielo y tierra.

Estaba acostumbrado a su soledad, pero cuando llegaba la noche oscura del campo, y se dormía, una mujer habitaba sus sueños. Tanto y tan fuerte le soñó que por fin un día, la conoció. Esa mujer era Violeta, una criolla linda y graciosa que lo miraba con unos ojazos enormes.

Con la presencia de Violeta no tuvo más noches oscuras, sino un camino iluminado por los ojos de la mujer que tanto amaba. Su vida se había transformado y ahora tanto en los amaneceres como en los crepúsculos se encontraba acompañado por las suaves caricias de Violeta, por su voz dulce y por su mirada tierna.

Una tarde en que Froilán había salido hasta el pueblo, llegó al lugar un forastero de mala vida, quien al ver que la hermosa mujer estaba sola quiso aprovecharse de ella. Violeta se resistió con todas sus fuerzas y gritó pidiendo ayuda. Froilán alcanzó a escuchar sus gritos a la distancia. Galopó a toda velocidad y llegó a tiempo para fundirse en una lucha feroz con el atacante. Cuando éste agonizaba Froilán pudo rescatar a Violeta, pero ya era tarde. Aquel desgraciado había herido de muerte a su amada y ella se desangraba.

Desesperado, estrechó el cuerpo amado entre sus brazos, mientras lloraba y gritaba.—¡Tantas cosas no alcancé a decirte!¿Qué hago con todas estas palabras atravesadas en mi garganta? Luego agotado por la lucha, el dolor y el llanto, apoyó su cabeza en la de ella y así se durmió, recordando sus caricias.

Cuando despuntó el alba, se despertó al son de una música misteriosa y encontró en sus brazos una caja con forma de mujer en lugar del cuerpo de su compañera. Con ella cantó durante el resto de su vida, acariciando esas cuerdas como si fuera la mujer amada, diciendo todas las palabras que habían quedado acumuladas en su garganta.

Y así nació la guitarra, para acariciar con música, para aliviar las penas y para que las palabras acumuladas puedan desahogarse.

THE LEGEND OF THE GUITAR

Folktale from Argentina.

Once upon a time there was a gaucho named Froilán who lived on a ranch far from any people. Solitude was his only companion. Alone he met one dawn after another and one twilight after another. Alone, with his horizon of sky and land.

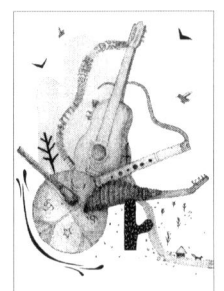

He was accustomed to his loneliness, but when the dark night covered the countryside and he slept, a woman inhabited his dreams. So often and so strongly he dreamed, that at last one day he met her. The woman was Violeta, a beautiful and gracious creole lady who looked at him with enormous eyes.

With the presence of Violeta, he no longer had dark nights, only a road illuminated by the eyes of the woman that he so loved. His life had been transformed, and now he met the dawn as well as the twilight accompanied by the soft caresses of Violeta, by her sweet voice and by her tender gaze.

One afternoon when Froilán had left for town, an evil stranger arrived. On seeing the beautiful woman alone he decided to take advantage of her. Violeta resisted with all her force and screamed for help. Nearing home, Froilán heard her cries in the distance. He galloped as fast as possible and arrived in time to join in a ferocious fight with the attacker. Froilán was able to rescue the dying Violeta, but it was too late. The despicable man had mortally wounded his lover and she was bleeding to death.

Desperately, he clutched his lover's body in his arms, all the while weeping and screaming. "So many things I did not get to tell you! What can I do with all these words clogging my throat?" Then, exhausted by the fight, the pain, and the tears, he laid his head against hers and thus slept, remembering her caresses.

When daylight came, he awoke to the sound of a mysterious music and found in his arms a box in the form of a woman, instead of the body of his lover. With this he sang all the rest of his life, caressing the strings as if they were his beloved, speaking all the words which had been accumulated in his throat.

And thus was born the guitar, to caress with music, to relieve sorrows, and in order that those pent-up words might be released.

Leyendas de instrumentos musicales/Legends of Musical Instruments

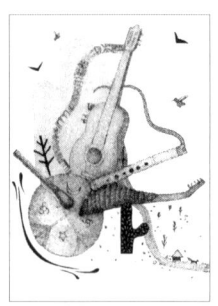

LA *QUENA*: LA LEYENDA DEL *MANCHAI PUYTU* (CAVERNA TENEBROSA)

Leyenda Quechua de Perú.

Dicen que la muerte es parte de la vida, y que así hay que aceptarla.

Pero no todos pueden aceptarla de la misma manera, y hay quienes no pueden dejar partir a los seres amados.

Así sucedió en los comienzos de los tiempos, con dos enamorados en los valles de Cochabamba. Se trataba de un amor bendecido por el sol pero repudiado por la luna y por los hombres y mujeres de su pueblo. Por este motivo los enamorados se fueron a vivir a una cueva en las altas cumbres de los Andes peruanos. Mientras el sol enviaba sus rayos protectores, la luna enviaba una luz enfermiza y así fue como ella un día, se enfermó y murió.

El no pudo aceptar esta pérdida, al ver que su amada yacía inmóvil, sin respirar, enloqueció. Sus pies pequeños, tan lindos, estaban fríos. Aun así, los acarició y los besó. La angustia y la desesperación más profunda invadieron al pobre hombre que ya no pudo separarse del cadáver de su amada, al que día tras día contemplaba y besaba. Cuando sólo los huesos de ella quedaron tendidos en la cueva, el hombre tomó una tibia y con ella fabricó un instrumento para desahogar su dolor. Con él se echó a rodar por montes y quebradas mientras tocaba las melodías dolientes que arrancaba de aquella caña ósea. El dolor de su alma se expresaba en esa música y hasta las piedras parecían llorar con él.

De ese amor inmortal y de ese dolor insoportable, había nacido la quena. Es por eso que ella saca las melodías más tristes, pero también las más dulces.

Nota: La quena *tiene un sonido dulce y melancólico pero también es capaz de hacer bailar los cuerpos y los corazones. Se fabrica de muchos materiales, caña, barro cocido, plata, oro, maderas duras. Se han hallado* quenas *fabricadas con fémures de jaguares, con el hueso del ala del cóndor y con huesos humanos. En varias versiones, el enamorado de esta historia es un sacerdote y por ser este instrumento el resultado de sus pecados, estuvo prohibido tocarlo.*

THE *QUENA*: THE LEGEND OF *MANCHAI PUYTU* (GLOOMY CAVERN)

Quechua legend from Peru.

They say that death is a part of life and that thus we have to accept it.

But not everyone can accept it in the same way, and there are some who cannot let go of their loved ones.

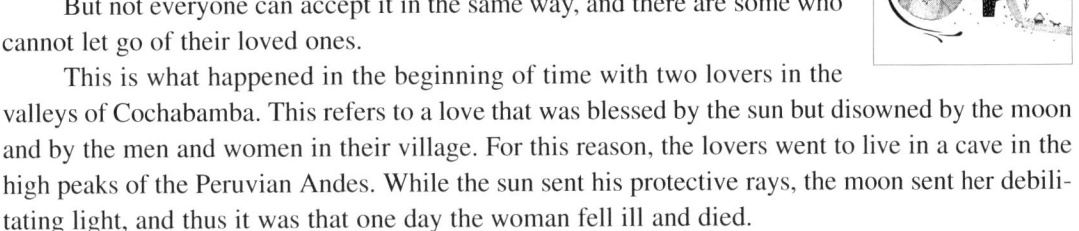

This is what happened in the beginning of time with two lovers in the valleys of Cochabamba. This refers to a love that was blessed by the sun but disowned by the moon and by the men and women in their village. For this reason, the lovers went to live in a cave in the high peaks of the Peruvian Andes. While the sun sent his protective rays, the moon sent her debilitating light, and thus it was that one day the woman fell ill and died.

He could not accept this loss. . .seeing his lover lying immobile, without breathing, drove him mad. Her petite feet, so lovely, were frozen. Even like this, he caressed them and kissed them. Angst and deep desperation invaded the poor man who could not separate himself from the dead body of his lover. Day after day he watched over her and kissed her. When only her bones remained in the cave, the man took a tibia and from it made an instrument to vent his grief. With this he began to roam the mountains and ravines while playing sad melodies that he drew out of this reed of bone. The sadness of his soul was expressed in this music and even the stones seemed to cry with him.

From this immortal love and this insupportable sadness was born the *quena*. It is for this reason that from the *quena* come the saddest melodies, but also the sweetest.

Note: The quena *has a sweet and melancholic sound, but is also able to make your body and your heart dance. It is made from many materials: cane, baked clay, silver, gold, and hardwoods.* Quenas *have been found which are made from the femurs of jaguars, wing bones of condors, and even human bones. In some versions of this story, the lover is a priest, and since this instrument came from his sins, there were times when it was forbidden to play it.*

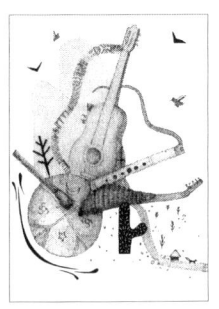

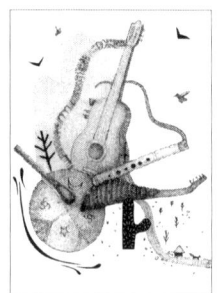

LOS TAMBORES DEL CANDOMBE

Cuento de Uruguay.

A la tierra de los pájaros de colores y de las colinas verdes llegó una vez un nuevo sonido. Era un sonido que traía el viento desde el mar: *Borocotó, borocotó, borocotó...*

Y otro sonido le respondía: *Chas chas...*

Efectivamente, desde los barcos que se aproximaban a las costas uruguayas, se escuchaban los sonidos que desde África traían los hombres y mujeres que habían sido raptados para trabajar como esclavos.

Vibraban los parches: *Borocotó... borocotó... borocotó...chas chas...* y a través de sus palmas hablaba esa gente acerca de sus penurias y sus ansias de libertad. *Borocotó... borocotó... borocotó...chas chas...* y pedían a sus dioses ayuda y protección. *Borocotó... borocotó... borocotó...chas chas...* y recordaban a su tierra, sus ancestros y sus orígenes. *Borocotó... borocotó... borocotó...chas chas...* y en los tamboriles renacía la herencia de las raíces Bantú.

—¿Qué es ese ruido?—preguntó el ñandú moviendo su cabeza de un lado al otro.
—No es ruido, ¡es música!—respondió el mirlo—¡y viene del mar!
—Es muy contagioso
—dijo una comadreja asomándose de la madriguera.
—No puedo parar de moverme—agregó el Tatú.

Borocotó... borocotó... borocotó...chas chas...
Borocotó... borocotó... borocotó...chas chas...

Cuando los tamborileros pusieron sus pies en tierras uruguayas, toda la región se puso a bailar al ritmo de esa música que no dejaba ningún cuerpo sin moverse.

Borocotó... borocotó... borocotó...chas chas... y se movían los pies.
Borocotó... borocotó... borocotó...chas chas... y se bamboleaban las caderas.
Borocotó... borocotó... borocotó...chas chas... y se agitaban los brazos.
Borocotó... borocotó... borocotó...chas chas... y se sacudían las cabezas.

Pronto ese ritmo, el candombe, vibró en cada rincón de la tierra Uruguaya. Al ritmo del piano, del chico y del repique, los hombres y las mujeres que venían de África, pudieron preservar su cultura y su memoria. El candombe es la presencia ancestral de África en Uruguay.

Cuando estos tres tambores se calientan, no hay sonido que se le compare. Y mientras la gente baila y baila los tamboriles no dejan de cantar: ¡*Borocotó... borocotó... borocotó...chas chas!*...

Nota: El Candombe *es la música más típica de Uruguay. Es acompañada rítmicamente por los clásicos tambores Afro-uruguayos conformando una polirritmia. La sección rítmica se llama cuerda y se compone de cuatro tambores abarrilados unimembranófonos. El más grande es el* bombo *(bajo), luego está el* piano, *(tenor o barítono), le sigue el* repique *(contralto) y por último, el* chico *(soprano). El* chico *tiene un patrón que repite constantemente, manteniendo el tiempo como si fuera un metrónomo. El* piano *es la base, la que mantiene el ritmo mientras conversa con el* repique *que es el que lleva la melodía y va improvisando con mucha creatividad.*

CANDOMBE DRUMS

Folktale from Uruguay.

To the land of brightly colored birds and green hills one day came a new sound. It was a sound carried on the wind from the sea: *Borocotó...borocotó...borocotó...*

And another sound responded: *Chas chas...*

Actually, from the boats that approached the Uruguayan shores, were heard the sounds from Africa that were brought by men and women who had been kidnapped to work as slaves.

The skins vibrated: *Borocotó...borocotó...borocotó...chas chas...* and from their palms, the people spoke of their hardships and longings for freedom. *Borocotó...borocotó...borocotó...chas chas...* and asked their gods for help and protection. *Borocotó...borocotó...borocotó...chas chas...* and remembered their homeland, their ancestors, and their origins. *Borocotó...borocotó...borocotó...* and the drums rebirthed the heredity of the Bantú race.

"What is this noise?" asked the ñandú, moving its head from one side to the other.

"It's not noise, it is music!" replied the blackbird. "And it comes from the sea!"

"It is very contagious," said a weasel, awakening from her nap.

"I can't stop moving," agreed the armadillo.

Borocotó...borocotó...borocotó...chas chas...
Borocotó...borocotó...borocotó...chas chas...

When the drummers set foot on Uruguayan soil, the entire region started dancing to the rhythm of this music that left no body without moving.

Borocotó...borocotó...borocotó...chas chas... and their feet moved.
Borocotó...borocotó...borocotó...chas chas... and their hips swayed.
Borocotó...borocotó...borocotó...chas chas... and their arms waved.
Borocotó...borocotó...borocotó...chas chas... and their heads shook.

Soon this rhythm, the *candombe*, vibrated in every corner of Uruguayan land. To the rhythm of the *piano*, the *chico*, and the *repique*, the men and women who came from Africa could preserve their culture and their memory. The *candombe* is an ancestral presence of Africa in Uruguay.

When these three drums heat up, there is no sound that compares to it. And while the people dance and dance, the drums never stop singing: *Borocotó...borocotó...borocotó...chas chas...*

Note: The candombe *is a music typical of Uruguay. It is accompanied rhythmically by the classic Afro-Uruguayan drums forming a polyrhythm. The rhythm section is called* cuerda *(cord) and consists of four drums, barrel-shaped, single-headed. The biggest is the* bombo *(bass), then the* piano *(tenor or baritone), followed by the* repique *(contralto), and last is the* chico *(soprano). The* chico *has a pattern that repeats constantly, maintaining the time as if it were a metronome. The* piano *is the base, maintaining a rhythm, while conversing with the* repique, *which is the one that carries the melody and improvises with much creativity.*

EL KULTRÚN

Cuento Mapuche.

La Madre Tierra o *Ñuke Mapu* siempre fue generosa con los pueblos brindando alimento, agua, abrigo e hijos.

Un día, una *Pillánkucé,* una anciana sabia, dijo que quería encontrar la forma de agradecerle tanta generosidad cantando en *Mapu Dugun*, el lenguaje de la tierra.

—Llevo muchos días y muchas noches volando en sueños hacia el *Wenu Mapu,* el cielo de arriba.—contó la anciana—Allí intento consultar al gran padre del cielo, *Futa Chao* y que él me diga cuál es la mejor manera de agradecerle a la Madre Tierra por todo lo recibido.

Un día, la *Pillankucé* reunió a todos los hombres y las mujeres de la comunidad y les contó el mensaje que había recibido del cielo: Los hombres tendrán que fabricar un instrumento sonoro para que toquen las mujeres en las reuniones sagradas.

Los hombres buscaron durante años la forma de fabricar ese instrumento, pero no encontraron nada. Entonces, la *Ñuke Mapu*, viendo que el pueblo no le agradecía dejó de mandar lluvia. La tierra comenzó a agrietarse y se marchitaron las plantas. Se secó el río y algunos animales se murieron de hambre. Los días eran muy calurosos y las noches muy frías.

El único árbol que se mantenía en pie, era el canelo. Un anciano de la tribu pensó:

"¿Por qué no se seca el canelo como los otros árboles? ¿Será que en su interior tiene agua?"

Para sacarse esta duda cortó un pedazo de tronco. Buscando este secreto fue tallando un hueco, pero después de trabajar mucho se cansó y tapó el tronco ahuecado con un cuero crudo de guanaco.

Al día siguiente, cuando quiso continuar con su trabajo, vio que el cuero se había adherido al tronco y no lo podía despegar. Tomó una rama y comenzó a golpear el cuero para ver si lograba despegarlo y entonces escuchó, un sonido bellísimo…

El anciano llamó a la *Pillankucé* para que viera lo sucedido. En cuanto ella vio el tronco de canelo con la piel adherida, comprendió que era el instrumento del que le había hablado *Futa Chao*.

El anciano continuó trabajando el tronco de canelo. El tronco tomó la forma de un medio mundo, sujetó el cuero con unos tientos y lo fue templando al calor del fuego para dejarlo tenso y vibrante. Cuando lo terminó se lo llevó a la *Pillankucé*. En sus manos el sonido era aún más maravilloso.

La *Pillankucé* reunió a toda su comunidad alrededor del fuego, antes de que saliera el sol. Estaba oscuro y sólo se veían los rostros y las manos.

—Ahora sí podemos agradecer a la *Ñuke Mapu* por todo lo que nos brinda.

Entonces hizo sonar ese instrumento mientras agradecía a la Madre Tierra por la alegría de la vida y del amor. Y mientras tocaba y agradecía pedía también por las lluvias.

El sol, *Antú,* comenzó a aparecer por el este. Los pájaros cantaron más que nunca. Los hombres y mujeres danzaron y contemplaron al sol. La *Pillankucé* tocaba ese instrumento y su sonido hacía *kul-trún... kul-trún...* y así fue como lo llamaron.

Volvió la lluvia, germinaron las semillas, crecieron los arbustos, se fortalecieron los animales, las madres parieron nuevos hijos y el sol salió una y mil veces.

Desde entonces, cada año se celebra el *Nguillatún,* para rogar a la Madre Tierra por la fecundación de los vientres y el *Nguillipún,* para agradecer las cosechas.

A partir de estos hechos, el canelo tiene propiedades curativas y sus hojas ayudan a encontrar los sueños.

Desde aquel día en que se agradeció a la *Ñuke Mapu,* nada faltó en la tierra y todo estuvo al alcance de la mano.

Nota: El kultrún *es el instrumento musical sagrado por excelencia de la comunidad Mapuche. Es el elemento indispensable de la Machi (sabia) o la Pillankucé (anciana sabia) para las ceremonias sagradas. Se dice que únicamente la mujer puede ejecutarlo aunque en la actualidad es usado tanto por hombres como por mujeres. Se toca con un solo palillo y los diferentes sonidos dan cuenta de los distintos momentos de la ceremonia.*

Permite a las sabias ascender a otra dimensión y entrar en contacto con los espíritus, newenes, y luego transmitirlos a la tierra.

El kultrún *tiene la forma de una semi-esfera que representa al mundo, en sus bordes está representada la vida, animal, vegetal y humana. El* parche *tiene pintado cuatro cuartos que representan al sol, la luna, las estrellas: el día y la noche. Cada cuarto simboliza una de las estaciones y cada extremo uno de los puntos cardinales.*

THE KULTRÚN

Mapuche folktale.

Mother Earth, or *Ñuke Mapu* was always generous with the people, providing food, water, shelter, and children.

One day, a *Pillankucé,* an old wise woman said she wanted to find a way to thank Mother Earth for her generosity by singing in *Mapu Dugun*, the language of the land.

"I have spent many days and many nights flying in my dreams to the *Wenu Mapu*, the sky country above," recounted the old woman. "There I tried to consult with the great father of the sky, *Futa Chao*, so he could tell what would be the best way to thank Mother Earth for all we have received."

One day, the *Pillankucé* called all the men and woman of the community together and told them the message she had received from the sky: The men were to make a musical instrument for the women to play in the sacred ceremonies.

For years, the men looked for a way to make this instrument, but found nothing. So, *Ñuke Mapu*, seeing that the people did not thank her, stopped sending rain. The earth began to crack and the plants withered. The river dried up and animals died of hunger. The days were very hot and the nights very cold.

The only tree which remained standing was the cinnamon tree. An old man of the tribe thought, "Why doesn't the cinnamon tree dry up like the other trees? Could it be that there is water inside it?"

To dismiss this possibility, he cut a piece of the trunk. Looking for the secret, he was carving a hole, but after much work he became tired and covered the hollowed trunk with a raw guanaco hide.

The next day, when he went to continue his work, he saw that the hide had adhered to the trunk and could not be unglued. He took a branch and began to beat the hide to see if he could manage to get it loose, and then he heard…a beautiful sound.

The old man called the *Pillankucé* to see what had happened. When she saw the cinnamon trunk with the skin stuck to it, she understood that this was the instrument that *Futa Chao* had told her about.

The old man kept working on the cinnamon trunk. The trunk took the form of a half globe. He fastened the skin with some cords and it was tempered with heat of the fire to leave it tense and vibrating. When he finished, he took it to the *Pillankucé*. In her hands, the sound was even more marvelous.

The *Pillankucé* brought all the people together around a fire after the sun had set. It was dark and only their faces and hands could be seen.

"Now… yes, we can give thanks to *Ñuke Mapu* for all that she has given us."

Then she played the instrument while giving thanks to Mother Earth for the joy of life and love. And while playing and giving thanks, she asked also for rain.

The sun, *Antú*, began to rise in the east. The birds sang more than ever before. The men and women danced and watched the sunrise. The *Pillankucé* played the instrument and its sound was *kul-trún. . . kul-trún. . .* and that is what it was called.

The rain returned, germinated the seeds, made the bushes grow, and fortified the animals. The mothers gave birth to new babies, and the sun came up a million and one times.

Since then, every year the *Nguillatún* is celebrated to petition Mother Earth for the fertilization of the wombs, and the *Nguillipún,* is celebrated to give thanks for the crops.

Since these events, the cinnamon tree has curative properties and its leaves help lead to dreams.

From that day on which *Ñuke Mapu* was thanked, nothing was missing from the earth and all was at the reach of the hand.

Note: The kultrún *is a musical instrument sacred for its excellence in the Mapuche community. It is an indispensable element of the Machi (wise woman) or the Pillankucé (wisest elder woman) for sacred ceremonies. It is said that only women may perform this, though in actuality it is used both by men and by women. It is played with only one stick, and the different sounds mark the distinct moments of the ceremony.*

It permits the wise elders to ascend to another dimension and enter into contact with the new-enes (spirits), and then transmit them to earth.

The kultrún *takes the form of a semi-hemisphere that represents the earth; on its borders are represented life: animal, vegetable, and human. The drum skin is painted with four squares, which represent the sun, the moon, the stars, and day and night. Each square symbolizes one of the seasons, and each end symbolizes one of the cardinal directions.*

CUENTOS DE ZONZOS

STORIES OF FOOLS

CINCO KILOS DE MAÍZ

Cuento folklórico de Argentina.

Había una vez un zonzo que tenía muy mala memoria. Cada vez que la mamá quería que le hiciera un mandado, debía repetirle las cosas muchas veces para que no se olvidara. Un día, la mamá mandó a su hijo a comprar cinco kilos de maíz y le encargó que no se salga del peso porque sino no les iba a alcanzar el dinero.

—No lo olvides: ¡Cinco kilos de maíz y que
no salga más! ¿Me has entendido? ¡Cinco
kilos de maíz y que no salga más!
—repitió su mamá.

Como el muchacho sabía que era muy desmemoriado, mientras caminaba hacia la tienda iba repitiendo para no olvidarse:

—¡Cinco kilos de maíz y que no salga más!
¡Cinco kilos de maíz y que no salga más!

En el camino, se cruzó con unos hombres que estaban sembrando maíz. Se detuvo a mirarlos trabajar sin dejar de repetir:

—¡Cinco kilos de maíz y que no salga más! ¡Cinco kilos de maíz y que no salga más!

Los dos hombres creyeron que el muchacho les echaba una maldición para que no les salga más que cinco kilos del maíz sembrado. Lo tomaron de ambos lados y a los empujones le gritaban:

—¡No digas eso! ¡No vuelvas a decir eso!
—Bueno, ¡está bien! Pero entonces... ¿Qué tengo que decir?
—Tienes que decir... ¡Que salga todo! ¡Que salga todo!

El muchacho continuó entonces su camino, repitiendo:

—¡Que salga todo! ¡Que salga todo!

Más adelante, pasó frente a unos peones que estaban muy apurados descargando unos barriles de vino que se habían roto y se les estaba escapando todo el contenido. Se detuvo a mirarlos trabajar sin dejar de repetir:

—¡Que salga todo! ¡Que salga todo!

También estos hombres creyeron que el zonzo se burlaba de ellos y luego de pegarle le gritaron:

—¡No digas eso! ¡No vuelvas a decir eso!
—Bueno, ¡está bien! Pero entonces... ¿Qué tengo que decir?
—Tienes que decir... ¡Que no salga nunca! ¡Que no salga nunca!

El zonzo ya bastante asustado, salió corriendo y gritando:

—¡Que no salga nunca! ¡Que no salga nunca!

Y al poco andar se encontró con un hombre que tenía unos chanchos que se le habían empantanado. Ya había logrado sacar uno de ellos, pero el otro estaba tan profundamente hundido en el barro que solo se le veían las orejas. El zonzo se arrimó a mirar diciendo:

—¡Que no salga nunca! ¡Que no salga nunca!

El dueño del chancho estaba furioso. Con el mismo lazo que usaba para desempantanar a los chanchos, comenzó a pegarle diciendo:

—¡No tienes que decir eso! ¡No vuelvas a decir eso!
—Bueno, bueno ¡está bien! ¿Qué tengo que decir?
—Tienes que decir... ¡Así como salió uno ¡que salga el otro!

El zonzo se alejó rápidamente diciendo:

—Así como salió uno, ¡que salga el otro! Así como salió uno, ¡que salga el otro!

Así llegó hasta donde se vendía el maíz. Justo dio la casualidad que el vendedor de maíz, era tuerto. El muchacho continúo repitiendo:

—¡Así como salió uno, que salga el otro! ¡Así como salió uno, que salga el otro!

El hombre pensando que se lo decía a él comenzó a gritar:

—¿Conque quieres que se me salga el otro ojo? ¿Eso quieres?

Y así enojado tomó el primer objeto pesado que encontró y se lo arrojó por la cabeza gritando:

—¡Toma para ti!

Lo que recibió el muchacho con un fuerte golpe en la cabeza era ¡Una bolsa con cinco kilos de maíz! El zonzo un poco mareado, tomó la bolsa de maíz y se volvió a su casa repitiendo:

—¡Toma para ti! ¡Toma para ti!

Y eso fue exactamente lo que le dijo a su mamá cuando le entrego el maíz.

FIVE KILOS OF CORN

Folktale from Argentina.

There once was a fool who had a very bad memory. Each time his mother wanted him to run some errands, she had to repeat over and over what she wanted him to do so that he wouldn't forget. One day, the mother sent her son to buy five kilos of corn and asked him not to buy more or else they were going to run out of money.

"Don't forget! Five kilos of corn and no more! Do you understand me? Five kilos of corn and no more!" repeated his mother.

The boy knew that he had a very bad memory. As he walked towards the store, he repeated to himself so that he wouldn't forget:

"Five kilos of corn and no more! Five kilos of corn and no more!"

On the road, he came across some men who were sowing corn. The boy stopped to watch them work but went on repeating:

"Five kilos of corn and no more! Five kilos of corn and no more!"

The two men thought the fool was cursing them so that they wouldn't harvest more than five kilos of corn. They grabbed him from both sides and pushing him around, they shouted,

"Don't say that! Don't you ever say that again!"
"Ok! All right! What do I have to say then?"
"You must say, 'Let's hope it all comes out! Let's hope it all comes out!'"

The boy continued on walking while repeating:

"Let's hope it all comes out! Let's hope it all comes out!"

Further on, he passed two men in a hurry to unload some wine barrels that were broken and leaking. The foolish boy stopped to watch them work and kept on repeating:

"Let's hope it all comes out! Let's hope it all comes out!"

These men also thought that the fool was making fun of them, and after beating him, they shouted:

"Don't say that! Don't you ever say that again!"
"Ok! All right! What do I have to say then?"
"You have to say, 'Let's hope it never comes out! Let's hope it never comes out!'"

The fool was quite scared now, and he ran away shouting:

"Let's hope it never comes out! Let's hope it never comes out!"

He had just walked a little ways when he met a man with two pigs stuck in the mud. He had managed to get one of them out, but the other one was so deeply stuck in the mud that all you could see were its ears. The fool came closer to look while repeating:

"Let's hope it never comes out! Let's hope it never comes out!"

The pig's owner was furious. With the same rope he was using to pull the pigs out of the mud, he started to hit the boy, saying:

"Don't say that! Don't you ever say that again!"
"Ok! All right! What do I have to say then?"
"You have to say, 'As one came out, let's hope the other one comes out too!'"

The boy rushed away from there saying:

"As one came out, let's hope the other one comes out too! As one came out, let's hope the other one comes out too!"

Saying this, he arrived at the store where corn was sold. It so happened that the man selling corn was a one-eyed man. The boy kept on repeating:

"As one came out, let's hope the other one comes out too! As one came out, let's hope the other one comes out too!"

The man thought that he was making fun of him so he started to shout:

"So you want me to lose my other eye? Is that so?"

And very angry, he grabbed the first heavy thing he could put his hands on and hurled it at the fool's head screaming:

"Take THIS!"

What the boy had received with a loud whack on top of his head was. . .a five kilo bag of corn! The fool, a little bit dizzy, took the bag of corn and went back home repeating:

"Take this! Take this!"

And that's exactly what he told his mama when he gave her the corn.

Cuentos de zonzos/Stories of Fools

EL ZONZO VALIENTE

Cuento folklórico de Argentina.

Un día un zonzo estaba comiendo miel. Como no tenía muy buenos modales, comía directamente con las manos, hundiendo sus dedos en el pote de miel. Al tener las manos enchastradas en miel, se le asentaron un montón de moscas en una mano. Lentamente, sin desprender la vista de las moscas en su mano, con la otra dio un *chirlo* fuerte. Algunas moscas lograron escapar y otras cayeron muertas. El zonzo las contó:

—Uno, dos, tres, cuatro, cinco, seis, ¡SIETE! ¡Maté a siete de un solo golpe!

Enseguida, puso un letrero en la puerta de su casa que decía:

— "Yo soy Sansón, maté siete de un solo golpe."

Cuando la gente que pasaba frente a su casa leía el cartel, se alejaba comentando:

—¡Sansón mató a siete de un solo golpe!

Así, la noticia fue viajando de boca en boca, hasta llegar a oídos del rey. El rey comentó:

—Éste ha de ser bueno para pelear.

Y ahí nomás lo mandó a llamar.

— ¿Conque usted es Sansón y mató a siete de un solo golpe?
—Sí, señor, así es.
— Bueno, si es cierto que usted mató a todos esos de un golpe, quiero que vaya a pelear contra una banda de mal-vivientes que anda robando, matando y aterrorizando a todos por aquí. Si logra deshacerse de ellos, se casará con mi hija.

El zonzo se asustó muchísimo, y dijo:

—Pero señor, yo nunca maté bandidos...
—Palabra de rey no puede faltar, usted me tiene que eliminar a los mal-vivientes de este pueblo y si no... lo haré eliminar a usted.
—Bueno, voy. ¡Qué voy a hacer! Si no me matan los bandidos me va hacer matar usted.

Le dieron un traje de guerrero y una espada, y le dijeron qué camino debía tomar para llegar hasta el refugio de los bandidos. Le ofrecieron un caballo pero él dijo que prefería ir a pie. No quería confesar que no sabía montar.

El zonzo llevaba la espada arrastrándola por el suelo pues no la sabía usar. Luego de mucho caminar se detuvo a la orilla de un arroyo a tomar agua. Como vio tantas piedritas de colores, se puso a juntar las más bonitas y se las guardó en el bolsillo.

Siguió viaje hasta donde había un bosque muy grande. Se adentró y al llegar a un claro, encontró el escondite de los bandidos. Allí había fuego, ollas de comida, unos costillares asándose y riquezas de todo tipo por doquier. Miró a su alrededor y al comprobar que no había nadie se puso a comer asado. De pronto escuchó el galope de unos caballos que se acercaban a toda velocidad y no tuvo más remedio que subirse arriba de un árbol, para esconderse. Llegaron los bandidos y comenzaron a bajar de los caballos las bolsas con la plata y las joyas que habían robado. Luego uno de ellos dijo:

—¡Prepárense para comer, muchachos!

Los bandidos se sentaron bajo el árbol donde se escondía el zonzo. Uno de ellos, preparó un plato para comer. El zonzo arriba del árbol, estaba tan asustado que comenzó a temblar del miedo. Tanto tembló, que una piedrita cayó de su bolsillo justo arriba del plato del bandido y lo rompió. En ese momento el bandido estaba buscando los cubiertos y no pudo ver qué fue lo que sucedió con su plato.

—¿Y cómo se rompió este plato?—se preguntó el bandido—tendré que buscar otro.

El bandido puso otro plato, pero como el zonzo seguía temblando de miedo, otra piedrita cayó de su bolsillo rompiendo el segundo plato también. El bandido pensó que era su compañero de al lado quien estaba haciendo esto y comenzó a pegarle. Muy pronto estaban todos los bandidos arrojándose platos unos a otros y peleándose entre todos. Estuvieron peleando todo el día hasta que finalmente se mataron unos a otros. Ya cuando vio que estaban todos muertos bajó el zonzo del árbol y comenzó a hacer señales con el humo del fuego para que vinieran los sirvientes del rey a llevarse los cuerpos.

El pueblo entero salió a recibirlo con gran alegría. El rey lo felicitó y le presentó a su hija que era por demás bonita. El zonzo se casó entonces con la hija del rey y por un tiempo vivió una vida tranquila, lleno de dichas y placeres.

Un día llegó al pueblo la noticia de que un ejército invasor estaba cerca. El rey llamó a los comandantes de sus ejércitos para ver qué se podía hacer, pero los soldados decían que lamentablemente iban a tener que rendirse puesto que este ejército era muy superior en número y además tenía muchas armas.

El rey entonces, decidió llamar a su yerno, Sansón, y le pidió que fuera a inspeccionar al ejército invasor. Sansón dijo:

—Pero señor, yo no puedo ir solo a enfrentarme a un ejército. Me matarán.
—Palabra de rey no puede faltar, usted va a poder enfrentarse al ejército invasor así como fue el único que eliminó a los mal-vivientes de este pueblo, y además. . . no va a ir solo.
—¿Ah, no?
—No, aquí tiene, un caballo joven y lleno de bríos para que lo monte.

El zonzo no se animó a decir que no sabía montar pues tenía miedo de perderlo todo. Regresó a su casa muy triste porque pensaba que esa sería su muerte segura. No temía tanto el enfrentarse al ejército enemigo como temía el montar ese caballo brioso.

—¿Qué haré ahora? Jamás en mi vida he montado un caballo.
—No te preocupes—contestó su mujer—Todo lo que tienes que hacer es subirte. Yo te ataré bien fuerte para que no te caigas.

El zonzo decidió probar, pero no sabía como empezar. La montura y los estribos le parecían demasiado altos.

—No alcanzo —decía.

—Tendrás que saltar—decía su esposa.

El zonzo trató de saltar pero no lograba saltar lo suficiente. Cada vez que saltaba se caía al suelo.

—Cuando salto me olvido para que lado tengo que ir.

—Trata de hacerlo de modo que mires hacia la cabeza del caballo.—le explicaba pacientemente su mujer.

—Ya sé, ya sé

—contestaba él. Finalmente saltó y aterrizó en la montura pero en lugar de quedar mirando hacia la cabeza quedó mirando hacia la cola.

—No así no

—decía su mujer mientras lo ayudaba a bajar.

Comenzó de nuevo, resbalándose, cayéndose y enredándose en los estribos. Cuando ya había abandonado toda esperanza, se encontró sentado en la montura y mirando en la dirección correcta.

—¡Rápido!—gritó.—¡Átame antes que me caiga!

La mujer buscó cuerdas y le ató los pies a los estribos, y luego ató los estribos debajo de la panza del caballo. Ató otra cuerda alrededor de la cintura de su marido, sujetándola a la silla. Puso otra cuerda alrededor de sus hombros y la sujetó a la cola y al cuello del caballo.

Para ese entonces el caballo se había puesto tan nervioso con los saltos y las cuerdas que se echó a correr a toda velocidad, mientras el zonzo gritaba:

—¡Olvidaste atarme las manos!

—¡Sujétate de la crin del caballo!

El zonzo se tomó de la crin del caballo con desesperación, mientras el animal pasaba como un rayo por los campos. Anduvieron así de aquí para allá, saltando zanjas y muros, atravesando cultivos y vallados. El zonzo se moría del miedo pero no podía frenar al caballo ni bajarse.

En eso se dio cuenta de que el caballo lo está llevando directamente y en línea recta hacia el campo del enemigo.

—¡No puede ser!—gritó.

Y como en ese momento pasaba bajo una pequeña higuera que crecía en el campo, levantó las manos y se agarró de ella, pensando que de esa manera se desprendería del caballo. Pero el caballo iba demasiado rápido y la tierra donde crecía la higuera estaba floja, de manera que el zonzo arrancó el árbol de raíz. Y así, desesperado, a los gritos, con la higuera en alto, llegó en desenfrenado galope al campo enemigo.

Los soldados enemigos lo habían visto acercarse. Lo habían visto galopar solo, directamente y sin temor hacia ellos. Lo habían visto arrancar un árbol de cuajo, y lo vieron blandirlo como si fuera un garrote. Y creyendo que era sólo la vanguardia de un ejército entero, se dispersaron con pánico, gritando:

—¡Sálvese quien pueda! ¡Esos no son hombres, son bestias gigantescas!

Viendo que sus soldados huían, el rey enemigo escribió rápidamente una carta diciendo que desistía de su invasión y proponiendo un tratado de paz, luego se subió a su caballo y huyó él también.

Una vez que todas las tropas enemigas desaparecieron, el zonzo enfiló al medio del campo. En ese momento, las cuerdas que lo sujetaban se rompieron y cayó a tierra, exhausto. El caballo estaba demasiado cansado para seguir corriendo, se detuvo y por fin se quedó quieto.

El zonzo se encontró entonces con un campamento desierto. Al llegar a la carpa principal encontró la carta que el rey enemigo había escrito. Tomó la carta y regresó al palacio, llevando el caballo de las riendas pues no pensaba volver a montarlo jamás.

Lo recibieron con grandes aplausos e hicieron una fiesta en su honor. El rey quiso regalarle el caballo pero él no lo aceptó, pues no deseaba siquiera tener que volver a verlo en su vida.

Y hasta el día de hoy en ese reino se recuerdan sus hazañas: Dicen que Sansón, el hombre que mató a siete de un solo golpe, el que acabó con los bandidos más temibles y el que ahuyentó a todo un ejército invasor por sí solo... fue el hombre más valiente que jamás haya existido.

THE BRAVE FOOL

Folktale from Argentina.

One day, a fool was eating honey. Since he lacked good manners, he was eating with his hands, sinking his fingers in the honey pot. Since his hands were coated with honey, a bunch of flies sat on one hand. Slowly, without taking his eyes off the flies in his hand, with the other hand he gave a hard slap. Some flies were able to escape but others dropped dead. The fool counted them:

"One, two, three, four, five, six, SEVEN! I killed seven with one blow!"

Immediately, he put a sign up on his front door that read:

"I am Sansón, I killed seven with one blow!

When people passing in front of his house read the sign, they would walk away commenting:

"Sansón killed seven with one blow!"

Like this, the word kept on traveling from mouth to mouth until it reached the king's ears. The king commented:

"This one must be good for fighting."

Right then, he called upon him.

"So you are Sansón and you killed seven with one blow?"
"Yes, sir, that's right."
"Well, if it is true that you killed all of them with one blow, I want you to go and fight against a gang of bandits that is stealing, killing, and terrorizing everybody around here. If you get rid of them, you will marry my daughter."

The fool was frightened and said:

"But sir, I never killed any bandits..."
"The word of a king can't be ignored. You rid this town of those bandits or ... I'll get rid of you!"
"All right then, I'll go. What can I do? If the bandits don't kill me, you will!"

He was given a warrior suit and a sword. He was told which way to take to get to the bandits' hiding place. He was offered a horse, but he said he'd rather go walking. He didn't want to confess that he didn't know how to ride a horse.

The fool dragged the sword on the ground as he walked since he didn't know how to use it. After a long walk, he stopped at the side of a creek to drink some water. Since he saw many colored little stones, he picked up the nicest ones and placed them in his pocket.

He kept on walking until he reached a huge forest. He walked into the forest and when he reached a clearing, he discovered the bandits' hiding place. There was a fire, pots of food, some ribs on the barbecue, and all kind of riches everywhere. He looked around and when he realized that nobody was there, he started to eat the barbecue. Suddenly, he heard the galloping of horses approaching at full speed and he had no other choice than to climb up a tree to hide. The bandits arrived and started to unload bags with money and jewels that they had just stolen. Then one of them said:

"Come on! Let's get ready to eat, guys!"

The bandits sat right down under the tree where the fool was hiding. One of them prepared a plate to eat. Meanwhile, the fool up in the tree was so frightened that he started to tremble. He trembled so much that one of the little stones fell out of his pocket right on to the bandit's plate, and broke it. At that moment, the bandit was looking for his silverware so didn't see what happened to his plate.

"And how did this plate break?" asked the bandit. "I'll have to get another one."

The bandit got another plate out, but the fool was still trembling from fright, so another little stone fell out of his pocket and broke the second plate as well. The bandit thought that it was his partner next to him doing this, so he started to beat him. Soon, all the bandits were throwing plates at each other and fighting. They fought all day until, finally, they killed each other. When the fool saw that all the bandits were dead, he climbed down the tree and started to make smoke signals with the fire so that the king's servants could come and take the bodies.

When he went back, the whole town was out cheering him. The king congratulated him and introduced him to his daughter, who was more than beautiful. The fool got married and for a while he lived a quiet life, full of joy and pleasures.

One day, some news arrived that an invading army was very close. The king called upon his army commanders to see what could be done, but the soldiers told him that unfortunately they would have to surrender since this army was way too big and had many weapons.

The king decided to call his son–in–law, Sansón and asked him to go and check the invading army. Sansón pleaded:

"But sir, I can't face a whole army all by myself. They will kill me."
"The word of a king can't be ignored. You will be able to confront the invading army, just as you were the only one capable of eliminating those bandits from this town. And also. . . you won't go alone."
"Really?"
"No, here you are! A spirited young horse for you to ride."

The fool didn't dare say that he didn't know how to ride, because he was afraid of losing everything. He went back home very sad because he knew that this was his death for sure. He wasn't as scared of facing that army as he was of riding on that wild horse.

"What will I do now? Never in my life have I ridden a horse."
"Don't worry," replied his wife.
"All you have to do is get on top of it. I'll tie you very tight so that you won't fall off."

The fool decided to try, but didn't know how to start. The saddle and the stirrups seemed too high. "I can't reach them," he said.

"You will have to jump," replied his wife.

The fool tried to jump but he couldn't do it high enough. Each time he jumped he ended on the ground. "When I jump I forget which way I have to go."

"Try to do it so that you face the horse's head," his wife explained patiently.

"I know, I know," he answered. Finally, he jumped and landed in the saddle, but instead of looking at the horse's head, he was pointing at its tail.

"No, not like this." said his wife, while she helped him down again.

He started again, slipping, falling, and tangling up in the stirrups. When he had completely given up all hope, he found himself sitting in the saddle and looking the right way.

"Hurry up!" he shouted. "Tie me up before I fall down!"

The wife got some ropes and tied his feet to the stirrups and then she tied the stirrups under the horse's belly. She placed another rope around her husband's waist, tying him to the saddle. She put another rope around his shoulders and tied it to the horse's tail and neck.

By this time, the horse was so nervous from the jumping and the tying that he started running away very fast while the fool screamed:

"You forgot to tie up my hands!"

"Just hold the horse's mane!"

The fool took hold of the horse's mane in desperation, while the animal shot like a bolt of lightning through the fields. They went on like this racing here and there, leaping ditches and walls, going through crops and fences. The fool was dying from fright but couldn't stop the horse or get off it.

Suddenly he realized that the horse was taking him directly in a straight line toward the enemy's fields.

"That can't be possible!" he shouted.

And since at that moment he was passing under a small fig tree growing in the field, he raised his hands and grabbed onto it, thinking that in this way he could get loose from the horse. But the horse was going too fast and the earth where the fig tree was growing was too loose, so the fool pulled up the tree by its roots. And like this, desperate, screaming, holding up the fig tree, he approached the enemy's camp in a frenzied gallop.

The enemy soldiers saw him approaching. They saw him riding alone, directly and fearlessly towards them. They saw him fully uproot a tree and saw him brandish it as if it were a club. And thinking that this was the vanguard of an entire army, they scattered in panic, shouting:

"Save yourselves! These aren't men, they are giant beasts!"

Seeing his soldiers flee, the enemy king wrote a letter really fast saying that he was giving up his invasion and proposing a peace treaty. Then he mounted his horse and fled as well.

Once the enemy troops disappeared, the fool went to the middle of the field. Then the ropes that tied him broke loose and he fell to the ground, exhausted. The horse, too tired to keep on running, stopped as well and finally remained still.

The fool then found a deserted camp. When he arrived at the main tent, he found the letter that the invading king had written. He took the letter and went back to the palace, leading the horse by its reins, since he couldn't think of ever riding that horse again.

He was greeted with great applause and they made a party in his honor. The king wanted to give him the horse as a present, but he didn't accept it because he never wanted to see that horse again in his entire life.

And until today in this kingdom, they remember his feats. It is said that Sansón, the one who killed seven with one blow, the one who finished off the most fearsome bandits, and the one who drove away a full invading army all by himself. . .Sansón was the bravest man who has ever existed.

CUANDO INGELE SE CREYÓ MUERTO

Cuento folklórico de Catamarca, Entre Ríos, San Juan, and Buenos Aires Province, Argentina and Uruguay.

Un día Ingele fue a cortar leña. Se trepó a un árbol grande y comenzó a cortar una rama. La rama era horizontal y él se sentó en ella para trabajar con mayor comodidad. En lugar de sentarse del lado que quedaría en el árbol, se sentó del lado que caería al suelo. Estaba serruchando cuando un hombre que pasaba le gritó:

—Pero, ¿qué haces? ¿No ves que cuando cortes la rama te caerás? ¡Te vas a matar!
—¡Y tú qué sabes! ¿Acaso puedes adivinar el futuro? ¡Yo sé lo que estoy haciendo!

El hombre se fue e Ingele continuó serruchando la rama. ¡Luego de un gran CRASH! La rama y el muchacho cayeron al suelo.

"¡Entonces ese hombre era un adivino!" pensó Ingele y salió corriendo tras él, hasta alcanzarlo.

—¡Usted es adivino!
—No, no soy adivino —respondió el hombre.
—Sí, porque cuando corté la rama me caí del árbol tal como usted dijo. Usted sabía lo que iba a pasar en el futuro.

El hombre intentó ignorarlo y continuar su camino, pero Ingele lo detuvo.

—Ya que ustéd es adivino, dígame, ¿cuándo me voy a morir?
—¡Ah! Muy bien—el hombre quería sacárselo de encima y le dijo lo primero que se le ocurrió—Te vas a morir luego de que tu burro se tire tres pedos.

Y el hombre se fue.
Ingele se quedó pensando:

"¡Cómo voy a hacer para que el burro no haga eso!"

Entonces comenzó a caminar lentamente de regreso a su casa. El burro caminaba con la carga de leña. No pasó mucho tiempo hasta que el burro hiciera:

—¡BRRRRRRFFFFFFFF!
—¡Oh, no! ¡Ese fue el primero!, ¡solo faltan dos y estaré muerto!—y entonces Ingele caminó más despacio aún. Pero el camino seguía cuesta arriba y el esfuerzo era muy grande. Al poco tiempo escuchó:
—¡BRRRRRFFFFFFFF!
—¡No! Ese fue el segundo. Si llega a pasar una vez más estaré muerto.

—entonces Ingele trató de caminar más despacio todavía. Pero era una tarde muy calurosa y caminando con el peso de la leña y cuesta arriba, el burro no podía más. Al poco tiempo se escuchó:

—¡BRRRRRFFFFFFF!

—Eso es el final. Ya no hay nada que pueda hacer sino caerme muerto.

—Y entonces Ingele se dejó caer al suelo, convencido de que había muerto.

Pasaron dos hombres y al verlo tirado en el piso sin moverse, se acercaron. Tomaron su mano, la levantaron y la dejaron caer.

— Creo que está muerto —dijo uno de ellos.

—Si, yo también. Debemos llevarlo al cementerio.

Entre los dos lo cargaron colina abajo en dirección al pueblo, pero al llegar a un cruce de caminos no podían concordar sobre cuál de ellos tomar.

—Hay que ir por el camino nuevo —decía uno.

—No, el cementerio queda por el camino viejo—respondía el otro.

Como continuaban discutiendo sin lograr ponerse de acuerdo Ingele se levantó y dijo:

—Yo cuando estaba vivo tomaba por el camino nuevo, pero ahora que estoy muerto tomen por donde quieran ustedes.

Los hombres se asustaron y gritaron:

—¡El muerto habla!

—y del susto soltaron a Ingele quien cayó barranca abajo mientras los hombres se alejaron corriendo a toda velocidad.

Su cuerpo rodó y golpeó contra las piedras y los cardos. Cuando terminó de caer, Ingele tenía el cuerpo lleno de magullones y lastimaduras. Al darse cuenta de que todo el cuerpo le dolía comenzó a gritar y a saltar diciendo:

—¡Me duele! Eso quiere decir que estoy vivo. ¡Estoy vivo! ¡Estoy vivo!

Con el tiempo se le curaron las lastimaduras pero siguió siendo tonto el resto de su vida.

WHEN INGELE BELIEVED HE WAS DEAD

Folktale from Catamarca, Entre Ríos, San Juan, and Buenos Aires Province, Argentina and Uruguay.

One day, Ingele went to cut some firewood. He climbed up a big tree and started to cut off a branch. The branch was sticking straight out and he sat on it so that he could work comfortably. Instead of sitting on the side of the branch that was to stay on the tree, he sat on the side that was going to fall off. He was sawing when a man passing by shouted,

> "Hey! What are you doing? Can't you see that when you finish cutting off the branch you will fall? You are going to kill yourself!"
> "And what do you know! Can you guess the future? I know what I'm doing!"

The man left and Ingele kept on sawing the branch. Then, with a great CRASH!, the branch and the lad fell to the ground.

> "This means that man was a fortune-teller!" thought Ingele, and he started running after him, until he reached him.
> "You can foresee the future!"
> "No, I can't," replied the man.
> "Yes, because when I cut the branch, I fell to the ground just as you said. You knew what was going to happen in the future."

The man tried to ignore him and continue on his way, but Ingele stopped him.

> "Since you are a fortune-teller, tell me, when will I die?"
> "Oh, very well then."

The man wanted to get rid of him as soon as possible so he said the first thing that came to his mind, "You will die after your donkey passes wind three times."
And then the man left.
Ingele remained there thinking,

> "What can I do to keep the donkey from doing that!"

So he started walking very slowly back home. The donkey was carrying the heavy load of firewood. Not much time passed until the donkey went,

> "¡BRRRRRRFFFFFFFF!"
> "Oh, no! That was the first one. Two more and I'll be dead!"

So Ingele walked even slower. But the road continued going upwards and it was a great effort for the donkey. Shortly he heard:

> "¡BRRRRRFFFFFFFF!"

Part 2: Folklore of Southern South America

"Oh, no! That was the second one! If the donkey does this one more time, I'll be dead."

So Ingele tried to slow down even more. But it was a very hot afternoon, and for the donkey to walk up the road with the heavy load, it was just too much. Shortly afterwards, he heard again,

"¡BRRRRRFFFFFFF!"

"This is the end. There's nothing else for me to do than to fall dead."

So Ingele fell to the ground, convinced that he was indeed dead.

Two men passed by, and when they saw Ingele lying there on the ground, not moving, they came closer. They lifted one of his arms and then let go of it.

"I think that he is dead," said one of them.

"Yes, me, too. We must take him to be buried."

The two of them started carrying him down the hill towards the town, but when they reached a crossroad, they couldn't agree which way to take.

"We must take the new road," said one.

"No, the cemetery is closer to the old road," replied the other one.

Since they kept on arguing and couldn't come to an agreement, Ingele raised his head and said,

"When I was alive I took the new road, but since I'm dead you can take whichever road you want."

The men got frightened and screamed, "The dead man talks!" And from the fright they let go of Ingele and he fell rolling down the hill while the men ran away at full speed.

His body rolled and hit against the stones and the thistles. When he stopped falling, Ingele had his body full of cuts and bruises. When he realized that his body was aching he started to yell and jump, saying, "It hurts! That means that I'm alive. I'm alive! I'm alive!"

With time his wounds were healed, but he remained a fool the rest of his life.

Cuentos de zonzos/Stories of Fools

MONSTRUOS, BRUJAS, DIABLOS Y OTRAS CRIATURAS ESPANTOSAS

MONSTERS, WITCHES, DEVILS, AND OTHER SCARY CREATURES

DOMINGO SIETE

Cuento de San Luis, Argentina.

En Argentina, cuando alguien dice algo que no tiene nada que ver con nada, algo fuera de lugar o un verdadero disparate, decimos: "Eso es un domingo siete". Esta frase tiene un cuento y éste es el cuento.

Hace mucho pero mucho tiempo, había dos vecinos. Uno era muy rico y el otro era muy pobre. El que era rico era tan avaro, tan tacaño, tan amarrete que no prestaba sal ni para un huevo duro. El que era pobre, era tan pero tan pobre que ni siquiera tenía para darle de comer a sus hijos y tenía un montón de hijos.

Un día, el vecino pobre tuvo una idea. Decidió ir al bosque a juntar leña, de este modo iba a tener algo para cambiar en el mercado por comida. Una vez que llegó al bosque descubrió que había un montón de leña para juntar porque durante varios días había estado lloviendo y el viento había tirado muchas ramas. El vecino pobre empezó a juntar un tronco tras otro, hasta hacer una pila enorme de leña. Con el entusiasmo de juntar leña, no se dio cuenta de que el tiempo fue pasando y que ya llegaba la noche. Como no iba a poder regresar con la carga de leña hasta su hogar, decidió pasar la noche subido a las anchas ramas de un *ombú*.

A las doce de la noche escuchó unos ruidos. Parecían voces, risas y pasos que se acercaban ¡y hasta el sonido de *bombos, quenas* y *charangos*! Se asomó para ver qué pasaba y vio a un montón de brujas horripilantes que estaban de fiesta. Unas brujas con unas narices largas y ganchudas, con la cara llena de verrugas con pelos, con un solo diente afilado en la boca, unas uñas largas y sucias y los pelos parados como alambres. Debajo de ese *ombú*, se hacía una salamanca y una salamanca es una reunión de brujas. Las brujas encendieron un fuego y comenzaron a cantar y a bailar en ronda, repitiendo la misma copla una y otra vez:

"*Lunes, martes, miércoles tres.*"

Eso y nada más, una y otra vez. La canción no terminaba, no se cerraba, sólo continuaba repitiéndose así hora tras hora. No paraban de cantar "Lunes, martes, miércoles tres" sin variar en lo más mínimo.

Pasó una hora, pasaron dos horas, pasaron tres horas y las brujas seguían:

"*Lunes, martes, miércoles tres.*"

Llegó un momento que el hombre tenía la cabeza tan inflada de escuchar esas voces finitas, estridentes y esa melodía que se repetía constantemente, que sin pensarlo agregó:

"*Jueves, viernes, sábado seis.*"

Se produjo un gran silencio. Luego se cruzaron las miradas unas a otras. Y luego comenzaron a preguntarse unas a otras.

—¿Eh? ¿Quién fue el que así cantó?
—¿Quién fue?

El hombre trató de esconderse, pero las brujas lo descubrieron y lo bajaron del ombú.
—¡Por favor! ¡No me hagan daño! ¡Tengo familia, tengo hijitos! —suplicaba el hombre con temor. Las brujas lo rodearon y comenzaron a gritarle:

—¡Usted!
—¡Usted es maravilloso!
—¡Un artista increíble, único, inigualable!
—¡Hace cuatro mil quinientos años que cantamos esta coplita y nunca la habíamos podido terminar!
—A ver, ¡enséñenos esa *coplita*!

Y todos juntos cantaron:

"Lunes, martes, miércoles tres
Jueves, viernes, sábado seis..."

Cantaron y bailaron toda la noche. Antes del amanecer, una de las brujas sacó una varita, dijo unas palabras mágicas y todas ellas desaparecieron.

El hombre se quedó solo, con la cabeza muy pesada y dolorida.

—Me duele la cabeza, debe ser de escuchar esas voces chillonas espantosas toda la noche. Tengo la cabeza muy pesada.—dijo el hombre.

Quiso tocarse donde le dolía pero descubrió que allí, arriba de su cabeza había una gran bolsa. Cuando la abrió para ver qué contenía se sorprendió al encontrarla llena de oro, plata, joyas y piedras preciosas. El hombre regresó a su casa sintiéndose rico, pero no era ni por el oro, no por la plata, ni por las joyas ni por las piedras preciosas. Se sentía rico porque ahora sus hijos nunca más iban a pasar hambre y no hay fortuna que se compare con eso.

El hombre rico lo vio llegar con esa bolsa cargada de tesoros y sintió envidia. Pues aunque era rico y no le faltaba nada, él nunca estaba satisfecho y siempre quería más y más y más. Tampoco podía tolerar que otro tuviera más que él o tuviera mejores cosas. Así fue como una tarde fue a la casa de su vecino y empezó a averiguar. Y poco a poco fue armando toda la historia y juntando toda la información: el lugar, el árbol, la hora... y hasta la *copla*. Muy contento y saboreando de antemano la recompensa el vecino envidioso se marchó al día siguiente en busca del *ombú*. En cuanto lo encontró se subió y se quedó muy quieto esperando. A medianoche exacta se empezaron a escuchar los bombos, las quenas, los charangos, las risas, las voces y por supuesto ¡La *copla*!:

"Lunes, martes, miércoles tres. Jueves, viernes, sábado seis.
Lunes, martes, miércoles tres. Jueves, viernes, sábado seis."

—¡Y domingo siete!—gritó asomándose entre las ramas...

Se produjo un gran silencio. Y luego se cruzaron las miradas unas a otras. Y luego comenzaron a preguntarse unas a otras.

—¿Eh? ¿Quién fue el que así cantó?

—¿Quién fue?

—¡Fui yo! ¡Fui yo!—gritó entusiasmado el hombre—¡Quiero mis regalitos!

—¡Baje del árbol! ¡Nosotras le vamos a dar todos los regalitos que usted se merece!

En cuanto ese hombre se bajó del árbol, las brujas lo rodearon y comenzaron a pegarle mientras le gritaban:

—¿Qué es esa estupidez? —decía una.

—¡Una porquería sin métrica y sin rima!—golpeaba otra.

—¡No tiene nada que ver con nada!

—¡Es un disparate!

—¡Un verdadero y total domingo siete!—bramó otra mientras le rasguñaba la cara.

Criaturas espantosas/Scary Creatures

Luego, antes que salieran los primeros rayos del sol, las brujas dijeron unas palabras mágicas y desaparecieron.

El hombre se quedó con la cabeza muy pesada y dolorida.

—¡Ay, mi cabeza!—gritaba una y otra vez.

Luego recordó que su vecino también había sentido un peso en la cabeza antes de descubrir la bolsa con los tesoros y se puso contento. Pero al llevar las manos a su cabeza no encontró ninguna bolsa sino un par de cuernos enormes. Cuernos que llevó en su cabeza hasta el fin de sus días como castigo por haber sido tan avaro, tan egoísta, tan envidioso y tan amarrete.

Desde ese día y hasta el día de hoy, cada vez que alguien dice algo que no tiene que ver con nada, algo que es un verdadero disparate, la gente dice "Eso es un domingo siete".

SUNDAY SEVEN

Folktale from San Luis, Argentina.

In Argentina, when someone says something that has nothing to do with anything, something out of place, or true nonsense, we say: "That's a Sunday seven." This phrase has a story and this is the story. You will notice some unusual words in this story. Bombos *are drums,* quenas *are reed flutes, and* charangos *are stringed instruments made from the shell of an armadillo. A* copla *is a verse form.*

A long, long time ago, there were two neighbors. One was very rich and the other one was very poor. The one that was rich was so greedy, so miserly, so selfish that he wouldn't even lend salt for a hard-boiled egg. The one that was poor, was so poor that he didn't even had enough to feed his children and he had many children.

One day, the poor neighbor had an idea. He decided to go into the forest to gather some firewood; in this way he would have something to trade at the market for food. Once he arrived there, he realized that there was a lot of firewood to be collected because it had been raining for many days and the wind had thrown down many branches. The poor neighbor started collecting the firewood, one log after the other, until he had a huge pile of firewood. With the enthusiasm of gathering the firewood, he didn't realize that time was passing and that night was arriving. Since he couldn't go back home with the load of firewood, he decided to spend the night there, up on the wide branches of an *ombú* tree.

At twelve o'clock, midnight, he heard some noises. They resembled voices, laughter and steps getting closer and even the sound of *bombos, quenas,* and *charangos*! He leaned out to see what was going on and he saw a bunch of horrible witches that were having a party. Those witches had long pointy noses; their faces were full of hairy warts; they had just one long sharp tooth in their mouths, and long, dirty finger nails, and their hair was sticking up like wires. Under that *ombú*, a *salamanca* was taking place and a *salamanca* is a witches' reunion. The witches lit a fire and started to sing and dance in a circle, repeating the same *copla* over and over:

"Lunes, martes, miércoles tres..."
"Monday, Tuesday, Wednesday, three..."

That was it and nothing else, one time after the other. The song didn't finish, didn't close, it just continued on and on, hour after the hour. They didn't stop singing "Monday, Tuesday, Wednesday, three..." without varying in the least.

One hour passed, two hours passed, three hours passed and the witches kept on going:

"Lunes, martes, miércoles tres..."
"Monday, Tuesday, Wednesday, three..."

It came to a point where the man up in the tree had his head so swollen from listening to those thin raucous voices and to the melody that repeated itself constantly, that without thinking, he added:

"Jueves, viernes, sábado SEIS!" *"Thursday, Friday, Saturday, SIX!"*

There was a deep silence. Then the witches started to look at each other. They started asking one another.

"Who sang that?" "Who was it?"

The man tried to hide, but the witches discovered him and pulled him down from the *ombú*.

"Please! Don't harm me! I have a family, I have children!" pleaded the man in fear.

The witches surrounded him and started to shout.

"You!"
"You are wonderful!"
"An incredible artist, unique, unequalled!"
"We have been singing this song for four thousand, five hundred years and we were never able to finish it! Please, teach us the little *copla*!"

And all together they sang:

"Lunes, martes, miércoles tres…
Jueves, viernes, sábado SEIS!"

"Monday, Tuesday, Wednesday, three
Thursday, Friday, Saturday, SIX …"

They sang and they danced all night long. Before sunrise, one of the witches took out a wand, said some magic words and all those witches disappeared.

The man remained alone, feeling a strong headache and his head felt very heavy. "My head hurts, it must be from listening to those horrible shrilling voices all night long. My head feels so heavy," said the man.

He wanted to touch where it hurt but he discovered that there on top of his head was a huge bag. When he opened it to see what it contained, he was very surprised to find out it was full of gold, silver, jewels and precious stones. The man went back home feeling rich, but it wasn't because of the gold, or the silver, the jewels, or the precious stones. He felt rich because now his children would never ever go hungry again and there was no fortune that can compare to that.

The rich man saw him arrive with that bag full of treasures and felt envious. Even though he was very rich and didn't lack for anything, he was never satisfied and always wanted more and more. He couldn't stand either to see someone else having more than him or having better things. So that's why one afternoon he went to his neighbor's house and started to investigate. Little by little he was able to put together the whole story and gather all the information he needed: the place, the tree, the hour… and even the *copla*! Very satisfied and savoring his reward ahead of time, the envious neighbor went the next day in search of the *ombú*. As soon as he found it, he climbed it and remained very still, waiting. At midnight exactly started the *bombos*, the *quenas*, the *charangos*, the laughter, the voices, and of course, the song!

"Lunes, martes, miércoles tres…
Jueves, viernes, sábado SEIS!"

"Monday, Tuesday, Wednesday, three. Thursday, Friday, Saturday, SIX!.
Monday, Tuesday, Wednesday, three. Thursday, Friday, Saturday, SIX!."

"And Sunday seven!" yelled the man appearing through the branches... There was a deep silence. Then the witches started to look at each other. They started asking one another.

"Who sang that?"
"Who was it?"
"It was me! It was me!" screamed the man enthusiastically. "I want my presents now!"
"Climb down the tree! We are going to give you all the presents that you deserve!"

As soon as the man climbed down the tree, the witches surrounded him and started to hit him while they screamed.

"What is this stupidity?" said one.
"Rubbish with no metrics and no rhyme!" said the other one while she hit him.
"It has nothing to do with anything."
"It's nonsense!"
"A total and true *Sunday seven*!" bellowed another one while she scratched his face.

Then, before the first rays of sun would appear, one of the witches took out a wand, said some magic words and all those witches disappeared.

The man remained alone, with a very heavy and painful head. "My head!" he yelled over and over.

Then he remembered that his neighbor had also felt a weight on his head before he discovered the bag with treasures, so he felt happy. But when he raised his hands to his head, he didn't find any bag but a pair of huge horns. Horns that he carried on his head until the end of his days as punishment for being so greedy, so miserly, so selfish, and so envious.

From that day on and up to this day, every time that somebody says something out of place or that has nothing to do with anything, people say, "That's a Sunday seven."

Note: The Spanish copla *here rhymes "tres" with "seis." Adding "siete" (seven) throws the whole rhyme off.*

LA SUEGRA DEL DIABLO

Cuento folklórico de Entre Ríos y Tucumán, Argentina y de Valdivia, Chile.

Todos sabemos que las suegras tienen mala prensa, algunas bien merecida, pero a otras ¡pobres! ¡Les toca cada yerno!

Había una vez una mujer que había quedado viuda. Tenía una hija muy hermosa pero muy caprichosa, malgeniada y presumida. Cada vez que se presentaba un pretendiente ella los rechazaba, asegurando que solo se casaría con aquel que tuviera todos los dientes de oro. Desfilaban uno tras otro los pretendientes y ella respondía una y otra vez:

—No me interesan ni sus tierras, ni su cultura, ni su educación, nada… tiene todos los dientes de dientes y ninguno de oro, no, no y ¡no!

Así se fue corriendo la voz de cuáles eran las condiciones establecidas por la muchacha y esa voz un día, llegó a oídos de alguien que podía cumplir con esas condiciones.

Dicho señor, se presentó una mañana a su puerta, bien vestido y montando un hermoso caballo con una montura bien chapeada. Era un hombre muy elegante, morocho y con una mirada intensa a través de sus ojos negros. En cuanto la muchacha y su madre abrieron la puerta el hombre sonrió de oreja a oreja y la dentadura de oro brilló como un sol. Finalmente la muchacha había encontrado el candidato deseado y aceptó casarse cuanto antes.

Al principio las cosas marcharon bien, pero como el yerno necesitaba divertirse muy pronto empezó a hacer de las suyas. Hacía todo tipo de "gracias", podía caminar por las paredes, transformarse en un animal, hacerse grande o chiquito, hacer que las cosas floten por el aire… La suegra comenzó a desconfiar, nada de eso le parecía natural, pero pensaba que si su hija estaba feliz, ella no iba a intervenir. Sin embargo, cada día que pasaba la muchacha amanecía con peor cara. Hasta que un día se animó a contarle a su madre:

—No puedo dormir, a la noche la cama arde, es una sola llamarada toda la noche. Yo siento que me voy asando como un pollo. Estoy toda colorada y no sé quién es mi marido.

La madre se quedó pensativa y luego dijo:

—Esta noche dejá la puerta un poco abierta que yo voy a mirar.

Esa noche, la muchacha hizo como si nada, pero dejó una hendija abierta por donde la madre espió. La madre pudo ver que la cama ardía y el yerno dormía plácido entre las llamas. No tuvo ninguna duda acerca de quién era su yerno.

El Diablo sabe por Diablo, pero los viejos saben por viejos. La mañana siguiente la madre corrió a la iglesia para hacer bendecir unas velas. Luego volvió a su casa y empezó a cocinar.

Los aromas tentadores acercaron al yerno a la cocina.

—¡Buen día yerno! ¿Durmió bien anoche?
—¡De mil maravillas! ¿Qué está cocinando de rico?

—Unas empanaditas nomás, ¿Le gustan?
—¡Me encantan!

Y así, entre charla y pregunta la mujer llegó al asunto que la inquietaba:

—¿Así es que usted es muy bueno para las pruebas?
—¡Absolutamente!
—A ver... ¿puede hacer que las cosas se muevan solas?
—¡Claro que sí!—y entonces comenzaron a girar por el aire tenedores, cuchillos platos y cucharones.

La suegra aplaudió y agregó:

—¡Excelente! Pero... ¿a que no puede desaparecer?...
—¿Qué no? ¡Ya va a ver!—y el yerno desapareció y apareció una y otra vez y cada vez en un lugar diferente, bajo la mesa, sobre la alacena, colgado de la lámpara...
—¡Muy bien! Pero... a que no puede hacerse grande hasta alcanzar el techo...
—¡Espere y verá un espectáculo asombroso!—y el yerno se estiró y estiró hasta tocar el techo y además fue cambiando de colores, verde, turquesa, azul, amarillo...
—¡Muy bien! Pero... a que no puede hacerse chiquito como para entrar en esta botija...
—¡A que sí!—y mientras se escuchaba un silbido agudo, el yerno se fue achicando cada vez más hasta meterse dentro de la botija.

Entonces la suegra tapó la botija con la vela bendecida y la selló. Mirando al yerno encerrado en la botija le dijo:

—Yo sí sé quién sos en verdad, sos el mismísimo Diablo y acá te vas a quedar desde ahora y para siempre.

Con la botija escondida bajo el poncho marchó hasta el río, y una vez ahí, la arrojó con todas sus fuerzas. Pasaron años y años con el Diablo encerrado y en el mundo reinaba la bondad de las personas. El Diablo desde el fondo del río no paraba un instante de maldecir a su suegra y pasaba sus horas imaginando venganzas.

Un día, un muchacho muy pobre se puso a pescar en aquel río para ver si lograba sacar algo para comer. Sintió que en el anzuelo había enganchado algo, pero al tirar de la caña grande fue su desilusión al encontrarse con una vieja botija. Decidido a probar suerte nuevamente, sacó la botija del anzuelo cuando escuchó una voz:

—¡Che vos!
—¿Quién me habla?
—Yo acá, en la botija...
—¡Increíble! ¿Y cómo entraste ahí?
—Uf, ¡cuántas preguntas! Sácame de acá de una vez y te cuento.

El muchacho se disponía a destapar la botija pero el diablo lo frenó:

—¡Cuidado! Cuando la abras debes sacar bien toda la cera. No puede quedar nada de nada.

El muchacho limpió bien el cuello de la botija sacando todos los restos de vela. Cuando estuvo bien limpia escuchó un ruido como un zumbido que se transformó en ventarrón y desde la botija salió el Diablo que creció hasta llegar a su tamaño. El muchacho temblaba:

—Pero... ¿quién sos? Eras del tamaño de una cucaracha ¡ahora sos enorme!
—No te voy a mentir... soy el Diablo, pero como me salvaste te voy a ayudar.
—¿Y qué hacías adentro de la botija?
—Mi suegra me embotijó... ¡Esa vieja bruja! Estuve años encerrado por su culpa. Tan solo escuchar la palabra "suegra" me pone los pelos de punta. Cambiemos de tema. Yo te voy a ayudar a salir de la pobreza. Vamos a comprar un traje, un caballo y un maletín de doctor.
—Pero si yo no soy doctor...
—¡Ya lo sé! Pero yo soy el Diablo. Escuchá bien: vamos a ir a la capital y te vas a presentar como el nuevo doctor.
—¿Y vos? ¿Qué vas a hacer?
—Yo voy a entrar en el cuerpo de diferentes personas, siempre y cuando tengan mucho dinero. Una vez ahí adentro, las voy a enfermar. Cada vez que me meta dentro de alguno, vos vas a ofrecer tus servicios para curarlo.
—¿Y cómo voy a hacer eso?
—Tranquilo... te vas a acercar a escuchar el corazón de los enfermos como hacen los médicos y sin que nadie te oiga vas a decir: "Soy el que te sacó de la botija" y ahí te voy a decir lo que tenés que hacer.

Y así fue. Partieron para la gran ciudad y enseguida un señor muy importante se enfermó. Los médicos más renombrados fracasaron en su intento de curarlo. Hasta que llegó el muchachito y diciendo que era un médico recién llegado a la ciudad, se ofreció a devolverle la salud. Fue hasta donde estaba el enfermo rodeado de esas eminencias de doctores quienes se rieron mucho al ver al doctorcito:

—¡Quién se cree que es éste...! —se decían burlones.

El muchacho empezó a revisar al enfermo y cuando apoyó su cabeza para escuchar el corazón dijo:

"Soy el que te sacó de la botija". El Diablo entonces indicó: —Hacé que le den un baño con ramitas de alcanfor, luego que tome un té de cedrón y peperina y que lo envuelvan bien antes de acostarlo.

Hicieron todo lo que ordenó el doctorcito, el hombre se durmió y cuando despertó estaba como si nada. Toda la familia estaba muy agradecida y el muchacho cobró unos honorarios bien abultados. Siguieron presentándose casos de locura y enfermedades extrañas y casi todos eran duques, condes, marquesas y demás personas de gran poder y renombre. En cada caso el muchacho los curaba y se iba haciendo de una considerable fortuna. Ya tenía suficiente oro como para no tener que preocuparse más por la pobreza que había sufrido toda su vida.

Un día el Diablo se cansó.

—Ya te ayudé mucho, ahora no te voy a ayudar más.

Pero yo quiero seguir curando —dijo el muchacho.

—¿Curando? ¿Acaso te creés que sos médico de verdad? Ya vas a ver... te voy a enseñar que no sabés curar nada y vas a tener tu merecido.

Al poco tiempo se enfermó la mismísima reina y el rey lo mandó a llamar. El muchacho comenzó a revisarla pero en cuanto acercó el oído al pecho de la reina y dijo: —"Soy yo, el que te sacó de la botija". —el Diablo respondió: —Voy a hacer que el rey te corte la cabeza.

El muchacho dijo que era un caso grave y que tenía que volver al día siguiente. Pero al día siguiente, en cuanto acercó el oído al pecho de la reina y dijo: —"Soy yo, el que te sacó de la botija"—desde adentro el Diablo respondió: —Y yo voy a hacer que el rey te corte la cabeza ¡Desagradecido! —

Esto mismo se repitió una y otra vez y el rey impaciente comenzó a dudar de la fama de este doctor y amenazante dijo:

—Si usted es un farsante y no cura a mi mujer, mandaré que le corten la cabeza.

El muchacho suplicó, rogó, amenazó pero por nada quería el Diablo salir de adentro del cuerpo de la reina. Entonces se le ocurrió una idea: pidió al rey que hiciera traer la banda, que comprara triquitraques y cohetes, que a cada persona del palacio trajera una lata o una cacerola y un palo para golpear. Cuando el muchacho diera la señal indicada, la banda debería comenzar a sonar bien fuerte, todos a gritar y a golpear en sus latas y sus cacerolas y que encendieran los cohetes.

Y así se hizo. Cuando comenzó el bochinche el muchacho acercó su oído al pecho de la reina y dijo: "Soy el que te sacó de la botija". En vez de contestar, el Diablo preguntó:

—¿Qué es todo es ruido?

—Nada... parece que viene tu suegra...

—¡Mi suegra!—gritó el diablo y en un santiamén ya estaba del otro lado del mundo y en la puerta del infierno.

La reina se curó y el muchacho que ya era rico, se fue a otro pueblo y tuvo una vida y un trabajo normal. Se casó, tuvo tres hijos y ¡una suegra! que valía lo que tres diablos.

THE DEVIL'S MOTHER-IN-LAW

Folktale from Entre Ríos and Tucumán, Argentina and from Valdivia, Chile.

We all know that mother-in-laws have bad press, some well merited, but others, poor things, get such terrible cases as sons-in-law.

Once upon a time there was a woman who had been widowed. She had a daughter that was beautiful, but very capricious, grumpy, and stuck-up. Every time a suitor was presented to her she rejected him, assuring everyone that she would only marry someone who had all golden teeth. One after another the suitors filed past her and she responded time and again,

"I am not interested in your lands, or your culture, or your education, nothing…
all your teeth are just teeth and none are gold. No, no, and NO!"

Thus went running the talk of the conditions set by the girl, and one day this word reached the ear of one who could fulfill these conditions.

This gentleman, presented himself one morning at her door, well dressed and mounted on a beautiful horse, finely caparisoned. This was a very elegant man, dark and with an intense gaze through his black eyes. The moment the girl and her mother opened the door, the man smiled from ear to ear and teeth of gold shone like the sun. At last the girl had met the candidate she wished for and she agreed to marry him immediately.

At first things went well, but since the son–in–law needed to entertain himself, he soon began to act up. He pulled all sorts of tricks: he would walk up walls, transform himself into an animal, make himself large or small, make things float in the air… The mother-in-law began to feel suspicious; none of this seemed natural, but thinking that her daughter was happy, she was not going to intervene. Nevertheless, each day that passed the girl woke with a more exhausted face. Until one day she stirred herself to speak to her mother.

"I cannot sleep, at night the bed is burning. It is a single flame all night. I feel as if
I am roasting like a chicken. I am all red and I don't know who my husband is."

The mother was thoughtful, and then she said,

"This evening, leave the door open a little and I am going to watch."

That night, the girl acted as if nothing was wrong, but she left a crack open for the mother to spy. The mother could see that the bed was burning and the son–in–law was sleeping among the flames. There was no doubt about who her son-in-law was!

The Devil knows what he knows because he is the Devil, but the old know what they know because they are old. The next morning, the mother ran to the church to have some candles blessed. Then she returned to her house and began to cook.

The tempting aromas drew the son–in–law into the kitchen.

"Good day, son–in–law! Did you sleep well last night?"
"Wonderful! What delicacy are you cooking?"
"Just some little *empanadas*... Do you like them?"
"Very much!"

And like this, in between chatting and asking, the woman arrived at the issue that disturbed her.

"I hear that you are very good at performing tests."
"Absolutely!"
"Let's see...could you make things move on their own?"
"Of course! And then forks, knives, plates and ladles started to twirl up in the air.

The mother-in-law applauded and added, "Excellent! But...I bet that you can't disappear."
"Why not? You are going to see!" And the son–in–law disappeared and appeared many times and each time in a different place; under the table, over the kitchen cabinets, hanging from the lamp... "Very good! But...are you able to make yourself big enough to reach the ceiling?"
"Wait and see this amazing spectacle!" And the son-in-law stretched and stretched until he touched the ceiling, and also changed colors...green, turquoise, blue, yellow...

"Very good! But...are you able to make yourself small enough to go into this little bottle?"
"Of course!"

And while a high-pitched whistle was heard the son-in-law was getting smaller and smaller until he went into the bottle.

Then the mother-in-law stoppered up the bottle with the blessed candle and sealed it. Looking at the son-in-law trapped in the bottle, she said,

"I see exactly who you are in truth. You are the self-same Devil. And here you are going to stay from now and forever."

With the bottle hidden under her poncho, she marched to the river, and once there, she threw it with all her force. Years and years passed with the Devil entrapped and in the world reigned the goodness of people. The Devil at the bottom of the river didn't stop one minute from cursing his mother-in-law and passed his hours imagining revenge.

One day, a very poor young man went to fish in the river to see if he could catch something to eat. He felt that he had hooked something, but on pulling up his long cane pole, his disappointment was great upon finding an old bottle. Deciding to try again, he was taking the bottle off his hook, when he heard a voice.

"Hey. YOU!"
"Who is speaking?"
"It's me here, in the bottle!"
"Incredible! How did you get in there?"
"Too many questions! Get me out of here and I'll tell you everything.

The young man was about to uncover the bottle but the Devil stopped him.

"Watch out! Before you open it, you have to make sure to remove all the wax. You can't leave any of it!"

The young man cleaned well the neck of the bottle and removed all the remains of the candle. When it was completely cleaned, he heard a buzzing noise that transformed into a roaring wind and from the bottle came the Devil, who grew until he reached his usual size. The young man trembled:

"But...who are you? You were the size of a cockroach and now you are enormous!"

"I won't lie to you...I am the Devil. But since you saved me I will help you."

"And what were you doing inside that bottle?"

"My mother-in-law bottled me up. That old witch! I have been trapped for years because of her. Just to hear the word "mother-in-law" gives me the creeps. Let's change the topic. I am going to help you escape from poverty. We are going to buy a suit, a horse, and a doctor's bag.

"But I am not a doctor..."

"I know, but I am the Devil. Listen carefully: we are going to go to the capital and you are going to present yourself as the new doctor.

"And what are you going to do?"

"I am going to get inside different people's bodies, as long as they have lots of money. Once I am there, I will sicken them. Each time I get inside a person you are going to offer your healing services."

"And how will I do that?"

"Easy... You won't have to do more than come close and listen to the heart of the sick like doctors do and say: 'I am the one who freed you from the bottle,' and I am going to tell you what to do."

And so it was. They left for the big city and in a few days, a very important man got sick. The most renowned doctors failed in their attempts to cure him. Finally, the young man announced himself as a doctor recently arrived in the city and offered to return him to health. He came to where the sick man was surrounded by experts, who laughed a lot on seeing the little doctor.

"Who does he think he is?" they said mockingly.

The young man began to examine the sick man and when he put his ear on the chest of the man and said: "I am he who freed you from the bottle." The Devil then said, "Have him given a bath with camphor, then give him an herb tea and wrap him well before letting him lie down."

They did all that the little doctor ordered. The man slept, and when he awoke it was as if nothing had happened. All the family was very grateful and the young man collected a massive fee. They continued presenting cases of madness and strange sicknesses and almost all were dukes, counts, marquises, and other persons of grand power and renown. In each case, the young man cured them and he amassed a considerable fortune. He had enough gold so as to never have to worry again about the poverty he had suffered all of his life.

One day the Devil tired of it.

"I have helped you a lot. Now I am not going to help you anymore."

"But I want to keep on curing," said the young man.

"Curing? Perhaps you think you are really a doctor? You are going to see . . . I am going to show you that you cannot cure *anything* and you are going to get what you deserve."

In a little while the queen herself fell ill and the king asked for the new doctor.. The young man began to examine her, but when he put his ear to the chest of the queen and said,

"It is I, he who freed you from the bottle." The Devil responded: "I am going to make the king cut off your head."

The young man said this was a grave case and he would have to return the next day. But the next day, after putting his ear to the breast of the queen and saying: "It is I, he who freed you from the bottle" from within, the Devil responded, "And I am going to make the king cut off your head. Ungrateful person!"

This same thing was repeated again and again and the impatient king began to doubt the fame of this doctor and menacingly said, "If you are a fake and do not cure my wife, I will order that they cut off your head."

The young man begged, prayed, threatened, but for nothing did the Devil wish to come out from inside the body of the queen. Then an idea occurred to him: He asked the king to bring a band, to buy firecrackers and rockets, that each person in the palace bring a tin or saucepan and a stick to beat it. When the young man gave the signal, the band would begin to play with a mighty sound, everyone would scream and beat their pots and pans, and they would light the rockets.

And so it was. When the ruckus began, the young man put his ear to the breast of the queen, "I am he who freed you from the bottle."

Instead of answering, the Devil wanted to know, "What is this *noise*?"

"Nothing. It appears that your mother-in-law is coming. . ."

"My mother-in-law!" cried the Devil. And in a flash there he was on the other side of the world at the door of hell.

The queen was cured and the young man, who was already rich, went to another town and took up a life and a job that was normal. He married, had three sons, and a *mother-in-law* who was worth as much as three devils.

EL HERRERO MISERIA

Cuento de La Rioja, Misiones, Corrientes y La Plata en Argentina y de Coquimbo en Chile.

El mate es una bebida tradicional, similar al té, que se bebe de un recipiente de calabaza a través de una bombilla de plata.

Cuentan y dicen que el diablo no entra a las casas donde se coloca una herradura detrás o arriba de la puerta. La historia cuenta que hace mucho tiempo, había un viejo herrero que todo lo que encontraba tirado por ahí, lo recogía y se lo llevaba para su casa. El fondo de su casa parecía un basural, pero no era capaz de tirar nada, "Algún día puede ser útil para algo"—decía— y así se quedaba con clavos oxidados, tuercas, latas, picaportes, chapas y un montón de cacharros inservibles. Por esta costumbre y porque además era muy pobre es que la gente lo llamaba "Miseria".

Un día mientras estaba sentado a la puerta de su casa tomando mate, vio acercarse a un hombre montado a un burro. El hombre se veía viejo y pobre como él y el burro rengueaba. Al pasar frente a la herrería el viejo desmontó y se acercó a hablar con Miseria:

—¡Buenas tardes, buen hombre!
—¡Buenas tardes a usted! ¿En qué lo puedo ayudar?
—Mi burro perdió una herradura y quisiera saber si nos puede ayudar. Quizás usted pueda hacer una nueva herradura con algún metal viejo que no sea muy caro, para que podamos continuar nuestro camino.
—¡Con todo gusto!

Miseria se puso a revisar entre los cacharros de su basural para ver si encontraba algo que le sirviera y encontró un plato de plata.

—Llegó tu hora de ser útil —dijo al recogerlo.

Luego encendió la fragua y comenzó a forjar el metal, calentando, derritiendo y martillando sobre el yunque. Calzó la herradura terminada en la pata del burro y notó con gran satisfacción que le había quedado perfecta.

—¿Cuánto le debo buen hombre?

Miseria se quedó pensando qué responder, pero al verlo tan viejito y andrajoso dijo:

—Bah... ¡Vaya nomás! Usted es más pobre que yo todavía, ¿Qué le voy a cobrar?

Resultó ser que el viejito era un mago que tenía poderes y en agradecimiento le concedió tres deseos.

—¡Tres deseos! ¡Ay! No sé qué pedir...

Miseria comenzó a mirar alrededor de su casucha y vio en un costado una silla desvencijada. Recordó que casi nunca iba gente a visitarlo y que si lo hacían se iban rápido, entonces dijo:

—¡Ya sé! Quiero que todo el que se siente en esa silla se quede pegado y que no pueda levantarse si yo no le doy permiso.

—¡Concedido! —dijo el mago— ¿Qué otra cosa? Piense con cuidado.

—¡Ay! ¿Qué pido, qué pido?—se preguntaba Miseria mientras miraba a su alrededor y cuando giró la vista hacia el patio, vio su higuera. Era la que daba los higos más dulces de todo el pueblo, pero no le gustaba que se subieran a robarle los higos sin preguntarle, así es que dijo:

—Que todo el que suba a mi higuera se quede pegado y que no pueda bajar sin mi permiso.

—¡Concedido! —Y ahora el último deseo. Piense tranquilo, no se apresure.

Miseria estaba cada vez más nervioso.

—¡Ay! ¿Qué pido? ¿Qué pido? No sé qué pedir... —y mirando alrededor vio la bolsa donde guardaba su tabaco y vio también unas hormigas que entraban en ella. Se acordó que le molestaba mucho que entraran bichos y le arruinaran el tabaco así es que dijo:

—¡Ya sé! Quiero que el que se meta en mi tabaquera no pueda salir sin mi permiso.

—¡Concedido! —y luego de decir esto, el viejo mago se marchó.

En cuanto Miseria se quedó solo, empezó a pensar en lo que acababa de suceder.

—¡Soy un viejo tonto! ¡No lo puedo creer! ¿Cómo desperdicié una oportunidad así? Podría tener dinero, fama, poder, prestigio y en cambio perdí mis deseos en cosas sin importancia, ¡cómo pude ser tan tonto!

Más vueltas le daba al asunto y más rabia le daba. Se agarraba la cabeza, se lamentaba...

—¡Soy un tonto sin remedio! ¡Si ahora mismo se presentara el diablo, le daría mi alma con tal de poder pedir más años de vida y dinero para disfrutar!

Casi al instante, golpearon a la puerta. Cuando Miseria abrió se encontró con un hombre elegante, de ojos enrojecidos, barba puntiaguda, sombrero negro y dientes blancos y afilados que mostró al soltar una carcajada siniestra. Por debajo del poncho Miseria vio un rabo.

—¡El Diablo! —gritó Miseria echándose hacia atrás.

—Hola, Miseria, ¿Me has llamado? Aquí estoy para darte lo que pides y hacer negocios.

—Pero yo no...

—Tengo para ofrecerte años de vida y riquezas... ¿es eso lo que querías?—y diciendo esto, desenrolló un pergamino de papel—Te doy tres años de vida y tres baúles con oro, joyas y piedras preciosas para que te des todos los gustos.

—¡Ah, no! Es muy poco. ¡Quiero al menos diez años y diez baúles!

—¿Qué? No, no... es demasiado. ¡Cinco años y cinco baúles y listo! Es mi última oferta.

Miseria no quería volver a perder la oportunidad de ser rico, así es que firmó. En cuanto el diablo se fue Miseria abrió los cinco baúles y vio que estaban llenos de oro y joyas. A partir de ese momento cambió su vida por completo. Se compró ropa y se fue a viajar por el mundo dándose todos los gustos. Pero los años cuando se viven de ese modo pasan rápido y pronto se cumplió el quinto año. Miseria volvió a su rancho a esperar a que el diablo lo viniera a buscar. El día exacto en que se cumplían los cinco años, se presentó uno de los diablos de los infiernos a buscarlo.

—Miseria llegó tu hora, ¡vamos!
—Si ya voy. Pero como el viaje es largo, voy a preparar algunas cosas. Mientras tanto ¿Porqué no se sienta en esa silla y me espera?

Cuando Miseria estuvo listo para partir el diablo trató de salir de la silla pero estaba pegado a ella y no había forma de despegarse. Miseria se acordó de los tres deseos que le había concedido el mago del burro y se rió a las carcajadas mientras el diablo sudaba tratando de despegarse.

—Si quiere salir de ahí tendrá que firmar un contrato nuevo y darme otros cinco años y otros cinco baúles.

El diablo trató en vano de desprenderse de la silla. Cuando ya no pudo más, firmó el nuevo contrato y Miseria le dio permiso para que se fuera. Otra vez el viejo volvió a recorrer el mundo y a gastar su fortuna. Pero los años pasan rápido cuando uno sólo se interesa en divertirse y así fue que al llegar nuevamente el quinto año, Miseria quiso cumplir con su palabra y volvió a su herrería.

Esta vez, el rey de los infiernos se acordó de lo de la silla y mandó a dos de sus mejores diablos a buscar a Miseria para que no les fuera a hacer alguna trampa.

—Hay que andar con ojo alerta, ese viejo está protegido y es ladino. Dos serán los que lo van a buscar para que por fin cumpla con el trato.

Cuando los diablos golpearon a su puerta Miseria los invitó a sentar mientras se alistaba, pero los diablos tenían la orden de no sentarse a esperar en ningún lado. Entonces Miseria dijo:

—Como quieran, pero si van a quedarse ahí parados ¿porqué no buscan algunos higos para el viaje? Dicen que los de mi planta son los más dulces del pueblo.

Uno de los diablos seguía desconfiando pero el otro miró hacia la higuera y la vio cubierta de higos maduros y llenos de miel y se le hizo agua la boca. Dijo:

—Voy a recoger algunos de los que se hayan caído al suelo, nomás.

Pero en cuanto probó uno, comprobó que eran en verdad los higos más dulces que jamás hayan existido, así es que se trepó alárbol y comenzó a comer un higo tras otro. El otro diablo lo miraba y se le hacía agua la boca también:
—Tirame uno para acá también. —y el diablo le tiraba uno y se comía diez, así es que pronto estuvo el otro diablo también trepado a la higuera para poder comer a la par.

Al cabo de un rato Miseria dijo:
—¡Estoy listo!—pero en cuanto esos diablos quisieron bajar del árbol se encontraron pegados como por encanto a las ramas. Comenzaron a forcejear pero por más que lo intentaron no lograron zafarse.

Cuando Miseria salió de la pieza y vio a los dos diablos en la higuera le dio una risa tremenda.
—Aquí estoy a su mando —les gritó—vamos cuando ustedes gusten.
—Es que no podemos bajar —le contestaron los diablos que estaban como pegados a las ramas.
—Entonces firmen otra vez el contrato, dándome otros cinco años y cinco baúles más.

Cuando los diablos se cansaron de forcejear y vieron que no había forma de desprenderse de las ramas hicieron lo que Miseria les pedía y éste les dio permiso para que bajaran.

Miseria volvió a sus andanzas por el mundo despilfarrando su dinero en todo tipo de vicios. Los años corrieron a toda velocidad como antes y al llegar el quinto año volvió a la herrería a pagar su deuda.

Mientras tanto el mismo rey de los infiernos se preparaba para ir a cobrarle y cansado de haber sido engañado tantas veces, dijo a sus diablos:

—Esta vez vamos a ir todos para que no nos haga trampa ni se nos escape.

Cuando golpearon a la puerta, Miseria se encontró con cientos de miles de diablos, parecía que el infierno entero se había mudado a su rancho. Pensó "Si llego a escapar de ésta, entonces sí que no pierdo nunca más" pero haciéndose el distraído preguntó:

—¿Me buscan?
—Si—contestó el jefe.
—A usted yo no lo conozco y no le firmé nada.
—Yo soy el rey de los infiernos y todos los otros diablos trabajan para mí.
—¿Ah, sí? ¿Y cómo compruebo que eso es cierto? ¿Acaso tiene un certificado que lo acredite?
—¡Cómo se atreve a dudar de mí! ¡Soy el rey de los infiernos! ¡Puedo hacer las cosas más terribles, destruir el mundo si lo deseo!
—Eso no me demuestra nada, cualquier ser humano puede destruir el mundo si no lo cuida. ¿A que no es capaz de hacer que usted y todos los diablos se vuelvan chiquitos como hormigas y entren en esta tabaquera?

El diablo perdido en su rabia y herido en su orgullo, dio la orden y en un momento todos los diablos se hicieron chiquitos como hormigas y se metieron en la tabaquera. Al instante Miseria cerró la tabaquera, la colocó sobre el yunque y empezó a pegarle con un martillo hasta quedar empapado de sudor. Desde adentro de la tabaquera se escuchaban los aullidos de los diablos.

—Si quieren que pare devuélvanme el contrato destruido.
—¡Jamás lo haremos! —gritaba el diablo jefe entre gritos de dolor.

A partir de ese momento, todos los días colocaba la tabaquera sobre el yunque y le pegaba con el martillo hasta quedar empapado de sudor. Luego preguntaba:

—¿Me devuelven el contrato?
—¡Jamás!

Y así fueron pasando los años.

En el mundo no hubo más peleas ni discusiones. La gente se entendía sin conflictos. No hubo más crimen, ni violencia, ni enfermedades. Sin embargo, todos los abogados, jueces, policías, soldados, médicos, funebreros; todos los que son la autoridad o viven de la desgracia de la gente, comenzaron a sufrir hambre, desocupación y muerte. Así es que un día, preocupados por su futuro, fueron a ver al gobernador y a pedirle ayuda. Uno de ellos contó que todo eso sucedía porque Miseria tenía en su tabaquera a los diablos del infierno. El gobernador, que también estaba entre los castigados, mandó a llamar a Miseria y así le habló:

—¡Así es que tú eras el culpable! Ahora mismo vas a dejar las cosas como estaban, sin meterte a castigar a los diablos. ¿No ves que el mundo es como es? Las leyes y las enfermedades son necesarias y somos muchos los que vivimos de ellas. ¡Necesitamos que los diablos anden por la tierra! Si no quieres ser el culpable de nuestra muerte, ¡suelta a los diablos ahora mismo!

Miseria que ya estaba cansado, viejo y aburrido del mundo, fue a su casa para cumplir con lo que le mandaban. Puso la tabaquera en el yunque una vez más y martilló hasta quedar empapado de sudor:

—Esta es la última vez que les pregunto, ¿quieren romper el contrato sí o no?

Casi sin fuerzas para hablar, el diablo jefe respondió:

—¡Sí, no aguantamos más! Te damos el contrato pero ¡déjanos salir de una vez!

Entonces Miseria abrió la tabaquera, tomó el contrato y le prendió fuego. Luego le dio permiso a los diablos para que se fueran. A medida que salían recobraban su tamaño y huían a toda velocidad jurando no volver a aparecer por ahí.

El tiempo siguió pasando y un día Miseria se murió. Primero se fue para el cielo, golpeó a la puerta y pidió permiso para pasar. Pero en cuanto se fijaron en su carpeta y vieron que había llevado una vida llena de vicios y que había hecho un pacto con el diablo, le dijeron que allí no podía entrar.

Miseria entonces, se dirigió al infierno y golpeó a la puerta. En cuanto se abrió la puerta los diablos lo reconocieron y se apuraron a cerrar la puerta con varios candados.

—¡Cuidado! ¡Es el viejo de los martillazos! ¡Cuidado! ¡Que no entre!

Así fue como quedó Miseria sin poder entrar ni al cielo ni al infierno. Y es por ese motivo, que todavía tenemos Miseria deambulando por el mundo.

MISERY, THE BLACKSMITH

Folktale from La Rioja, Misiones, and La Plata, Argentina and from Coquimbo and Valdivia, Chile.

Mate *is a traditional tea-like drink sipped through a silver straw inserted into a little gourd held in the hand.*

It is said, that the devil doesn't enter a house that has a horseshoe behind or above the door. The story tells that a long time ago, there was an old blacksmith who collected and took home anything that he found lying around. His backyard looked like a dump, but he wouldn't get rid of anything. He would say "Someday it may come in handy for something" and in that way he would keep rusty nails, bolts, cans, door handles, metal sheets, and a bunch of useless pieces of junk. For this reason and also because he was very poor, people called him "Miseria" (Misery).

One day, as he was sitting at his door drinking *mate*, he saw that a man riding a donkey was approaching. The man looked as old and poor as himself and the donkey was limping. As he went by the blacksmith´s shop, he got off the donkey and came to talk to Miseria.

"Good afternoon, good man!"
"Good afternoon to you, too! What can I help you with?"
"My donkey lost its shoe and I was wondering if you could help us. Maybe you could make a new one with some leftover metal that would not be too expensive, so that we can keep on going on our way."
"Of course!"

Miseria looked over his pile of junk in order to find something useful for the shoe and he found a silver plate. "The time for you to become useful has arrived," he said as he picked it up.

Then he lit his forge and started to give shape to the metal piece, heating it up, melting it, and hammering it over the anvil. Then he fitted the finished shoe onto the donkey´s foot and noticed with great satisfaction that it fit perfectly.

"How much do I owe you good man?"

Miseria thought awhile what to charge him, but as he looked at that man so old and tattered he said, "Hum. . . Just go! You are even poorer than me. What could I charge you?"

It so happened that the old man turned out to be a powerful wizard and as he felt grateful towards Miseria he granted him three wishes.

"Three wishes! Oh! I don´t know what to ask for. . ."

Miseria started to look around his hut, and he noticed at one side a rickety chair. He remembered that he almost never got any visitors, and that if somebody came to visit, he rarely stayed long, so he said,

"I know! I want to ask that if anybody sits on that chair, he sticks to it without being able to get up unless I grant permission."

"Granted!" said the wizard. "What else? Think carefully."
"Oh! What should I ask? What should I ask?"

He asked himself nervously as he looked around. As he turned to his patio, he saw his fig tree. It gave the sweetest figs in the whole town, but he didn't like people climbing on it and stealing his figs without asking first, so he said,

"That anyone who climbs that tree sticks to it and can't climb down unless I grant permission to do so."
"Granted! And now, your last wish. Think calmly, don't rush."

Miseria was more and more nervous. "Oh! What should I ask? What should I ask? I don't know..." And looking around he saw his tobacco bag and some ants walking into it. He remembered how much he hated those bugs ruining his tobacco so he said, "I know! I want to ask that whoever gets into my tobacco bag, cannot come out unless I grant permission."

"Granted!" And after saying this, the old wizard left.

As soon as Miseria was on his own, he started to think about what has just happened.

"I am an old fool! I can't believe it! How did I ruin such an opportunity? I could have asked for money, fame, power, prestige and instead I lost my wishes on unimportant things. How could I be such a fool!"

The more he thought, the angrier he got. He held his head, he lamented,

"I am a hopeless fool! If the devil himself would present to me now, I would give him my soul so that I could ask for more years of life and money to enjoy!"

Almost instantly, he heard a knock at his door. When Miseria opened it, he found himself in front of an elegant man that had red eyes, a pointed beard, wearing a black hat and with white sharp teeth that he showed as he launched an eerie laughter. Below his poncho, Miseria saw a tail.

"The devil!" Miseria shouted, walking backwards.

"Hello, Miseria, didn't you call me? Here I am to grant you what you asked for and to do business."
"But I didn't..."
"Here I have to offer you years of life and richness, was that what you wanted?"

And saying this he unrolled a paper parchment.

"I grant you three years of life and three chests with gold, jewels, and precious stones so that you can enjoy."
"Oh, no! That's too little, at least ten years and ten chests!"
"What? No, it's too much... Five years and five chests and that's my last offer."

Miseria didn't want to lose again the opportunity to become rich, so he signed. As soon as the devil left, Miseria opened the five chests and saw that they were filled with gold and jewels. From that moment on, his life changed completely. He bought himself new clothes and started to travel around the world and to indulge himself any whim. But time flies when you live in such way and very soon his time was up. Miseria went back to his hut to wait for the devil. Exactly the day when the five years were over, one of hell's devils came to get him.

> "Miseria, your time has come. Let's go!"
> "Ok, I'm coming. But, since this is going to be a long trip, let me gather a few
> things. Meanwhile, why don't you sit down on that chair and wait for me?"

When Miseria was ready to go, the devil tried to get off the chair, but he was stuck and couldn't get off it. Miseria remembered the three wishes that the wizard with the donkey had granted him and started roaring with laughter while the devil was trying to get unstuck.

> "If you want to come off of there, sign here that you grant me another five years
> and five more chests."

The devil tried in vain to get unstuck from that chair and when he was exhausted, he signed the new contract and Miseria allowed him to go. Once again, the old man started to go around the world wasting his fortune. But the years run fast for the ones that only care about having a good time, so when the five years were about to expire, Miseria wanted to fulfill his word and returned to his blacksmith's shop.

The king of hell remembered about the enchanted chair, so this time he sent two of his best devils to get Miseria, so that he wouldn't trick them again.

> "We have to be careful. This old man has some special protection and is wily.
> Two will go this time so that he finally honors his deal."

When the devils knocked at his door, Miseria invited them to sit while he got ready, but the devils had been ordered not to sit anywhere. So then Miseria said,

> "Do as you wish, but if you are going to wait just standing there, why don't you
> gather some figs for our trip? It is said that my tree has the sweetest figs in all town."

One of the devils doubted this, but the other one looked towards the fig tree and saw that it was filled with ripe figs, filled with nectar and his mouth started to get all watery. He said, "I am just going to grab the ones that have fallen on the ground."

But as soon as he tasted one, he proved that indeed those were the sweetest figs that ever existed, so he climbed up the tree and started to eat one fig after the other. The other devil was watching him and his mouth got all watery as well.

"Throw one this way for me please." And the other devil would throw one for him and eat ten himself, so in no time, the other devil was climbing up the fig tree as well.

A short while later Miseria said, "I am ready!" But as soon as those devils tried to climb down the tree, they found themselves stuck to the branches. They started to struggle but no matter how hard they tried, they couldn't get loose.

When Miseria came out of his room and saw the devils in the fig tree, he started laughing loudly.
"I am ready, at your orders," he shouted to them, "we can leave when you wish."
"It's that we can't come down," replied the devils stuck to the branches.

Criaturas espantosas/Scary Creatures

"Then sign again a contract giving me another five years and five more chests."

When the devils got tired of struggling and realized that there was no way that they could part from those branches, they did just as Miseria asked, and then he allowed them to come down from the tree.

Miseria went back to his old ways wasting his money in all sorts of vices. Years went by at full speed and right before his time expired he went back to his shop to pay his debt.

Meanwhile, the king of hell himself, tired of being tricked over and over, was getting ready to go and collect the debt, "This time, we are ALL going to go so that Miseria doesn't escape or play a trick on us."

When Miseria opened his door he found thousands of devils there, it looked as if hell itself had moved to his hut. He thought, "If I come out of this one, I won't ever lose!" And making as if he didn't know what was going on, he asked, "Are you looking for me?"

"Yes," replied the chief.

"I don't know you and I didn't sign anything to you."

"I am the King of Hell and all the other devils work for me!"

"Really? And how can you prove that? Do you have a certificate or something to prove it?"

"How dare you doubt me! I am the King of Hell! I can do the most terrible things...destroy the world if I want to!"

"That doesn't prove anything, any human being can destroy the world if he doesn't take care of it. I bet you that you are not capable of making yourself and all the other devils became small as ants and get into this tobacco bag."

The devil, lost in his rage and hurt on his pride, gave the order, and in an instant all the devils became small as ants and got into the tobacco bag. Miseria closed the tobacco bag tightly, placed it on top of the anvil, and started hammering it until he was all soaked in sweat. The devils' howls emerged from the inside of the bag.

"If you want me to stop, give me back the contract destroyed."

"Never!" yelled the chief devil in between screams of pain.

From that moment on, every day he would place the tobacco bag on top of the anvil and hammer it until he was all soaked in sweat. After that he would ask,

"Do you want to give me back the contract?"

"Never!"

And in such way, the years went passing. Around the world there were no fights or plights. People understood each other with no conflict. There was no more crime, nor violence, nor illnesses. However, all the lawyers, judges, policemen, soldiers, doctors, undertakers, all the ones that represent authority or live off of people's disgraces, started to suffer hunger, unemployment, and death. So one day, scared of their future, they went to see the governor and asked for help. One of them told the governor that all that they were suffering was because Miseria had all the devils from hell inside his tobacco bag. The governor, as he also was in the suffering group, called upon Miseria and spoke to him.

"So you are the one responsible for all this! Right now you are going to leave things as they always were! Stay away from punishing the devils! Can't you see that the world is as it is? Laws and illnesses are necessary and there are many of us who live from them. We need the devils wandering around the earth! If you don't want to feel responsible for our deaths, free the devils right away!"

Miseria was tired, old, and bored of the world so he went home and fulfilled what he was ordered to do. He put the tobacco bag on top of the anvil once again and started hammering on it until he was all soaked in sweat.

"This is the last time that I ask; do you want to break the contract, yes or no?"

Almost unable to speak, the chief devil replied,

"Yes, we can't take it any longer, we'll give you the contract but let us out once and for all!"

Then Miseria opened the tobacco bag, took the contract, and burned it. Then he granted permission for the devils to leave. As they came out, they recovered their real size and ran away as fast as they could, swearing to never return there.

Time kept on passing and one day Miseria died. First he headed towards heaven, knocked at the door and asked to go in. But as soon as they looked at his file, they saw his vicious life and that he had made deals with the devil and told him that he couldn't go in there.

Miseria then, headed towards hell and knocked at the door. The minute that they opened the door they recognized him. So they closed the door again as fast as they could and put many locks on it.

"Beware! It's the old man with the hammer! Beware! Make sure he doesn't get in!"

This is how Miseria couldn't enter heaven or hell. It is for that reason that we still have Misery wandering around the world.

EL FAMILIAR

Creencia popular de Jujuy, Salta, Tucumán, Santiago del Estero y noroeste de Catamarca y de Coquimbo, Chile.

Se corría la voz de que había trabajo de sobra en aquel ingenio de Jujuy, el más grande de todo el país, y así, iban llegando los trabajadores de la zafra provenientes de Santiago del Estero, de Tucumán, de Salta, de La Rioja, de Bolivia, del Chaco y de tantos otros lugares más.

Trabajo había de sobra, dinero no.

Las condiciones eran deplorables, trabajaban de sol a sol, el pago magro y la explotación abundante. Lo único dulce de esa vida estaba adentro de la caña. Si a alguno se le ocurría quejarse, el patrón, Don Carlos, le hacía saber bien clarito:

—Si no te gusta, ahí tenés la tranquera.

Eran tantas las horas de trabajo, tantos los trabajadores y tan diversas las procedencias que no era fácil entablar amistades. A la noche, el cansancio le ganaba a la conversación. Cada tanto se dejaba de ver una cara, pero nadie se sorprendía por eso.

—Seguro no le gustaron las condiciones del patrón y prefirió la tranquera nomás.—comentaban a lo sumo.
—Si tan solo nos tratase como el perrazo aquel, ese que duerme en el galpón de las herramientas, ese sí que recibe la atención del patrón.—se decían entre sí los peones.

Aquel perro negro, inmenso, con esos ojos amarillos que miraban como si supiera algo que todos ignoraban, esos dientes puntudos, esas garras afiladas, mantenían a todos los trabajadores en ese temor constante del que tanto disfrutaba el patrón.

Un día llegó de La Rioja un peón joven, Cipriano Peralta. En su equipaje traía un solo par de alpargatas, una muda de ropa, varios libros y una guitarra. Trabajaba como todos, pero a la noche animaba a la peonada con sus canciones y al poco tiempo, tanto la música como la charla comenzaron a ganarle al cansancio. Así fue como en las letras de sus canciones, fue cantando acerca de la dureza de la vida del zafrero, clamando derechos y libertades. Los peones escuchaban animados, y en ese canto renacían las esperanzas de mejorar sus condiciones. El canto representaba los sentimientos y pensamientos de todos ellos, y entre canción y canción fueron aprendiendo sus nombres, sus procedencias y la amistad sólida de quienes se sienten hermanados en un mismo padecer.

No tardó en llegar a oídos del patrón la información acerca de esas canciones que tanto emocionaban y envalentonaban a la peonada. Una sonrisa extraña se dibujó en el rostro del patrón:

—Creo que es hora de que el Cipriano ese, vaya a ordenar el galpón de herramientas.

Allí fue Cipriano al otro día por orden del capataz.

Aullaba el perro del patrón.

Nunca nadie lo vio salir del galpón de herramientas. Cuando los peones preguntaron por él el capataz dijo:

—Se fue. No le gustaban las condiciones del patrón...

Sin embargo, a los pocos días aparecieron en el arroyo sus alpargatas, sus ropas raídas, sus libros y su guitarra.

—Fue el perro, seguro que el perro es "el familiar"—dijo uno los peones.

— "¡El familiar!"

—"¡El familiar!"

—"¡El familiar!"—la voz se fue corriendo por toda la peonada.

Fueron juntos a mirar al perro aquel. El perrazo los observó con esos enormes ojos amarillos y una mirada desafiante que parecía saber algo que todos ignoraban. Mostraba los dientes, gruñía, raspaba con sus garras afiladas contra el piso.

Uno de los peones sacó un puñal que tenía una cruz grabada en el mango. Al mostrar la cruz, el perro desapareció de la vista de los peones, escondiéndose en el galpón. Ese gesto los dejó con la certeza. El perro era nomás "el familiar", el embajador del diablo.

Aquel año, la cosecha fue mejor que nunca. Se había cumplido el pacto diabólico, cada parte lo que le correspondía. Se había alimentado al "familiar" con carne humana y el diablo entonces, llenó las arcas del patrón.

Cuentan que el patrón, Don Carlos, hizo "desaparecer" misteriosamente sus "problemas" para disfrutar de sus riquezas sin importarle ni cómo ni porqué.

Nota: El familiar es conocido también como "el Supay" o "el Tío" y se trata del mismísimo demonio. Hace pactos con los que quieren volverse ricos y los cuida hasta que mueren. Entonces, se lleva su fortuna y su alma. Puede ser un perro negro de refulgente mirada (echa fuego por los ojos) largas uñas capaces de desgarrar a una víctima. Otras veces toma la forma de otros animales, cerdo, víbora, tigre, puma, oveja, burro, caballo. Sin importar la forma que tome el familiar, el alimento es siempre el mismo: carne humana. Tanto en las estancias como en los ingenios, el patrón debe darle de comer al menos un peón al año aunque algunos pactos pueden establecer una cantidad mayor. Nada pueden hacerle los disparos ni las armas punzantes, a menos que se trate de un puñal con una cruz tallada. Como en muchos otros mitos referidos al diablo, lo que lo vence es el símbolo de la cruz y no el arma en sí.

Es una leyenda difundida en todo el noroeste argentino: Tucumán, Salta, Jujuy, Santiago del Estero y Catamarca. Para los campesinos no es una leyenda sino una realidad de la cual siempre tienen alguna anécdota para contar.

En los ingenios azucareros suelen perderse obreros o sufrir algún accidente serio en las máquinas. Entonces, la mentalidad popular atribuye estas desgracias al "familiar" que tienen los dueños.

THE DEVIL'S HELPER

Popular belief from Jujuy, Salta, Tucumán, Santiago del Estero, and the northwest of Catamarca, Argentina and from Coquimbo, Chile.

The Spanish word for the owner of a plantation is patrón. *An animal which assists the Devil is called a* familiar. *Though this word is used also in English, we are calling it a "Devil's Helper" here.*

It was said that there was plenty of work at the sugar plantation in Jujuy, the largest in the country. And so harvest workers came there from Santiago del Estero, Tucumán, Salta, La Rioja and from Bolivia, from Chaco, and from many other places.

There was work to spare. Money, no.

The conditions were deplorable, working from sunrise to sunset, the pay meager, the work abundant. The only sweetness of this life was inside the sugar cane itself. If it occurred to someone to complain, the *patrón*, Don Carlos, let them know very clearly,

"If you do not like it, here is the gate."

There were so many hours of work, and so many workers from such diverse areas, that it was not easy to make friends. At night, exhaustion defeated conversation. Every once in a while a face would go missing, but no one was surprised by this. Clearly the worker didn't like the boss's conditions and preferred the gate, they summed it up.

"If the *patrón* would only treat us like he treats that big dog, the one that sleeps in the tool shed...that one actually gets the boss's attention," said the workers among themselves.

That huge black dog, with yellow eyes that stared as if he knew something they all did not know, those pointy teeth, those sharp claws...kept the workers in a state of fear that pleased the *patrón*.

One day a young man arrived from La Rioja...Cipriano Peralta. In his baggage, he brought only a pair of *alpargata* shoes, a change of clothes, several books, and a guitar. He worked like everyone. But at night he animated the workers with his songs, and in a short time, not only the music but the talk began to win out over their exhaustion. It happened that in the words of his songs, they were singing about the hard life of the worker, and were claiming rights and liberties. The workers listened, excited, and in these songs their hopes of bettering their conditions were reborn. These songs represented the feelings and thoughts of them all and between songs they were learning each other's names, their origins, and a friendship solidified between those who felt themselves brothers in the same suffering.

It didn't take long for news to reach the ears of the boss about these songs that so thrilled and emboldened the workers. A strange smile drew over the face of the *patrón*.

"I believe it is time for this Cipriano to go straighten up to the tool shed."

Cipriano was there the next day, by order of the *patrón*.

The dog of the *patrón* howled.

No one ever saw him come out of the tool shed. When the workers asked about him, the foreman said,

"He left. He didn't like the terms of the boss."

However, a few days later his *alpargatas*, his torn clothing, his books, and his guitar turned up next to the stream.

"It was the dog. For sure, it was the dog," said one of the workers. "The dog is a Devil's Helper."

"A Devil's Helper!"
"A Devil's Helper!"
"A Devil's Helper!" The phrase was running through all the workers.

They went to look for that dog...the huge dog with the enormous yellow eyes that seemed to know something they did not know. It was showing its teeth, snarling, and scraping the floor with its sharp claws.

One of the workers took out a dagger with a cross engraved on its handle. On being shown the cross, the dog disappeared from the worker's view, hiding itself in the shed. This action left them with certainty. The dog was nothing else than a "Devil's Helper," an ambassador of the Devil.

That year the harvest was better than ever. The diabolical pact had been completed. Each part received its due. The *patrón* fed the Devil's Helper with human flesh, and then the Devil filled the coffers of the *patrón*.

They say that the *patrón,* Don Carlos, caused his "problems" to "disappear" mysteriously, in order to take advantage of his riches, without it mattering to him how or why.

Note: The "Familiar" is also known as "Supay" or "Tio" (uncle), and belongs to the Devil himself. He makes a pact with those who want to get rich and takes care of them until they die. And then he takes their fortune and their soul. It can be a black dog with shining eyes (fire flashing from its eyes), large nails capable of ripping open a victim. Other times it takes the form of other animals, pig, viper, tiger, puma, sheep, donkey, horse. It doesn't matter what form it takes, its food is always the same: human flesh. In the ranches as well as at the sugar mill, the patron has to feed him at least one worker each year, although some pacts establish a larger quantity. Neither shotguns nor sharp weapons can harm him, unless it's a dagger with an engraved cross. As in many other related myths, what overcomes the devil is the sign of the cross and not the weapon itself.

This legend is distributed throughout the northwest of Argentina: Tucumán, Salta, Jujuy, Santiago del Estero, and Catamarca. For the peasants, this is not a legend but a reality. One about which they always have a story to share.

On the sugar plantations, workers are often lost or suffer serious injury in the machines. Then the popular mind attributes these misfortunes to the familiar that belongs to the owner.

EL CUERO (*HUEKE HUEKÚ O TRELKE-WEKUFE*)
Leyenda Mapuche de Chile y Argentina.

Una familia de extranjeros estaba de vacaciones en el sur de Chile. Recorriendo la zona, encontraron casi de casualidad un lugar paradisíaco, tan bello como solitario y decidieron acampar allí. Se trataba de un lago entre las montañas, con el agua pura y cristalina, un aire fresco y perfumado y los sublimes sonidos de la naturaleza. Mientras los padres armaban las carpas, los niños juntaban ramas y hojas secas para hacer el fuego.

—Es extraño que no haya más gente en este lugar tan hermoso— dijo el padre.
—Somos más que afortunados de estar aquí —respondió la madre.
—¿Podemos ir al agua? —preguntaron los niños.
—Mejor no, el agua es muy fría en esta zona. —respondieron los padres.

Pasaron un día maravilloso disfrutando de la naturaleza, jugando y descansando.

Sin embargo, al llegar la hora del crepúsculo, algo extraño sucedió. El padre se quedó quieto, muy quieto mirando hacia el agua, hacia un lugar cerca de la orilla donde se podía vislumbrar un extraño burbujear. Sin decir una sola palabra el padre comenzó a caminar en dirección al agua a pesar de los intentos de su familia por detenerlo. Gritaron, intentaron sujetarlo pero el padre estaba hipnotizado por ese burbujear y sin mirar atrás, se zambulló en el lago.

En ese momento las burbujas se transformaron en remolino y del agua se elevó algo que parecía un cuero de vaca extendido. A medida que el cuero iba envolviendo al hombre, enrollándose a su alrededor, su familia pudo ver, horrorizada, que en los bordes de ese cuero había unos apéndices con unas garras filosas como garfios, salvo en uno de los extremos donde en lugar de garras había un par de ojos desorbitados, de un color rojo intenso. El cuero giró y entonces pudieron ver en la parte de abajo de su cuerpo una enorme ventosa que se abría como una boca gigantesca. Luego el cuero se sumergió llevándose a ese hombre hacia lo más profundo del lago de donde ya nunca más pudo regresar.

La familia desesperada fue a buscar ayuda. Luego de un largo andar encontraron a una comunidad del lugar. Al oír el relato, supieron enseguida que se trataba del *Trelke-wekufe* y corrieron a buscar a la *Machi*, la única capaz de atraer el cuero a la orilla y vencerlo.

Al otro día, siguieron todos a la *Machi* hasta el lago y allí la vieron hacer. Reunió varias ramas de arbustos espinosos: *quizco* y *calafate* y los envolvió para que parecieran un bulto humano. Luego dirigiendo su mirada al río, comenzó a entonar un canto y a recitar unas palabras en *Mapudungún*. Poco tiempo después comenzaron a vislumbrarse unas burbujas que se acercaban lentamente a la orilla. La *Machi* comenzó a mover el agua, imitando un chapoteo con algunas ramas. Las burbujas se acercaron más y más y cuando estuvieron bien cerca de la orilla, la *Machi* arrojó el atado de ramas. El cuero se elevó, mostrando sus horribles garras y sus ojos enfurecidos y luego comenzó a enrollarse alrededor del bulto de ramas espinosas. Una tinta oscura invadió el agua cristalina a medida que el monstruo se agitaba enloquecido, y mientras más se movía, más apretaba y más profundamente se hería de muerte con las espinas. Finalmente, las burbujas cesaron el agua retornó a su calma habitual y ese manto diabólico se perdió en las profundidades del lago.

La gente de la tierra, los *Mapuche*, conocen la presencia del *Hueke Huekú* en los lagos Patagónicos, ese cuero diabólico que absorbe completamente los fluidos de su presa, hasta dejarla seca y muerta.

Por este motivo nunca dejan que sus niños jueguen solos cerca de las orillas.

Nota: Hueke Huekú o Trelke-wekufe *es un monstruo con forma de cuero de vaca que se cree que existe en los lagos Patagónicos.*

Machi: Autoridad religiosa, consejera y protectora del pueblo Mapuche. Generalmente se trata de una mujer.

Mapuche: Significa "gente de la tierra". Mapu = tierra, che = gente.

Mapudungún: El "hablar de la tierra", idioma del pueblo Mapuche.

Quizco: Echinopsis chiloensis *es un tipo de cactus que se encuentra en el extremo sur de Sudamérica.*

Calafate: Berberis microphylla *es una planta berberis que se encuentra en el sur de Chile y Argentina. Es un símbolo de la Patagonia. Las ramas están cubiertas de espinas.*

THE COWHIDE (*HUEKE HUEKÚ O TRELKE-WEKUFE*)

Mapuche legend from Chile and Argentina.

A family of foreigners was vacationing in the south of Chile. Traveling through the area, they came across by accident a paradisiacal place, as beautiful as it was lonely, and decided to camp there. It consisted of a lake between mountains, with pure, crystalline water, fresh and perfumed air, and the sublime sounds of nature. While the parents set up the tents, the children searched for branches and leaves to make a fire.

"It is strange that there are not more people in this beautiful place," said the father.
"We are more than lucky to be here," responded the mother.
"Can we go in the water?" asked the children.
"Better not. The water is very cold in this area," replied the parents.

They spent a marvelous day enjoying nature, playing, and resting.

Nevertheless, as the hour of twilight approached, something strange happened. The father was very still, quietly looking into the water, at a place near the shore where you could glimpse a strange bubbling. Without saying a single word, the father began to walk towards the water, despite the attempts of his family to stop him. Crying, they tried to hold him back, but the father was hypnotized by this bubbling and without looking back, he plunged into the lake.

At this moment, the bubbles transformed themselves into a whirlpool and from the water rose up something that appeared to be a stretched cowhide. As the skin was wrapping up the man, coiling completely around him, his family could see… horrified…that the edges of this skin had appendages with sharp claws with hooks, except at one far end where instead it had huge eyes of an intense red color. The skin spun and then they were able to see underneath the body an enormous sucker that opened like a gigantic mouth. Then the hide submerged, carrying the man to the deepest part of the lake, from where he never again could return.

The desperate family went to seek help. After a long walk they came upon a community there. Upon hearing the story, they believed right away that this was the *Trelke-Wekufe* and ran to look for the *Machi*, the wise woman, the only one capable of attracting the skin to the shore and vanquishing it.

The next day, they all followed the *Machi* to the lake and saw what she did there. She put together various branches of spiny bushes: *quizco* and *calafate,* and wrapped them in such a way that they appeared to be a human body. Then casting her gaze at the river, she began to intone a chant and recite words in *Mapudungún*. After a little while, they began to glimpse bubbles that slowly came nearer to the shore. The *Machi* began to move the water and create a splashing with some branches. The hide rose up, showing its terrible claws and its infuriated eyes and began to roll itself around the body of spiny branches. A dark color invaded the crystalline water as the monster madly writhed about. And the more it moved, the more the thorns pressed and more deeply they mortally wounded it. Finally, the bubbles having ceased, the water returned to its usual calm and the diabolical mantel was lost in the depths of the lake.

The people of this land, the *Mapuche*, know about the presence of the *Hueke Hueku* in the Patagonian lakes…this diabolical skin that absorbs completely the fluids of its prey, leaving it dry and dead.

Because of this, they never let their children play alone near the shore.

Note: The Hueke Hueku *or* Trelke-wekufe *is a cowhide-like monster believed to live in Patagonian lakes.*

The Machi *is a religious authority, advisor, and protector of the* Mapuche *people. Usually this is a woman.*

Mapuche: It means "people from the earth." "Mapu" = earth, "che" = people.

Mapudungún: This is the "language of the earth," language of the Mapuche *people: "Mapu" means "earth," and "dungún" means "speaking." In this case, it's more than the language of the* Mapuche *people, since it is the language of earth.*

Quizco: Echinopsis chiloensis *is a type of cactus found in the southern tip of South America.*

Calafate: Berberis microphylla *is a kind of barberry found in southern Chile and Argentina. It is a symbol of Patagonia. The branches are covered in thorns.*

LA BRUJA DE JUJUY

Cuento de Jujuy, Argentina.

En Jujuy, cuentan de una vieja que vivía sola. Todo el pueblo estaba convencido de que era una bruja. Actuaba de manera muy rara y salía de su casa tarde en la noche.

Era sabido que las brujas pueden dejar su cuerpo para salir volando por ahí a hacer todo tipo de maldades, pero deben dejar su piel en la cama, esperando su regreso.

Una noche oscura, un hombre valiente se propuso liberar al pueblo de este mal. Con un salero escondido entre sus ropas, fue cruzando las calles en puntas de pie hasta la choza de la bruja. Ella no estaba en casa, pero sí su piel, tendida en la cama, esperando el regreso de su dueña. El hombre levantó la piel y la roció con la sal por dentro. Luego la volvió a colocar en la cama y escapó del lugar.

Muy entrada la noche, el pueblo se despertó con un horrible aullido de dolor. Era la bruja. Al regresar a su casa en la oscuridad y colocarse la piel, la sal terminó con ella.

Y así fue, como este pueblo de Jujuy se liberó de su bruja.

THE JUJUY WITCH

Folktale from Jujuy, Argentina.

In Jujuy, they tell of an old woman who lived all alone. Everyone was sure she was a witch. She acted strange and she would be gone from her home late at night.

It was known that witches were able to leave their bodies and fly about at night doing their evil deeds. But they would leave their skins behind on their bed...waiting for their return.

So one dark night, a brave man took it upon himself to rid the village of this witch. Hiding a salt shaker under his clothing, he tiptoed through the streets and quietly let himself into that witch's hut. She was not at home, but her SKIN was. There it lay, stretched out on her bed waiting her return. Quickly the man lifted the skin and sprinkled salt all inside it. Then he placed it back on the bed and fled from that place.

Late that night, the village was awakened by such a HOWLING of pain. It was the witch. When she returned home in the dark and threw on her skin, the salt brought an end to her.

And thus, at least one village in Jujuy was rid of its witch.

A llama accompanies its owner through the streets of Cuzco, Peru.

Llama on the Altiplano. Read "Karua and Kjirkinchi" ("The Llama and the Armadillo") on pp. 47–48.

A young man is killed by a jaguar in the "The Origin of Ñandutí Lace" (pp. 118–119). The jaguar also figures in "The Yerba Mate" (pp. 181–184) and in "The Runa Uturunco" (pp. 187–188).

"The Fox and Cuy" (pp. 42–43) tells a story about this Andean guinea pig.

Fox is a trickster in this region. See "The Fox and Cuy" (pp. 42–43), "La Zorra Vanidosa" (pp. 35–37), "Kamkhe and Kusi-Kusi" (pp. 45–46), and "How the Queshque Cactus Got It's Spines" (p. 160).

See "Legend of the Lajau (Ombu)" (pp. 154–155). This tree is the tree under which the witches are singing in "Domingo Siete" (pp. 85–87).

See Anahi, the Ceibo Flower (pp. 143–144).

Read about "The Origin of the Calafate" (pp. 157–158). In this picture the fruit is not ripe, ripe fruits are purplish-black.

A deserted rancho house in the Argentinian pampas.

Musicians in the plaza of Salta playing guitar, quena (flute), sikus (panpipes), and bombo (drum).

Dry region in Northwestern Argentina.

Tigre: Delta of the Paraná River, further north it enters the littoral swampy region where the yacaré live. "The Monkey and the Yacaré" (pp. 29–30).

The Devil appears in several of our stories, such as "The Devil's Mother-in-Law" (pp. 91–99), "Misery the Blacksmith" (pp. 104–108), and "The Devil's Helper" (pp. 111–112).

"The Origin of Ñandutí Lace" (pp. 118–119). Learned from a spider.

"Candombe Drums" tells the story of this Afro-Uruguayan dance (pp. 60–62).

The author, Paula, places an offering on an Apacheta on the road between Salta and Jujuy, asking a blessing for this book.

LA LEYENDA DEL ORIGEN DEL ENCAJE DE *ÑANDUTÍ*

Leyenda Guaraní del Paraguay.

Hace mucho tiempo había una hermosa mujer guaraní.

Estaba destinada a casarse con el hijo del cacique y los dos estaban muy enamorados. El hijo del cacique quería regalarle a su novia algo maravilloso para la boda, así es que tomó su arco y sus flechas y se fue al bosque en busca de un yaguareté. La piel de un yaguareté iba a ser el regalo para su amor. Parecía no importarle el hecho de que el yaguareté es una criatura tan feroz como mágica. Tenía la determinación de conseguir la piel del yaguareté para su novia y con esa idea partió. Fue atravesando el bosque con cautela, pero al llegar la noche aún no se había encontrado con ningún yaguareté. No se hizo problema por eso. El hijo del cacique sabía valerse por sí mismo. Tomó unas lianas que colgaban de un árbol muy alto y las fue anudando para construirse una hamaca. Luego se trepó a la hamaca que colgaba de ese árbol inmenso pensando que ese era un lugar seguro para dormir. Pero hasta el hijo de un cacique puede equivocarse al tomar una decisión.

En el pueblo, la muchacha esperó y esperó a que regresara su amor, pero no lo hizo.

Pasaron días. Los hombres del pueblo rastrearon el lugar en su búsqueda, pero no encontraron nada.

Muchos años después, un cazador de la tribu se tropezó con un árbol inmenso en la profundidad del bosque. De ese árbol colgaban dos esqueletos, el de un hombre y el de un yaguareté. Al pie del árbol yacían el arco y las flechas del joven.

El esqueleto del hombre estaba envuelto en una tela bellísima. Las arañas del bosque se habían juntado para tejer una mortaja para este hombre. Una mortaja tal como la habría tejido su novia de haber estado allí.

La mujer, viuda antes de casarse nunca perdió su tristeza.

Al escuchar acerca de la mortaja de su amor, sintió celos del tejido de las arañas. No podía soportar la idea de que otras habían tejido la mortaja de su amor así es que fue al bosque y allí, al costado de los huesos de su amor, observó día y noche a esas minúsculas arañas cuando tejían. Con paciencia y perseverancia aprendió el arte de las arañas. Cada vez que el viento o la lluvia destruían parte de la tela, las arañas volvían a tejer esa parte y la dejaban aún más bella de lo que era antes.

La mujer permaneció observando ese trabajo. Copió cada cosa que hacían las arañas. Finalmente, había tejido una mortaja para su amor. Una mortaja tan hermosa como la que habían hecho las arañas.

Recién entonces, permitió que los restos de su amor regresaran al pueblo para ser enterrados.

Del amor de esta mujer y de su paciencia y perseverancia en su trabajo nació el arte del tejido del encaje de ñandutí.

Este arte se practica hasta el día de hoy en Paraguay.

THE ORIGIN OF *ÑANDUTÍ* LACE
Guaraní legend from Paraguay.

Once long ago there lived a beautiful Guaraní girl. She was to be wed to the chief's son, and the two were very much in love. But the chief's son wanted to give her a wonderful present for the wedding.

So he took his bow and arrows and went into the forest in search of a Jaguar. He would bring his love the skin of a Jaguar!

It did not worry him that the jaguar is a fierce and magical creature. He was determined to get a jaguar skin for his bride. So he set off for the forest.

He made his way cautiously through the forest, but night came on him and still he had not encountered a jaguar. Never mind. The chief's son was self-reliant.

Taking some liana vines dangling from a tall tree, he tied them together and created for himself a hammock. Then he climbed into this hammock, hanging from this huge forest tree. Here he assumed he would be safe to sleep.

But even a chief's son can make a bad decision.

Back in the village, the girl waited and waited for her loved one to return. He did not.

Days passed. Men from the village searched the forest for him. But they found nothing.

It was many years later, a hunter from the tribe stumbled onto a huge tree deep in the forest. Hanging from the tree were two skeletons...that of a man... And that of a jaguar.

There, at the foot of the tree were the bow and arrows of the young man.

But the young man's skeleton was wrapped tightly in a beautiful woven cloth.

The spiders of the forest had come together to create a funeral shroud for this poor young man... such a shroud as his fiancée would have made for him, had she been there. The woman, widowed before she was even married, never lost her sadness. On hearing of her lover's shroud, she felt jealous of the spider weavers. She couldn't stand the thought that others had woven the death shroud for her love. So she went into the forest and there, by the side of her lover's bones, she watched day and night as the tiny spiders wove.

Through her patience and steadfastness she learned the art of the spiders.

Every time the wind and rain destroyed a part of the cloth, the spiders would set to work and weave that piece again, even more beautifully than before.

The woman stayed and watched their work. She copied each thing they did. And at last...she had woven a shroud for her love. A shroud just as beautiful as that made by the spiders.

It was then that she allowed his body to be returned to the village and buried.

From the love of this woman and the patience and steadfastness of her work, came the art of *ñandutí* lace.

This art is practiced by *Guaraní* women until this day in Paraguay.

EL *MILLALOBO*

Cuento folklórico de la Isla de Chiloé en Chile.

Esta historia sucedió en la orilla del lago Cucao, en la Isla de Chiloé.

Un día una niña se negó a ir al lago a buscar agua porque aseguraba que el día anterior había visto allí al *millalobo*. A su padre, le pareció que la niña estaba tratando de evitar hacer el trabajo encomendado y entonces preguntó:

—¿Cómo era ese animal, hija?
—Era como un ciervo papá.
—¿Estás segura? El *millalobo* es mucho más grande que una cabra y su piel brilla como el oro. Estás mintiendo para no ir a buscar agua. ¡Toma este balde y ve a buscar agua ahora mismo!

La niña tuvo que obedecer y se alejó llorando hacia el lago. Ella estaba diciendo la verdad. Las horas pasaron y la niña no volvió a su casa. Sus padres y sus vecinos buscaron toda la noche, pero no la encontraron. Luego de muchas búsquedas sin lograr ningún resultado, debieron admitir que la niña había sido llevada por el *millalobo*.

Un año más tarde, esta misma niña llegó a la casa de sus padres con un bebé en sus brazos. ¡Estaban tan felices de verla! Su madre corrió a preparar una cuna para el bebé.

—No hay paja suficiente para la cuna del bebé —dijo la niña —Iré a la casa de al lado a pedir un poco más.

Apoyó al bebé todo envuelto en la cuna.

—No destapen al bebé hasta que yo vuelva —le dijo a su madre. Antes de salir, se dio vuelta una vez más para advertir:
—No destapen al bebé. No se olviden de lo que les digo.

Pero como la niña tardaba en regresar, la madre no pudo resistir las ganas de ver a ese bebé precioso. Se agachó y desenvolvió al bebé. Pero este no era un niño. ¡Entre las mantas había una estrella brillante y reluciente!

La estrella saltó de la cuna y voló hacia la puerta haciendo un sonido como de un abejorro. Luego despareció en el cielo... desvaneciéndose entre las nubes.

La niña nunca regresó a su casa. Le bastó escuchar el sonido de la estrella al elevarse para comprender qué es lo que había sucedido. Corrió internándose en los campos, gritando y llorando por su niño. En su desesperación, se arrojó al lago gritando:

¡Cucao! ¡Cucao!

Desde ese día, la niña continua cautiva del *millalobo*, quien se esconde en su palacio en el fondo del lago. Dicen que en la víspera de San Juan, justo unos minutos antes de la Medianoche, la niña se eleva a la superficie y mira fijamente al pueblo. Se para sobre el agua por horas y horas, como una estatua de rocío. Cuando sale el sol, se sumerge nuevamente al lago, llamando:

—¡Cucaooo, Cucaoooo, Cucaooooo!

THE *MILLALOBO*

Folktale from the Island of Chiloé in Chile.

This story takes place on the edge of Lake Cucao on the island of Chiloé.

One day a girl, who was sent to fetch water from the lake refused to go. She insisted that she had seen the *millalobo* there the day before. Her father thought she was just trying to avoid the work.

"What was the animal like, daughter?"
"It was like a little deer, papa."
"Are you sure? The *millalobo* is much bigger than a goat and its skin shines like gold. You are just lying to get out of going for water. Take this pail and go get water!"

The girl had to obey and went off crying toward the lake. But she had been telling the truth. Hours passed and that girl never returned to her home. Her parents and the neighbors searched all night, but she never was found. After a week of fruitless searching, they had to admit that she had been taken by the *millalobo*.

One year later, this same girl arrived at her parent's home with a baby in her arms. How happy they were to see her! Her mother hurried to prepare a crib for the baby.

"There isn't enough straw in this crib," said the girl. "I'll just run next door and borrow a bit more."

She lay the baby in the crib, all wrapped up. "Don't unwrap the baby before I come back," she told her mother. And as she started out the door, she turned back once more to warn her. "Do not unwrap the baby. Don't forget what I am telling you."

But as the young girl was a while in returning, the mother just had to have a look at that precious baby. Bending, she unwrapped the baby. But this was not a child! Within the blankets was a bright shining star!

The star leapt from the crib and flew out the door with the sound of a great bumblebee and disappeared into the sky...vanishing between the clouds.

The young girl did not even return to her house. The sound of the rising star was enough to tell her what had happened. She ran off into the fields, crying and crying for her child. In her horrible grief, she threw herself into the lake crying,

"Cucao! Cucao!"

Since that day, the girl remains a captive of the *millalobo,* hidden away in his palace at the bottom of the lake. They say that on St. John's Eve, just a few minutes before midnight, the young girl rises to the surface and stares at the village. She stands right on top of the water for hours and hours...like a statue of mist. But when the sun rises, she sinks slowly back into the lake, calling,

"Cucaooo, Cucaooo, Cucaoooooo!"

LUGARES PERDIDOS

LOST PLACES

EL PARAÍSO DE CHUNGARÁ

Cuento popular del pueblo Aymara que vive en el lago Chungará. En la zona del Altiplano chileno, cerca del lago Titicaca de Bolivia.

Cuentan los que viven cerca del volcán Parinacota, que originalmente no había ni volcanes ni lagos en esa zona. Cuentan que el área donde hoy se encuentran el lago Chungará y el lago Cotacotani, solía ser un valle profundo y protegido, donde podía crecer cualquier cosa. En aquellos días y por aquellos lugares, uno podía encontrarse con verdaderos paraísos.

Una vez sucedió que una mula quedó pastando en la orilla norte de un lago muy cerca de la frontera con Bolivia. Cuando al día siguiente fueron a buscarla, la mula no pudo ser encontrada, pero sí encontraron sus huellas y las siguieron. Imaginen la sorpresa cuando descubrieron una granja nunca vista con ricos pastos creciendo por doquier y una huerta con árboles frutales.

El dueño de ese lugar no los dejó marchar sin antes servirles una comida deliciosa y llenarlos de provisiones para su regreso a casa. Llenó sus alforjas con cosas ricas.

En el camino de regreso debían subir una colina empinada. De pronto notaron que la mula estaba más cansada que lo habitual. Se detuvieron para examinarla y descubrieron que las alforjas ¡estaban repletas de ORO!

Cuando llegaron a sus casas y contaron lo sucedido, todo el mundo quiso regresar a ese lugar maravilloso pero nunca jamás lo volvieron a encontrar.

THE PARADISE OF CHUNGARÁ

A folktale of the Aymara people who live on Lake Chungará on the Altiplano of Chile, near Bolivia's Lake Titicaca.

Originally, say those who live near the Parinacota volcano, there were no volcanoes or lakes in this area. Instead, they say that the area that now has Lake Chungará and Lake Cotacotani was a deep and sheltered valley where all sorts of things could be grown. And in those days there indeed were paradises to be found in those parts.

Once it happened that a mule was left grazing on the north bank of a lake near the Bolivian border. When they went to get it the next day, the mule could not be found. But someone did find the mule's tracks and they followed these. Imagine their surprise when they reached a never before seen farm with rich grass growing all around, and an orchard of fruit trees.

The owner of this place would not let them go without serving them a delicious lunch and loading them with provisions for their return home. He filled their saddlebags with goodies.

On their way home, they had to climb a steep hill. Suddenly, they realized that the mule was becoming unusually tired. They stopped to examine it and discovered that the saddlebags were filled with GOLD!

Of course, when they reached home and told people what had happened, everyone wanted to go back to find this marvelous place. But it was never found again.

EL ORIGEN DE LAGO CHUNGARÁ

Cuento popular del pueblo Aymara que vive en el lago Chungará. En la zona del Altiplano chileno, cerca del lago Titicaca de Bolivia.

Los geólogos cuentan que el lago Chungará se formó hace ocho mil años, cuando una pendiente del volcán Parinacota colapsó sobre el río creando una avalancha de tres millas (cinco kilómetros) de profundidad. Al quedar bloqueado el río, se formó el lago. El Parinacota todavía se erige a 6342 metros de altura y los dos lagos, Chungará y Cotacotani adornan el valle.

Sin embargo, el pueblo Aymara cuenta una historia diferente.

En el bello valle de Chungará vivía hace tiempo un hombre rico y codicioso. Trataba muy mal a la gente y pasaba las horas bebiendo con sus amigos. Este hombre desagradable era un mal ejemplo para todos. Incitaba a sus amigos a seguirlo en sus inmoralidades y muy pronto todo el valle adquirió una mala reputación debido a su mal vivir.

Esta triste situación continuó por algunos años, hasta que un día, un extraño apareció en la puerta del hombre rico. Con su ropa desaliñada parecía un mendigo, sin embargo dijo llamarse Tarapacá y que traía un mensaje del cielo.

El hombre rico, sumido en una orgía de bebida con sus amigos, le respondió a Tarapacá:

—No me importa lo que se piense de mí o de mi estilo de vida allá en el cielo.

Tarapacá le advirtió que no le convenía esa actitud:

—Debes saber que en el cielo vive Ticci, el Creador del Universo. Fue Ticci quien ha establecido cuál es el comportamiento moral que se espera de los hombres. Ahora Ticci me ha enviado a la tierra para ver si la gente cumple con sus deseos. Sin embargo, como parece que aquí en Chungará la gente no se comporta como corresponde, lamento decirles que deberán ser castigados.

Tarapacá esperó a escuchar lo que el hombre rico tenía para decir.

El hombre rico simplemente se rió y así borracho como estaba trató de patear al mendigo para echarlo afuera, pero se cayó al piso gritando.

Tarapacá sintió que una mano suave tomaba la suya para guiarlo fuera de ese lugar. Era un criado de la finca, que servía en la mesa. Llevó a Tarapacá a la cocina y junto a otros criados, le dieron algo para comer y un lugar donde descansar.

A la luz de la fogata, Tarapacá reveló a esta pobre gente, que al día siguiente iba a llover fuego en el valle y que luego seguiría una inundación. Si alguien lograba sobrevivir a la lluvia de fuego iba a morir luego con la inundación. Les aconsejó que escaparan por el paso de Huacollo para salvar sus vidas. Les dejaba esta advertencia por haber sido amables con él, pero agregó que por nada en el mundo debían mirar hacia atrás al huir.

Todo sucedió tal como lo advirtió Tarapacá. El mensajero del Ser Superior mandó tal lluvia de fuego que calcificó y endureció todas las piedras. Todo el pueblo y su gente fueron quemados.

Aquellos que lograron escapar, pronto se ahogaron en las inundaciones que siguieron y que formaron esos dos grandes lagos donde antes había existido Chungará. Solo unos pocos lograron escapar, cruzando por el Altiplano hacia el lago Titicaca.

Mucha gente cree que la cultura de esa zona se originó en Tiahuanaco, pero en realidad, primero vino de Chungará. Como prueba de esta leyenda, se puede ver en la cima del paso de Huacollo, en la frontera con Bolivia, un punto donde la gente que escapaba dejó una piedra como ofrenda a Pachacámac, el Señor de la tierra. Mientras huían, detrás de ellos en el valle de Chungará se sucedían la lluvia de fuego y la inundación. Una mujer no resistió y se dio vuelta para mirar. De inmediato, fue transformada en piedra, tal como advirtiera Tarapacá. Y esa piedra de un metro y medio de alto, todavía está allí.

THE ORIGIN OF LAKE CHUNGARÁ

Folktale of the Aymara people who live on Lake Chungará on the Altiplano of Chile, near Bolivia's Lake Titicaca.

Geologists tell us that Lake Chungará was formed 8,000 years ago, when a collapse of one slope of the Parinacota volcano produced an avalanche three miles deep which blocked a river creating the lake. Parinacota still stands at 20,827 feet high. And two lakes, Chungará and Cotacotani, now fill the valley.

However, the Aymara people tell a different story.

In the beautiful valley of Chungará, there once lived a rich and greedy man. He treated everyone badly and spent his time drinking with his friends. This unpleasant man set such a poor example, enticing his friends to join in his immoral ways, that the whole valley got a reputation for bad living.

This sad state went on for some years. And then one day, a stranger appeared at the door of the rich man. This man looked like a beggar in disheveled clothing, but he said his name was Tarapacá and that he came with a message from heaven.

The rich man was deep in an orgy of drinking with his buddies and told Tarapacá in no uncertain terms,

"I don't care what anyone in the sky thinks about me and my lifestyle."

Tarapacá warned him that it was not advisable to take this attitude. "You must know that Ticci, the Creator of the Universe, lives in the sky. It was Ticci who has laid down the moral behavior expected of you humans. Now Ticci has sent me to earth to see if you people are complying with his wishes. And since it appears that here in Chungará people are not behaving, I am afraid you will need to be punished." Now Tarapacá wanted to hear what the rich man had to say.

But the rich man just laughed and drunkenly tried to kick the beggar out the door. However, instead the man fell over onto the floor, hollering.

Tarapacá felt a gentle hand on his, which led him away from the spot. This was a servant of the *finca* who served at the table. He led Tarapacá to the kitchen and there he and the other servants gave him something to eat and a place to stay.

By the light of the fire, Tarapacá revealed to these poor folk that on the following day a rain of fire would come down over the valley. And that this would be followed by a flood. The flood would take the lives of any who survived the fire. He advised them to flee through the Huacollo Pass to save their lives. Because they had shown him kindness, they were thus warned. But they were told not to look back as they fled, whatever they did.

Indeed, everything happened just as Tarapacá had warned. The Messenger of the Supreme Being sent down such a rain of fire that it calcified and hardened all of the rocks. All of the people and their villages were burnt up. And any who escaped were soon drowned in the flood which followed, creating two large lakes where the valley of Chungará once laid. Only a few people escaped, fleeing across the Altiplano toward Lake Titicaca.

Many people believe that the culture of that area originated in Tiahuanaco, but those people actually came first from Chungará. And as further proof of the legend, you can see at the top of the Huacollo Pass, on the Bolivian frontier, a spot where the fleeing people set down a stone as an offering to Pachacámac, the Lord of the Land. As they fled, behind them the rain of fire and the flood were going on in the valley of Chungará and one woman could not help turning around to look. She was immediately turned to stone, just as Tarapacá had warned. And this meter and a half stone still stands right there.

LA DESAPARICIÓN DE LA SERENA

Cuento de la costa norte de Chile.

La ciudad de La Serena, en la costa norte de Chile, se fundó cerca del año 1544 como una parada en la ruta de Santiago de Chile a Lima, Perú. La ciudad tuvo una historia difícil. En 1549 los nativos del lugar la quemaron totalmente para matar a los españoles. Durante el siglo XVII, la ciudad fue repetidamente atacada por piratas. Y en 1700 fue totalmente destruida por un terremoto. Con todos estos antecedentes, no es de sorprender que exista la historia de su mágica desaparición. Esta es la historia.

Se cuenta, que en tiempos remotos, la antigua ciudad de La Serena era mucho más hermosa que la que se conoce hoy. En esta ciudad, vivía un hombre humilde pero bien parecido que se llamaba Juan Soldado.

Juan Soldado estaba enamorado y su amor era correspondido. Pero este era un amor prohibido ya que el padre de la muchacha, un hombre rico y poderoso, desaprobaba esta relación. Un día, los jóvenes se escaparon juntos y fueron a casarse en la iglesia de La Serena.

Estaban a punto de lograr su cometido, pero en el momento en que el cura iba a declararlos marido y mujer la ceremonia se interrumpió por unos gritos alborotados:

—¡Es el padre de la novia!
—¡Viene con sus hombres!
—¡Están armados!
—¡Quieren matar a los novios!
—¡Traen antorchas!
—¡Van a prenderle fuego al pueblo!

Sin saber hacia donde huir, los pobladores entraron en pánico. Sin embargo, por algún motivo que nadie jamás supo explicar, fue el pueblo entero el que huyó de la amenaza. En cuanto el padre y sus hombres intentaron entrar a La Serena, el pueblo entero ¡desapareció!

El padre y sus hombres incrédulos, rastrearon y buscaron hasta por debajo de las piedras, pero de La Serena no quedaba ni una sola huella.

¿O quizás si? Ya que aun hoy en día, cuando alguien pasa por el lugar donde antes había estado el pueblo, puede ser que a lo lejos se escuche el murmullo de unos cantos y una música perdida resurja por entre las piedras. También hay quienes afirman que si uno va hacia allá un Viernes Santo, a lo lejos verá dibujada en el horizonte la silueta de La Serena, pero a medida que se acerque esta se esfumará nuevamente, de manera tan misteriosa como antes.

La montaña que está cerca del lugar donde la ciudad se erigía, hoy se llama Juan Soldado.

THE DISAPPEARANCE OF *LA SERENA*

Folktale from the northern coast of Chile.

The town of La Serena, on the northern coast of Chile, was founded around 1544 as a stopover spot on the route from Santiago de Chile to Lima in Peru. The city has had a troubled history. In 1549, the native peoples of the area burned La Serena to the ground and killed all of the Spaniards. During the seventeenth century, the city was attacked repeatedly by pirates. And in 1700, it was almost totally destroyed by an earthquake. With all of this actual history, it is no wonder that a story of the magical disappearance of La Serena exists. Here is the story.

They say that in ancient days the old city of La Serena was much more beautiful than the one that is known today. In this city, there lived a humble but fine young man named Juan Soldado.

Juan Soldado was in love and he was loved in return. But this was a forbidden love, since the girl's father, a rich and powerful man, disapproved this relationship. One day, the young couple fled together and went to get married in the church at La Serena. They almost achieved their mission, but in the moment when the priest was about to pronounce them man and wife, the ceremony was interrupted by some rowdy shouts:

"It's the bride's father!"
"He is coming with his men!"
"They are armed!"
"They want to kill the bride and groom!"
"They have torches!"
"They want to burn down our town!"

Without knowing where to flee, the villagers panicked. However, for a strange reason that nobody ever was able to explain, the town itself escaped from the threat. As soon as the father and his men tried to enter La Serena, the whole village disappeared!

The father and his men couldn't believe this, and they tracked and searched everywhere, even under the rocks, but there was not a single trace of La Serena.

Or maybe there was? Even today it is said, that when somebody goes through the place where the village used to be, the murmurs of singing and a lost music can be heard from a distance, as if it was coming from beneath the rocks. There are also those that say that if you go there on a Good Friday, you would see far away La Serena´s silhouette drawn on the horizon, but as you get closer this will vanish away as mysteriously as before. The mountain peak near the spot where this city stood is today called Juan Soldado.

Note: Other vanishing cities are found in Argentina: Pueblo del Pantano in La Rioja, and in Ecuador, Riobamba la Vieja. Juan Soldado, or John the Soldier, is a stock figure in Spanish folklore and the name is given to figures in many tales. A second tale of Juan Soldado from La Serena tells that this peak is named Juan Soldado because a soldier of that name killed two rich men who had been making fun of his poor appearance. Juan Soldado then disappeared and his body was discovered much later on the top of the peak now given his name.

EL LAGO ASIRU QUCHA

Cuento Quechua de Arani, Bolivia.

En la provincia de Arani, en Bolivia hay una planicie alta y extensa donde se encuentran varios lagos. Uno de ellos, el Asiru Qucha, es el protagonista de esta historia.

Dicen los ancianos, que hace mucho mucho tiempo, no había lagos en esa zona. Todas esas tierras se usaban para cultivos y en la parte más baja, donde ahora se encuentra el Asiru Qucha había un pueblo con su plaza, sus calles, sus casas, sus jardines y su templo.

Un día llegó al pueblo una mujer pobre que cargaba una *llijlla* envolviendo a su hijita. Nadie la conocía y todos en el pueblo la rechazaban. La mujer tenía hambre y la beba no paraba de llorar. La mujer tocó una a una, cada una de las puertas de las casas de ese pueblo sin lograr que nadie las ayude ni se apiade de ellas.

La mujer imploró compasión al cielo, pero todo fue en vano. Desfalleciente continuó caminando hasta perderse por el sendero y la gente continuó con su rutina como si nada hubiera sucedido.

Al llegar la noche la luna llena inundaba los campos y las casas de una luz plateada. Pero quienes se detuvieron a observar esa luna llena, pronto comenzaron a gritar espantados:

—¡La luna! ¡Miren a la luna!

El hermoso perfil de la luna llena se cubría lentamente de una sombra oscura. El negro avanzó hasta cubrirla completamente y con el avance de las sombras ya no se pudieron ver las casas ni los campos. Las sombras se acompañaron de nubes densas y oscuras, silenciosas y amenazantes.

La gente del pueblo aterrorizada comenzó a hacer ruegos, promesas y ofrendas, pero estos se perdieron en la oscuridad y el vacío. Comenzó una tormenta espantosa, abundante, copiosa. El agua caía de a chorros y continuó cayendo durante días y durante noches sin cesar. El agua se fue acumulando y poco a poco se cubrieron, los jardines, la plaza, las calles, las casas y hasta el templo. Las campanas y los gritos desesperados quedaron sumidos en el mayor silencio, enmudecidos y ahogados por las aguas que continuaban subiendo.

Hoy, son pocos los campesinos que transitan por los pedregales que rodean al lago, pero cuentan que en las noches extrañas o cuando la tierra tiembla, del fondo de las aguas emerge una luz violeta pálido que toma la forma de una nube que dibuja el contorno de aquella ciudad perdida. En esas noches, el viento trae distante, el sonido de las campanas y los gritos desesperados. Cuentan también que en la serranía hay una piedra que tiene la forma de una mujer que carga en sus espaldas a una niña. Una mujer, que con su llanto desesperado pidió un castigo para quienes se mostraron indiferentes ante el dolor humano.

Nota: La laguna puede encontrarse con el nombre de Aciro Khocha, Acero Khocha o Asiruqucha. El vocablo proviene del Aymara: asiru = *culebra y del Quechua:* khocha, cocha o qucha = *laguna.*

LAKE ASIRU QUCHA

Quechua folktale from Arani, Bolivia.

In the province of Arani, in Bolivia, there is a high and extensive plain where one finds several lakes. One of these, Asiru Qucha, is the center of this story.

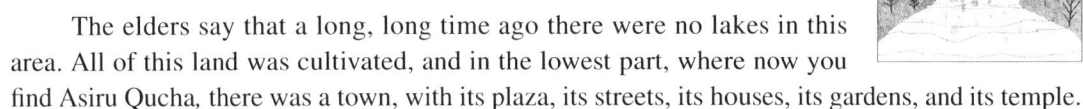

The elders say that a long, long time ago there were no lakes in this area. All of this land was cultivated, and in the lowest part, where now you find Asiru Qucha, there was a town, with its plaza, its streets, its houses, its gardens, and its temple.

One day a poor woman arrived at the town carrying her baby girl wrapped in her baby pouch. No one knew her and all the people turned her away. The woman was hungry and her baby did not stop crying. The woman knocked one by one on each door of the houses of this town without finding anyone to help or have mercy on them.

The woman begged the heavens for mercy, but all was in vain. Feebly she continued walking until losing herself on the trail. And the people continued their routines as if nothing had happened.

When night arrived, the full moon filled the fields and houses with a silver light. But whoever stopped to look at the full moon at once began to scream in fright.

"The moon! Look at the moon!"

The beautiful profile of the full moon was covered slowly with a dark cloud. The dark advanced until it covered it completely. And with the advance of the shadows you could no longer see the fields or the houses. The shadows were accompanied by dense clouds, dark, silent, and menacing.

The terrorized people of the town began to make pleas, promises, offerings. But these were lost in the darkness and the emptiness. Then a frightening storm began…a torrent of water. The water fell in jets and continued falling through days and nights without cease.

The water accumulated and little by little they were covered…the gardens, the plazas, the streets, the houses, and even the temple. The bells and the desperate cries were plunged into a major silence, muted and drowned by the waters which continued to rise.

Today, few people pass by the stony shores which surround the lake. But they say that on strange nights, or when the earth trembles, from the depths of the lake emerges a pallid violet light. This takes the form of a cloud that draws the outlines of the lost city. On these nights, the wind brings from afar the sound of the bells and the desperate cries. They also say that in the mountains there is a rock which has the form of a woman carrying a little girl on her shoulders…a woman who, with her desperate cries, asks for a punishment for whoever shows indifference in front of human suffering.

Note: The lake is called Aciro Khocha, Acero Khocha, *or* Asiruqucha. *The words come from the Aymara:* asiru = *snake, and from the Quechua:* khocha, cocha, *or* qucha = *lake.*

LA MONTAÑA VIAJERA

Cuento de la comunidad Shipibo-Conibo de Ucayali, en la Amazonia Peruana.

Algo muy raro sucedió aquel día en la quebrada de Cumancay. Huishtínbaque había salido a pescar como todos los días, pero ese día sus flechas no pudieron acertar a ningún pez. Algo extraño sucedía en las aguas, en los cielos y con los frutos del *Nehue Rao*.

Bari, el sol, brillaba tan fuerte que hacía hervir el agua y reventaba los frutos de los árboles. Cuando estallaban los del *Nehue Rao* el viento los esparcía.

Unas semillas caían al agua y cuando los peces las devoraban de inmediato salían volando.

A los pájaros les sucedía al revés. En cuanto comían las semillas, se arrojaban al agua y empezaban a nadar como los peces.

Huishtínbaque no comprendía lo que sucedía, sin embargo, se maravilló con todo eso y sintió que estaba recibiendo una señal espiritual. Se apuró en dejar su canoa para treparse a la copa de aquel árbol. Allí llenó su bolso con las hojas y los frutos que fue juntando.

Tan pronto bajó del *Nehue Rao,* se subió a su canoa y se fue a su casa.

Su madre se extrañó cuando lo vio regresar tan rápido y sin traer nada de pesca pero se mantuvo en silencio, observándolo. Así vio como el niño sacó el contenido del bolso y comenzó a pisar todo en un mortero hecho con el tronco de una palmera. Trituró esas hojas y esos frutos hasta formar una pasta amarillenta que luego diluyó en una tinaja. El niño parecía saber lo que hacía, se movía con seguridad.

—¿Qué haces? —preguntó su madre intrigada.
—Esto que ves —respondió Huistínbaque mostrándole el contenido de la tinaja.
—He visto a los peces volar y a los pájaros nadar.

Sin decir una palabra más y sin que su madre lograra comprender lo que sucedía, el niño comenzó a regar el contenido de la tinaja por el frente de la casa y continuó trazando una línea amarillenta por el frente de las casas de los vecinos.

La madre presintió que algo malo iba a suceder y salió a advertir a sus vecinos:

—No salgan de sus casas por nada.

Su tono de voz y su rostro mostraron tanta angustia que todos decidieron obedecerle.

Mientras tanto Huishtínbaque continuó caminando y trazando su borde. Se internó en los matorrales desapareciendo detrás de los árboles y de los arbustos para luego aparecer nuevamente tras del bosque marcando con su líquido en forma incansable.

Todos los vecinos se quedaron contemplando al niño desde los patios de sus viviendas, sin comprender lo que estaba haciendo y sin atinar a hacer nada al respecto.

—Pase lo que pase, no nos moveremos de nuestras casas—se dijeron unos a otros.

—¡Esto es una estupidez! Yo me voy a cazar al bosque—dijo un joven al tiempo que tomaba su arco, sus flechas, su *pucuna* y sus *virotes*. Saltó por encima del límite demarcado por Huistínbaque y se perdió entre los árboles.

En ese momento Huishtínbaque cerraba el círculo completando la marca. Enseguida, se escuchó un ruido atronador que venía de lo más profundo de la tierra. La tierra comenzó a sacudirse violentamente mientras se quebraba por donde el líquido había sido vertido. Tanto se sacudió que finalmente logró desprenderse y con ese ruido ensordecedor, a desplazarse. Ese pueblo entero, con sus casas, los árboles, con su gente, todo comenzó a elevarse.

Algunos pobladores en su desesperación, se arrojaron al abismo. Otros se aferraban de donde fuera para no caerse. Mientras tanto, continuaban subiendo, cada vez más y más alto.

El joven cazador aterrado por el terrible estruendo que resonaba tras de sí decidió regresar sobre sus pasos. Corría a toda velocidad hasta que de pronto, donde antes estaba su pueblo, encontró un profundo abismo. Alcanzó a frenar antes de caerse, y desde allí pudo ver como su casa, su familia y toda su gente flotaban en el aire turbulento, más alto que las copas de los árboles más altos.

—¡*Ea bihué cocá, ea bihué!* ¡Ven a llevarme tío, ven a llevarme! —gritaba angustiado. Y mientras veía que la tierra flotaba y se alejaba, más y más gritaba:

—¡*Cocá, cocá!* ¡Tío, tío! —Y al intentar alcanzarlos se transformó en el pájaro Cocá, que así dejó oír por vez primera su grito lastimoso.

Cuentan los ancianos que ese día en todo el Ucayali, se vio algo que parecía una montaña viajera surcando el alto cielo. En un momento estuvo a punto de caer en el lugar donde hoy se encuentra la ciudad de Contamana y aplastar a todos sus habitantes, pero logró recobrar altura y continuar viajando hasta descender suavemente en un bosque pantanoso que está en el Bajo Uyali. Ahora todavía está allí, es el cerro que lleva el nombre de Canchahuayo.

Los navegantes que llegan hasta allí con sus canoas a través del pantano cuentan que aún hoy se escuchan sonidos de la vida cotidiana, voces, risas, ruidos de trabajo, murmullos, rumores... pero no se puede ver a nadie. Ahora son espíritus que quedaron para siempre fuera de la felicidad de los antepasados.

Dice el pueblo Shipibo-Conibo de Ucayali, que la enorme cavidad que dejó la tierra de Cumancay cuando se desprendió y salió volando, se llenó de la noche a la mañana de agua y se pobló con todo tipo de animales acuáticos y peces: el manatí, la nutria, el *paiche*, la *gamitana*, *acarahuasú*, el *tucunaré*, los bufeos.

Cada vez que los cazadores Shipibos ingresan a esta gran laguna con sus arpones y sus flechas se preguntan cómo hicieron estos animales para llegar hasta allí. Y aún hoy, contemplan con atención tanto a las copas de los árboles, como al agua... no sea cosa que otra vez Bari, el sol, esté haciéndola hervir y reventando los frutos del Nehue Rao.

Glosario:
Cocá: pájaro similar a la gallina de guinea
Bari: El Sol, espíritu tutelar
Huistínbaque: descendiente de estrella
Nehue Rao: árbol llamado viento mágico
Pucuna: cerbatana
Virotes: dardos de cerbatana

THE TRAVELING MOUNTAIN

Folktale of the Shipibo-Conibo of Ucayali, in the Peruvian Amazon.

Something strange happened one day in the ravines of Cumancay. Huishtínbaque had gone out to fish as every day, but this day his arrows could not hit any fish. Something strange was happening in the waters, in the skies, and with the fruits of the *Nehue Rao*.

Bari, the sun, shown so strongly that it made the water boil and the fruits of the trees burst. When the fruit of the *Nehue Rao* burst, the wind dispersed it.

Some seeds fell in the water, and when the fish devoured it, they immediately began to fly.

To the birds the opposite happened. When they ate the seeds, they threw themselves into the water and began to swim like fish.

Huishtínbaque did not understand what happened, nevertheless he marveled at all this and felt he was receiving a spiritual signal. He hurried to leave his canoe in order to climb to the crown of the *Nehue Rao* tree. There he filled his bag with leaves and fruits that he was gathering.

As soon as he came down from the *Nehue Rao*, he got into his canoe and went home.

His mother was surprised to see him return so soon without bringing fish, but she maintained her silence, watching him. Thus she saw the youth take the contents out of his bag and begin to trample them all in a mortar made from the trunk of a palm tree. He crushed these leaves and fruits in order to make a yellow paste that he then diluted in a jar. The young man seemed to know what he was doing; he moved with certainty.

"What are you doing?" his mother asked, intrigued.

"Just what you see," responded Huishtínbaque, showing the contents of the jar. "I saw fish fly and birds swim."

Without saying another word and before his mother could understand what was happening, the young man began to trace a line in front of the house with the contents of the jar, and continued marking a yellow line in front of the houses of the neighbors.

The mother had a presentiment that something bad was going to happen and went out to warn the neighbors, "Don't leave your houses for any reason." Her tone of voice and face showed such anguish that they all decided to obey her.

Meanwhile, Huishtínbaque continued walking and drawing his border. He entered the thickets, disappearing behind trees and bushes, to later appear again through the forest, marking with his liquid tirelessly.

All the neighbors waited watching the young man from the patios of their homes, without comprehending what he was doing and without managing to do anything about it.

"No matter what happens, we are not going to move from our houses," they told one another.

"This is nonsense! I am going hunting in the forest!" said one young man while taking his bow, his arrows, his *pucuna* blowgun, and his *virotes* darts. He leapt over the boundary drawn by Huishtínbaque and was lost among the trees.

In this moment, Huishtínbaque closed the circle, completing the line. Then there was heard a rumbling sound coming from the depths of the earth. The ground began to shake violently, while it cracked open where the liquid had been poured. It shook so much that finally it began to come apart, and with a deafening sound, to pull loose. The entire town, with its houses, the trees, with the people, all began to rise.

Some people, in desperation, threw themselves into the abyss. Others hung on where they were in order not to fall. And all the while it kept rising, at every moment higher and higher.

Meanwhile, the young hunter, terrorized by the terrible sound that resonated behind him, decided to retrace his steps. He ran as fast as he could until suddenly...where his town had been before...he was faced with a deep abyss. He managed to stop before he fell, and from there he could see how his house, his family, and all the people floated in the turbulent air, higher than the tops of the tallest trees.

"*Ea bihué cocá, ea bihué!*" "Come get me, uncle! Come get me!" he cried in anguish. And while seeing that the land floated and receded farther, more and more...he cried, "*¡Cocá, cocá!*" "Uncle! Uncle!" And trying to reach them...he transformed into the Cocá bird, that let be heard for the first time its sad cry.

The elders say that on that day something resembling a traveling mountain was seen riding in the sky around Ucayli. One time it appeared to be about to fall on the place where today we find the city of Contamana and squash all its inhabitants. But it managed to regain altitude and continue traveling to descend gently in the swampy forest that is in Bajo Uyali. Today it is still there. It is the peak that bears the name Canchahuayo.

The boatmen who make their way through the swamp in their canoes say that you can still hear the sounds of everyday life...voices, laughs, sounds of work, murmurs, rumors...but you cannot see anyone. Now they are spirits that remain forever away from the happiness of their ancestors.

The Shipibo-Conibo people of Ucayali say that the enormous cavity that the land of Cumancay left when it tore loose and flew away filled with water overnight and was populated with all types of aquatic animals and fish: *manatí* (manatee), nutria, *paiche* fish, *gamitana* fish, *acarahuasú* fish, *tucunaré* fish, and *bufeos* (dolphins).

Whenever the Shipibo hunters go into this great lake with their harpoons and arrows they ask how those animals came to be there. And still today they watch carefully the crowns of the trees and the water...to make sure that Bari, the sun, is not boiling water and exploding the fruit of the *Nehue Rao* tree.

Glossary:
Cocá: *Numida meliagris* (guinea fowl)
Bari: the Sun, spiritual head
Huistínbaque: descended from the stars
Nehue Rao: a tree whose name means magical wind
Pucuna: blowgun
Virotes: blowgun darts

CUENTOS DE PLANTAS Y ÁRBOLES

STORIES OF PLANTS AND TREES

LA YERBA MATE

Leyenda Guaraní de Paraguay, Uruguay y Argentina.

Yasí, la luna, siempre fue muy curiosa. Todas las noches cuando pasea por el cielo mira alumbrando hacia abajo y trata de descubrir qué pasa en la tierra. Algunas veces mira de frente, otras veces mira de costado y otras, se esconde y desde su escondite trata de adivinar qué sucede aquí abajo. Yasí siempre quiso conocer todo eso que le contaban la lluvia y el viento, pues solamente podía apreciarlas a lo lejos, desde allá arriba. Le habían contado que las arañas podían tejer unas telas bellísimas, que había todo tipo de pájaros y que cantaban unas melodías hermosas, que las flores tenían colores y perfumes exquisitos, que las frutas eran sabrosas y se deshacían en jugo dentro de la boca de las personas. La luna no podía creer tantas maravillas que a nosotros ni nos asombran ya que estamos tan acostumbrados.

Un día le pidió permiso a Tupá, el dios de la creación, para bajar a la tierra y conocer por sí misma esas maravillas. Tupá le concedió el deseo pero le advirtió:

> —Debés estar muy atenta y moverte con mucho cuidado. Cuando estés en la tierra, perderás todos tus poderes. Serás tan mortal como cualquier ser humano y estarás expuesta a los mismos peligros que ellos. Podrás ver todo lo que quieras durante un día pero los humanos no podrán verte a ti.

Yasí estaba encantada y estas advertencias no llegaron a intimidarla. Suavemente se deslizó hacia abajo sobre un arco iris y llegó a la tierra. Caminó atravesando el bosque, admirando los perfumes y los colores de las flores. Saboreó el agua del río, del mismo río donde hasta ese momento solo había logrado ver su imagen reflejada desde arriba. Probó el sabor dulce de las frutas y bebió el jugo. Tan ensimismada estaba descubriendo el mundo, que no se dio cuenta que un yaguareté la estaba acechando. Sin perderla de vista el yaguareté agazapado entre los juncos seguía cada movimiento de su presa. Cuando la tuvo a su alcance, midió la distancia y saltó.

Yasí alcanzó a gritar y un hombre que por allí pasaba la escuchó. Reaccionó rápidamente, comenzó a luchar contra el yaguareté cuerpo a cuerpo. El yaguareté logró asestarle varios zarpazos pero luego huyó.

El hombre sabía que había salvado a alguien del yaguareté, pero no alcanzó a ver a nadie. Sin comprender lo que había sucedido el hombre se alejó del lugar. Cuando Yasí, la luna, recobró su aliento siguió al hombre que le había salvado la vida con la intención de agradecerle de alguna manera. Vio al hombre entrar a una choza muy humilde. Lo vio sentarse a una mesa vacía, vio la tristeza y el hambre en su mujer y sus niños. Entonces Yasí lloró, y unas lágrimas de plata cayeron a la tierra, bajo la ventana de la choza. Esa noche el hombre tuvo un sueño. Soñó con una mujer hermosa, con un rostro blanco y redondo que le habló así:

> —Gracias por salvarme la vida hoy. Bajo tu ventana encontrarás una nueva planta que llamarás caá. Toma con cuidado las hojas y déjalas secar al sol. Luego colócalas dentro de un recipiente de calabaza y vierte agua. Podrás sorber el líquido a través de una caña y cuando lo hagas sentirás que tu corazón se reconforta y que las penas se alejan. Este es mi legado para ti, para tu pueblo y para las generaciones que vendrán después de ti.

El hombre se despertó con la imagen muy vívida de su sueño. Corrió hasta la ventana y vio una nueva planta con unas flores blancas pequeñas que se asomaban entre las hojas verdes. Hizo tal como le había explicado la mujer en sus sueños. Cuando probó la bebida, se sintió mejor. Compartió con su familia y luego con sus vecinos y así comenzó el mate a rodar de mano en mano.

¿Qué hubiera pasado si el hombre no hubiera podido salvar a Yasí de las garras del yaguareté? No solo no tendríamos mate, sino que tampoco tendríamos luna.

THE YERBA MATE

Guaraní legend from Paraguay, Uruguay, and Argentina.

Yasí, the moon, has always been very curious. Every night, while she journeys around the sky, she looks down and tries to find out what goes on down on the Earth. Sometimes she looks straight, other times she looks sideways, and some other times she hides herself and tries to figure out what is going on down here. Yasí always wanted to know all those wonderful things that Air and Wind had told her, since she could only appreciate them from far away, up above. They told her that spiders could weave the most beautiful fabrics; that there were all types of birds that sang lovely melodies; that flowers had exquisite perfumes and colors; and that fruits were delicious and melted in juice inside people's mouths. Yasí, the moon could not believe all these wonderful things that don't amaze us any longer, since we are so used to them.

One day, Yasí asked Tupá, the god of all creation, permission to go down to earth and see for herself all those wonderful things. Tupá agreed, but he warned her,

> You have to pay attention and move very carefully. While you are on earth, you will lose all your powers. You'll be mortal and vulnerable as any human being and you'll be exposed to the same dangers as they are. You will be able to see anything during a whole day, but humans won't be able to see you.

Yasí was delighted and these warnings didn't intimidate her. She slid down the rainbow softly and came down to earth. She walked through the forest, admiring the perfume and color of the flowers. She tasted the river water, the same river where until then she had been able to only look at her reflection. She tasted the sweet flavor of fruits and drank their juice. She was so self-absorbed discovering the world, that she didn't notice that a *yaguareté*, a jaguar was stalking her. Without losing sight, the *yaguareté* was crouching between the reeds, following each move of its prey. When she was within reach, he measured the distance and jumped.

Yasí managed to scream and a man passing by heard her. He reacted quickly. He began to struggle with the jaguar. The *yaguareté* was able to aim several blows with its claws, but then it ran away.

The man knew that he had saved someone from the *yaguareté,* but he wasn't able to see anybody. He went away from that place without fully understanding what had just happened. When, Yasí, the moon, recovered her breath, she followed the man that had saved her life with the intention of finding a way to thank him. She saw the man entering a very humble hut. She saw him sitting at an empty table. She saw the sadness and the hunger in his wife and children. Then the moon started to cry, and silver tears fell to the ground below the hut's window. That night the man had a strange dream. He dreamed of a beautiful woman with a white rounded face who spoke to him in this way:

> Thank you for saving my life today. Under your window you will find a new plant that you will call *caá*. Take its leaves carefully and let them dry in the sun. Then put them inside a gourd container and pour water in it. You can sip the liquid

through a cane straw and when you do so, you will feel comfort in your heart and sorrows will move away. This will be my legacy to you, your people, and for the new generations to come.

The man woke up with a vivid image of his dream. He ran to the window and there he found a new plant with small white flowers showing between the green leaves. He did as the woman had told him in his dreams. When he tasted the beverage, he felt better. He shared the drink with his family and with his neighbors, and that's how mate started to roll from hand to hand.

What would have happened if the man wouldn't have been able to save Yasí from the *yaguareté's* claws? Not only would we not have mate, but we wouldn't have a moon either!

Note: Mate *is a tea drunk through a silver straw* (bombilla) *from a little hand-held gourd. The* mate *gourd is passed from person to person and each takes a sip. Even today this is a warm, community-building event in some Uruguayan, Argentinian, and Paraguayan communities.*

ANAHÍ, LA FLOR DEL CEIBO

Cuento Guaraní de Paraguay.

Anahí era la hija del cacique Guayaquí. Su nombre significaba "la de la voz de pájaro" pero su voz era en realidad la envidia de los pájaros. Cuando Anahí cantaba, el paisaje se quedaba quieto y mudo para deleitarse con su voz. Su voz tenía la dulzura del melocotón y quien la oía una vez quedaba embelesado y no la olvidaba jamás.

Anahí amaba su tierra y todo lo que en ella habitaba. Hablaba con los pájaros, con los animales y hasta con las flores. Se bañaba en sus ríos, se alimentaba de sus frutos.

Un día apareció allá por el río, algo que nunca antes había visto, algo inmenso, una aparición de alas blancas. Y blancos eran también, los hombres que de ahí bajaron, luciendo sus rostros barbados y sus metales que brillaban a la luz del sol. Esos hombres montaban unos animales nunca vistos y a su paso arrasaban con todo lo que se encontraba en el camino, flores, pájaros, animales, personas.

Estos hombres eran españoles que llamaban conquista a una masacre a fuerza de sangre, fuego y saqueo. A pesar de haber logrado someter a muchos pueblos por la fuerza de sus armas, encontraron que el pueblo Guayaquí, no se rendía fácilmente. Defendían su tierra con ferocidad y valentía. Tanto hombres como mujeres luchaban con gran destreza contra esos seres monstruosos que parecían creados por *Añangá*.

Tal fuerza tenía este pueblo al defender su territorio, que los españoles atribuyeron estas hazañas a poderes mágicos y de brujería. Pero no había ninguna fuerza sobrenatural, sino el fervor por la libertad que los llevaba a luchar sin miedo, prefiriendo la muerte a la esclavitud. Pelearon durante días, semanas, meses. Poco a poco los iban alejando de su territorio.

Anahí, era una de las luchadoras más valientes a pesar de ser muy pequeña y muy joven. Uno de esos tristes días de guerra, Anahí vio como un español mataba a su padre de la forma más cruel y cobarde. Nada pudo hacer para evitarlo, solo grabar la imagen del asesino para no olvidársela nunca.

Con la muerte de su padre, Anahí quedó al frente de su pueblo. Continuó luchando tanto o más que antes, pero ahora la tristeza había colmado su ser. Ya no hablaba con los animales, con los pájaros o con las flores. Y su dulce voz, ya no se entregaba al canto sino a los gritos de guerra. Una sola idea ocupaba su atención, vengar la muerte de su padre. Este pensamiento se había convertido en su obsesión y estaba esperando el momento oportuno.

Un día, Anahí pensó que ese momento había llegado. Sola, sigilosa, con la destreza de los Guayaquí que saben hacerse imperceptibles al moverse por la selva, llegó hasta el campamento de los españoles. Se escondió y esperó agazapada, acechando y escudriñando en la oscuridad de la noche.

Entonces lo vio salir. El asesino de su padre salía de una carpa con una botella en la mano. Anahí recordó al puma, e imitando sus movimientos de cacería, saltó sobre el hombre corpulento y le dio un golpe certero en la cabeza que lo tumbó en el suelo, agonizante.

Los españoles la tomaron prisionera y al ver el tamaño pequeño de Anahí, le atribuyeron dotes de bruja y de actuar con la fuerza del diablo y así fue que la condenaron a morir en la hoguera.

Cuentos de plantas y árboles/Stories of Plants and Trees

La ataron a un palo, la rodearon de leños y prendieron el fuego. Las llamas la envolvieron. Entonces Anahí, comenzó a cantar y cantando le pidió a Tupá que protegiera a su pueblo y que cuidara a su tierra. Su voz fue subiendo junto a las llamas y los españoles observaron con estupor como esa voz y esas llamas llegaron hasta la copa del árbol elevando a la joven en su manto de fuego. Al llegar a la copa, se escuchó un violento chisporroteo y luego las llamas se introdujeron en las ramas. El cuerpo de Anahí desapareció.

Cuando salieron los primeros rayos de sol, pudieron ver un árbol bellísimo. Sus ramas estaban colmadas de flores rojas como el fuego. Esa era el alma de Anahí, transformada en el símbolo de una raza que no se quiso doblegar jamás. El legado de Anahí corre por la sangre de su pueblo, color ceibo. Sangre que puede hacerlos florecer en canto aún cuando las llamas los estén consumiendo.

Esta historia concluye con lo siguiente: Dicen que el ceibo se transforma en música porque con su tronco se hacen bombos, los más bellos, los más sonoros. La dulzura de Anahí se bebe en el jugo de sus flores y con la corteza se hace una pasta que cura las heridas. Si es bello, dulce, contiene música y cura heridas, el ceibo es una poesía hecha árbol.

Verdaderamente, el ceibo es en sí mismo una poesía hecha árbol. Su tronco y su ramazón han sido injustamente despreciados por su supuesto exiguo valor comercial, y alguna vez, por esta razón se le quiso representar como la imagen del árbol inútil, del árbol que no tenía derecho a la vida, que no podía nutrirse de los jugos de la tierra fecunda por que no devolvía en frutos ni en troncos de madera dura lo que bebían sus raíces profundas. ¿Qué derecho tienen a la vida los que no tienen otra virtud que la belleza? Siempre serán benditos los poetas, que nos ponen estrellas y rosas en las manos...

Nota:
El pueblo Guayaquí es una rama de los Guaraníes.
Tupá es el dios supremo de los Guaraníes, el creador de todos los seres y las cosas.
El Árbol del Ceibo: Erythrina crista-galli, *cuyas flores son de un color rojo intenso es el árbol nacional de Argentina y Uruguay. Es un Árbol Pequeño, nativo de Argentina, Paraguay y el sur de Brasil. No debe confundirse con la ceiba de América Central y el Caribe.*

ANAHÍ, THE *CEIBO* FLOWER

Guaraní legend from Paraguay.

Anahí was the daughter of the *cacique* Guayaquí. Her name means "the one with a bird's voice," but her voice in reality was the envy of the birds. When Anahí sang, the landscape seemed to remain still and silent in order to delight in her voice. Her voice had the sweetness of a peach and whoever heard it once was enthralled and never forgot it.

Anahí loved her land and everything that inhabited it. She spoke with the birds, with the animals, even with the flowers. She bathed in its rivers. She nourished herself with its fruits.

One day there appeared by the river something that never had been seen before…something enormous, an apparition with white wings. And white were also the men who came down from that thing, with their bearded faces and their metals that shown in the sun. These men rode animals never seen before and their passing razed all they met on the way…flowers, birds, animals…people.

These men were Spaniards, and they called "conquest" what in reality was a massacre with the force of blood, fire, and looting. Despite having conquered many towns by force of arms, when they encountered the town of the Guayaquí people, it didn't seem easy. These people defended their land with ferocity and valor. All of the men as well as women, fought with a great skill against these monsters, which seemed created by the devil spirit, Añangá.

So strong were this people to defend their territory, that the Spaniards attributed their feats to magical powers and witchcraft. But it was not a supernatural force, only the fervor for liberty that caused them to fight without fear, preferring death to slavery. They fought for days, weeks, months. Little by little they were pushed out of their territory.

Anahí, was one of the bravest fighters, in spite of being very small and very young. One of these sad days of war, Anahí saw a Spaniard kill her father in a most cruel and cowardly manner. She could do nothing to stop it, only to fix the image of the assassin in order never to forget him.

With the death of her father, Anahí stayed in charge of her people. She continued fighting as before or even more, but now the sadness had taken over her being. No more did she speak with the animals, with the birds, or with the flowers. And her sweet voice now was used not for song, but for the cries of war. One sole idea occupied her attention…to revenge the death of the father. This thought had become an obsession and she was waiting the opportune moment.

One day, Anahí believed that this moment had arrived. Alone, stealthily, with the skill of the Guayaquí, who knows how to move imperceptibly through the forest, she arrived at the camp of the Spaniards. She hid and watched, squatting, stalking, spying, in the darkness of the night.

Then she saw him go out. The assassin of her father went out of his tent with a bottle in his hand. Anahí remembered the puma and imitated its hunting movements, leaped on the heavy man and gave him a direct blow on the head that fell him to the ground in agony.

The Spaniards took her prisoner, and seeing the small size of Anahí, they attributed witchcraft skills to her and thought that she acted with the force of the devil. And so they condemned her to die at the stake.

They tied her to a pole, surrounded her with wood and set the fire. The flames enveloped her. But Anahí began to sing, and singing she prayed to Tupá asking him to protect her people and her land. Her voice was rising with the flames and the Spaniards observed with stupor how this voice and these flames rose to the tops of the trees, lifting the young girl in a mantle of fire. On reaching the treetops, they heard a violent crackling and the flames went into the branches. The body of Anahí disappeared.

When the first rays of the sun came up, they could see a beautiful tree. Its branches were filled with flowers as red as fire. This was the soul of Anahí, transformed into the symbol of a race which would never bow down. The legacy of Anahí runs through the blood of her people... blood that has the color of the *ceibo* flower. Blood that can make them flower in song, even if the flames are consuming them.

The story concludes by saying: They say that the *ceibo* is transformed into music, because its trunk is used to make the most beautiful and most sonorous drums. The sweetness of Anahí can be drunk in the juice of its flowers, and from the bark of the tree is made a poultice that can cure wounds. Since it is beautiful, sweet, contains music and cures wounds, the *ceibo* is a poem manifested as a tree. Truly, the *ceibo* is in itself a poem. Its trunk and branches have been unjustly despised for their lack of commercial value. Sometimes for this reason, it is used as an example of a useless tree, a tree that has no right to live, that shouldn't be able to nurture itself on the fecundity of the land, because it does not return in fruits or in hardwood trunks that which it drinks up with its deep roots. What right to life do those have, who have no other virtue than beauty? Always should be blessed the poets...who put stars and roses in our hands.

Note:
A cacique *is a chief.*
The Guayaquí people are a branch of the Guaraní.
Tupá is the supreme god of the Guaraní, the creator of all beings and things.
The ceibo tree is Erythrina crista-galli, *known as the cockspur coral-tree in English. With its bright red flowers, this is the national tree of Argentina and Uruguay. It is a tree native to Argentina, Uruguay, Paraguay, and southern Brazil. This is not to be confused with the much larger ceiba tree of Central America and the Caribbean.*

LA HISTORIA DE LA FLOR DEL IRUPÉ

Leyenda Guaraní de Paraguay.

Irupé era una joven guaraní tan hermosa que cuando pasaba los jóvenes no podían dejar de mirarla y admirarla. Sin embargo, ella sólo tenía ojos para Yasí, la luna, de quien estaba profundamente enamorada. Ansiaba la llegada de la noche para mirar a Yasí y embelesada por la luz pálida que llegaba desde las alturas, se subía a las copas de los árboles milenarios de la selva para estar cerca de su amor y tenderle sus brazos enamorados. Como aún así, no logró abrazar a su amor, buscó la cumbre más alta para intentar nuevamente. Anhelante siguió trepando más allá de su cansancio, pero Yasí no podía alcanzarse. Intentó caminar hasta el horizonte, hasta ese lugar donde Yasí parece estar más cerca de la tierra. Caminó y caminó hasta que sus pies sangraron, en el ríspido camino hacia su amor imposible e inalcanzable.

Un atardecer, cuando lloraba a la orilla de una laguna, quiso enjugar sus lágrimas y así fue como vio la hermosa cara de Yasí, reflejada en el agua y tan cerca de ella que creyó poder tocarla con las manos. Sin pensarlo, se arrojó al agua y en busca de su amor se fue hasta lo más profundo. Las aguas se cerraron sobre ella y se ahogó. Tupá, el creador, compadecido, la transformó en la flor del Irupé, cuyas hojas tienen forma de luna y hacia allá miran eternamente, en busca de su ansiado amor.

THE LEGEND OF THE *IRUPÉ* FLOWER
Guaraní legend from Paraguay.

Irupé was a young Guaraní woman, so beautiful that when she passed by all the young men couldn't avoid looking and admiring her. However, she only had eyes for Yasí, the moon, to whom she was deeply in love. She longed for the night to arrive so that she could look at Yasí, and bewitched by the pale light that came from the heights, she would climb the jungle's ancient treetops in order to be closer to her love and extend her loving arms. Since she couldn't embrace her loved one, she sought the highest summit and tried again. She climbed beyond her fatigue, and even then, Yasí could not be reached. She attempted to walk to the horizon, to that place where Yasí seems to be closer to the earth. She walked and walked until her feet bled on the rough road, towards this impossible and unattainable love.

One day at sunset she was crying on the shore of a lagoon and when she went to wipe away her tears, she saw the reflection of Yasí's beautiful face on the water. It seemed to be so close that she could reach it with her hands. Without thinking, she jumped into the depths of the lagoon in search of her love. The waters closed over her and she drowned. Tupá, the creator, felt sorry for her and turned her into the Irupé flower, whose leaves are crescent-shaped and look eternally to the moon, in search of her long-awaited love.

Note:
Irupé: In Guaraní, it means "plate over the water."

EL ORIGEN DE LA YUCA

Cuento del pueblo Machiguenga de la Cuenca Amazónica del Perú.

En el comienzo, cuando la tierra apenas se había formado, los antiguos Machiguengas no sabían cómo hacer para producir alimentos. Comían tierra apelmazada y esa era su comida. Esa era su yuca. En esos tiempos bajó por ahí un hombre llamado "luna". Trajo con él, la semilla de la planta de yuca y les mostró cómo hacer para cultivarla. Una mujer se enamoró de "luna", se casaron y vivieron felices.

Entonces, la gente empezó a ver crecer yuca por todas partes. La gente comió yuca y ya no tuvo que comer tierra nunca más.

THE ORIGIN OF YUCA

Folktale of the Machiguenga people of the Amazon basin of Peru.

In the early days, when the land was just formed, the ancient Machiguenga didn't know how to work to raise things. They just ate mashed up dirt. That was their food. That was their yuca. At that time there came down a man named "moon." He brought the seed of the yuca plant and showed them how to plant it and grow yuca. One of the women fell in love with this "moon" and they were married and lived happily.

Now people began to see yuca everywhere in the land. The people ate yuca. They did not have to eat dirt anymore.

Note:
This yuca is the cassava plant (Manihot esculenta), *not to be confused with the desert yucca.*

LA MUJER CANÍBAL

Relato Qom (Toba) de Pampa del Indio, Chaco, Argentina.

Los antepasados Qom, recuerdan a una mujer en el comienzo de los tiempos que se convirtió en algo terrible.

Esa mujer no podía controlar sus ganas de comer y se volvió muy voraz. La llamaron *Alo Nsoxoi,* que significa "la mujer de apetito insaciable".

No fue siempre así esta mujer. Al comienzo era una mujer normal, con un marido y muchos hijos. Hasta que la mujer empezó a comer excesivamente y ya no alcanzaba la comida para todos, había que salir a buscar comida todo el tiempo.

Un día, la pareja salió al monte a buscar comida. Anduvieron mucho, pero no consiguieron nada y así pasaron todo el día. Cuando atardecía, llegaron a un campo donde había árboles con nidos de cotorras. La mujer le pidió al marido que le bajara algunos pichones.

—¿Te parece? —preguntó el hombre.

—No podemos regresar a casa sin comida para los niños —respondió la mujer.

El hombre se trepó a un árbol y pudo llegar hasta un nido. Metió su mano y fue tirando a los pichones uno a uno. La mujer los iba recogiendo y llevándoselos a la boca así como estaban, crudos y con plumas, uno a uno.

—¿Dónde están los pichones? —preguntó el hombre al bajar.

—Los estoy guardando acá, en la bolsa para llevárselos a los niños —respondió la mujer con la boca llena de sangre.

Pero la sangre en la boca, clamaba por más sangre, de modo que cuando el marido bajó, la mujer aprovechó para matarlo y comerlo. Todo menos la cabeza, la que guardó dentro de la bolsa.

Era de noche cuando regresó a su casa.

Los pequeños corrieron a su encuentro, ansiosos por ver qué les habían traído de comer.

—Son pichones de cotorra —respondió la mujer cuidando de que ninguno de los niños mirara el contenido de la bolsa.

—¿Y dónde está nuestro padre? —preguntaron los niños.

—Ahí está llegando, se quedó buscando más comida. —respondió la mujer.

Uno de los niños notó que la boca de su madre estaba más roja que nunca y en cuanto ella se distrajo miró adentro de la bolsa. En cuanto vio allí la cabeza de su padre, corrió a pedir ayuda a sus parientes. Vinieron los hombres a buscar a la mujer, pero no podían con ella, de tanta fuerza que había conseguido. Entonces un anciano dijo:

—Corten sus uñas, que ahí es donde está su fuerza.

Así lo hicieron, entre todos la sujetaron y le cortaron las uñas. Entonces pudieron matarla y luego quemaron su cuerpo.

Al día siguiente, en ese mismo lugar nació una planta nueva que nadie conocía. Esa planta tenía el espíritu y la fuerza de la mujer caníbal: podía comer a la gente por dentro. A esa planta la llamaron NASHEREC y ahora tiene el nombre de TABACO.

THE CANNIBAL WOMAN

Qom (Toba) folktale of the Pampa del Indio, Chaco Province, Argentina.

The Qom of olden days remember a woman in the beginning of time who turned into something terrible.

This woman could not control her desire to eat and became voracious. They called her *Alo Nsoxoi,* which means "the woman of the insatiable appetite."

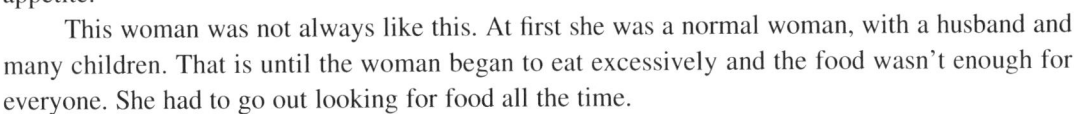

This woman was not always like this. At first she was a normal woman, with a husband and many children. That is until the woman began to eat excessively and the food wasn't enough for everyone. She had to go out looking for food all the time.

One day the couple went out to the mountain looking for food. They walked a lot, but found nothing, and so the day passed. When it was getting dark, they came to a field with trees full of parakeet nests. The woman begged her husband to take down some chicks.

"Do you think I should?" asked her husband.

"We can't go home without some food for the children," said the wife.

The husband climbed a tree and was able to reach a nest. He reached in his hand and was throwing down the chicks, one by one. His wife was catching them and stuffing them in her mouth just as they were, raw, feathers and all.

"Where are the chicks?" asked her husband, climbing down.

"I'm keeping them here in the bag to take to the children," said the wife with her mouth full of blood.

But the blood in her mouth clamored for more blood, so much that when the husband climbed down, the wife took advantage of this to kill and eat him! All except the head, which she kept in her bag.

It was night time when she returned to the house.

The little ones ran to greet her, anxious to see what she had brought to eat.

"It is parakeet chicks," she said, taking care that none of the children look into her bag.

"And where is our father?" asked the children.

"He will be here soon. He is still looking for more food," said the mother.

One of the children noticed that the mother's mouth was very red and when she was distracted, the child looked into the bag. On seeing the head of his father, he ran to get help from his relatives. The men came to take charge of the woman, but could not contend with her, she had taken on such force. Then an old man said, "Cut her nails. That is where her strength lies." That is what they did. They all held her down and cut her nails. Then they were able to kill her and then burn her body.

The next day, in this same spot a new plant grew that nobody recognized. This plant had the spirit and strength of the cannibal woman...it could eat people up from inside. They called this plant *NASHEREC,* and today the name is TOBACCO.

LEYENDA DEL *LAJAU (OMBÚ)*

Cuento de Uruguay contado por el autor Sergio López Suárez.

"*¡Lajau!*" —dijo el dios Tupá el día que estaba creando las plantas.

Y *lajau*, el ombú, apareció por primera vez en la tierra de los ñacurutúes.

Enseguida Tupá procedió como lo hacía habitualmente: tomó con mucho cuidado el ombú y lo colocó sobre su mesa de trabajo, al lado de los diminutos árboles que terminaba de inventar.

La copa del ombú tenía el tamaño de un coquito de butiá. El buen dios sabía que el ombú no estaba conforme con las dimensiones que acababa de otorgarle.

Ya tendrás tiempo de crecer; cuando yo mismo te instale en la tierra—repetía con dulzura Tupá, hablándole al ombú y a cada una de sus pequeñas creaciones vegetales.

Un rato después, mientras Tupá calentaba el agua para tomar unos mates, escuchó que los arbolitos hablaban animadamente entre ellos. Lo que en un principio fue un simpático cuchicheo de hojas, pronto se transformó en un alboroto insufrible de troncos, ramas y raíces, que taladró los oídos del buen Tupá.

—Bueno, ¡basta por hoy!, ¡cállense un poco, escandalosos! —ordenó Tupá, sacudiendo en el aire un matecito recién cebado—. ¡Escúchenme con atención, manojo de hortalizas! ¡Llegó la hora del *"me gustaría"*!

Bastó con que Tupá mencionara el *"me gustaría"*, para que el escándalo terminara bruscamente.

—¿Qué es eso del *me gustaría*? —preguntó el ombú.

—Es una oportunidad que les doy a mis creaciones —respondió Tupá.

—¿Una oportunidad para qué? —indagó de nuevo el ombú.

—Y... es una oportunidad para que me digan cómo les gustaría ser...

—¿Cómo nos gustaría ser cuando seamos grandes?... O ¿cómo queremos ser desde ahora que somos chicos? —insistió el ombú, dudando, porque no es común que un dios ande por ahí preguntándoles a las cosas cómo les gustaría ser en el futuro.

—Dejame pensar un poco... —dijo Tupá—. Yo les pregunto cómo querrían ser ustedes cuando sean grandes... Pero para eso tendrían que ir preparándose desde ahora que son pequeños, ¿no?

—¡Sí!, ¡Sí! ¡Sí! —respondieron todos a la vez...

Y de inmediato, arriba de la mesa de Tupá se armó ¡bruta discusión!, porque cada árbol quería ser el primero en mencionar su deseo. La escandalosa algarabía que producían los arbolitos creció hasta que Tupá decidió cortar por lo sano.

—¡Bueno, basta! ¡Despacito por las piedras! —gritó el buen dios, fulminando con una mirada al monte enano que tenía enfrente.

—Será mejor que nos ordenemos un poco... A ver, vos, quebracho: ¿cómo te gustaría ser de ahora en adelante, hasta que seas bien viejito?

El quebracho titubeó un poco antes de responder.

—En fin, la verdad es que yo... Creo que a mí me gustaría que... Pienso que...

—¿Podrías decidirte de una vez? —lo apremió Tupá.

—¡Sí, sí, ya lo tengo! —anunció, feliz, el quebracho—. Quiero ser fuerte y durísimo, para resistir los golpes que la suerte me dé.

—¡Está bien, que así sea! —decretó Tupá tocando al quebracho con un solo dedo. Y enseguida el quebracho se volvió duro y fuerte.

—¿Y a vos, jacarandá, que te gustaría?...

—La verdad, diosito, que yo me conformaría con vestir de lila durante algunos meses del año.

—¡Está bien, que así sea! —decretó Tupá tocando al jacarandá con un solo dedo. Y enseguida el jacarandá envolvió su copa con mil flores lilas.

—¿Y a vos, timbó, cómo te gustaría ser? —preguntó Tupá, apurando la cosa porque la noche se les venía encima.

—Yo quisiera tener mil orejas, para escuchar al viento y el canto de los pájaros...

—¿Orejas? —preguntó, extrañado, Tupá.

—Sí, orejas —confirmó muy seguro el timbó—. Y si son negras, mejor.

—¡Está bien!, gustos son gustos; ¡que así sea! —decretó Tupá tocando al timbó con un solo dedo. Y enseguida el timbó se cargó de frutos oscuros parecidos a orejas.

Así continuó Tupá por casi dos horas, hasta que llegó el turno del ombú, quien había tenido un buen rato para pensar.

—¿Y a vos, ombú, qué es lo que te gustaría?... —indagó contento Tupá, porque era el último pedido que debía conceder esa noche.

El ombú respondió sin titubear:

—Yo no quiero madera dura ni flores de colores ni perfumes excitantes ni espinas gruesas ni mil orejas negras...

—¡Pará, pará un poquito, ombú! —dijo Tupá de repente—. ¿No podés abreviar un poco? No necesitás nombrar todo lo que no querés, decime simplemente aquello que te gustaría.

El ombú entendió bien la indirecta, por eso expresó de un tirón su deseo:

—Yo quisiera un tronco voluminoso de madera blanda, más esponjosa que la de la palmera; y una copa espesa, para brindar mi sombra a bichos y hombres que vengan a mí en busca de amparo...

—¡Está bien, que así sea! —decretó Tupá tocando al ombú con un solo dedo. Y enseguida el ombú tuvo el tronco grueso de madera blanda y una copa inmensa, tal como había pedido.

Y dicen que Tupá, conmovido por el árbol que pedía virtudes para compartirlas con bichos y gente, decidió otorgarle un don único, un don que eternizara la bondad vegetal que el ombú demostraba tener...

Y aseguran que Tupá, en un arrebato de infinita generosidad, y sin un solo toque de sus dedos, allí mismo decretó que el ombú fuera inmortal...

Todavía hoy en día los hombres discuten sobre la supuesta inmortalidad del ombú...

Contaba mi tatarabuelo, Gran Lechuzón Ñacurutú Primero, que cuando él era chico, también analizaban si era verdad esto de que Tupá había hecho al ombú inmortal. Él admitía que algo de cierto tenía esta leyenda, porque muchos ñacurutúes habían visto que si bien un ombú parecía morir por uno de sus lados —desmigajando su tronco en blando aserrín— paralelamente podía verse que nuevos brotes del ombú iban germinando por el lado opuesto...

Cuentos de plantas y árboles/Stories of Plants and Trees

THE LEGEND OF THE *LAJAU (OMBÚ)*

Uruguayan folktale retold by the author Sergio López Suárez.

"*Lajau!*" called the god Tupá on the day he was creating the plants. And *Lajau*, the Ombú tree, appeared for the first time in the land of the *ñacurutúes* owls.

Then Tupá proceeded as he always did. He took great care with the Ombú and laid it on his work bench beside the little trees he had already invented.

The top of the Ombú was the size of a tiny palm seed. The good lord knew that the grown Ombú would not be the size he had just made.

"You will have plenty of time to grow when I put you in the earth," said Tupá sweetly, speaking to the Ombú and to each of his little vegetal creations.

A little while later, while Tupá was heating water for some mate, he heard the little trees talking excitedly among themselves. What at first was a sociable whispering of leaves, soon turned into an insufferable uproar of trunks, branches, and roots which pierced the ears of the good Tupá.

"All right! Enough for today! Hush up a little you disgraceful ones!" ordered Tupá, shaking in the air a recently brewed mate.

> "Listen carefully you bunch of vegetables! The hour of "my pleasure" has arrived."

It was enough for him to mention "my pleasure" for the riot to stop abruptly.

"What is 'my pleasure'? asked the Ombú.

"It is an opportunity that I give to my creations," responded Tupá.

"An opportunity for what?" queried the Ombú.

"Well...it is an opportunity for them to tell me what they want to be..."

"What we want to be when we are big... or what we want to be from now when we are little?" pressed the Ombú. It was doubtful, because it is not usual for a god to go around asking what you want to be in the future.

"Let me think a little," said Tupá. I asked you what you would like to be when you are big. But for this you will need to prepare yourselves beginning now while you are little, no?"

"Yes! Yes! Yes!" they all cried at once...

And immediately, right there on Tupa's table began a brutal argument because each tree wanted to be the first to tell his wish! The scandalous uproar that the trees produced grew until Tupá decided to cut it short.

"All RIGHT! ENOUGH!" shouted Tupá, glaring at the dwarf forest before him. "It would be better if we get a little order here... Let's see...you, *Quebracho,* what would you like to be when are well grown?"

The *Quebracho* hesitated a little before responding.

> "In the end, the truth is that I... I believe that I would like to be... I think that...
>
> "Could you make up your mind?" pressed Tupá.

"Yes, yes, I've got it!" announced the *Quebracho* happily.

"I want to be strong and hard to resist the blows that fate will give me."

"Very well. So it will be," decreed Tupá, touching the *Quebracho* with a single finger. And ever since then the *Quebracho* has been hard and strong.

"And you, Jacaranda? What would you like?"

"The truth, god, is that I would like to wear lilac during some months of the year."

"Very well. So it will be," decreed Tupá, touching the Jacaranda with a single finger. And ever since then the Jacaranda covers its crown with a thousand lilac flowers.

"And you, Timbó, what would you like?" asked Tupá, hurrying things along because night was approaching.

"I would like to have a thousand ears to hear the wind and the song of the birds..."

"Ears?" asked Tupá, with surprise.

"Yes, ears," confirmed the Timbó with certainty. "And if they are black, all the better."

"Very well, tastes are tastes. So be it," decreed Tupá, touching the Timbó with a single finger. And since then the Timbó bears dark fruit resembling ears.

And thus Tupá continued for almost two hours, until the turn of the Ombú, which had had a good time to think.

"And you, Ombú, what is it that you would like?" asked Tupá happily, because it was his last request to give that night.

The Ombú responded without hesitation.

> "I do not want hard wood nor colored flowers nor exciting perfumes nor thick spines nor a thousand black ears..."
>
> "Stop! Stop a little, Ombú!" said Tupá quickly. "Can you shorten that a little? It is not necessary to name everything you do *not* want, simply tell me what you want."

The Ombú understood well the hint. And so he blurted out his wish.

> "I want a voluminous trunk of soft wood, more porous than that of the palm. And a thick crown to offer my shade to creatures and men who come to me for shelter...
>
> "Very good. So be it," decreed Tupá, touching the Ombú with a single finger. And since then the Ombú has a thick trunk of soft wood and an immense crown, just as it had asked.

And they say that Tupá, moved by the tree that asked for virtues in order to share them with animals and people, decided to give it a unique gift, a gift that memorialized forever the goodness of plants that the Ombú demonstrated...

And they say that Tupá, in an act of infinite generosity and without a single touch of his fingers, decreed that the Ombú would be immortal.

Even today men debate the supposed immortality of the Ombú...

This was told by my great-great-grandfather, the First Gran Lechuzón Ñacurutú, who when he was young, also analyzed whether it was true that Tupá had made Ombú immortal. He admitted that there was some truth to the legend because many *ñacurutúes* had seen that even though an ombú seemed to die on one of its sides, its trunk crumbling into soft sawdust, at the same time you could see new *ombú* buds sprouting from the opposite side...

Note: The ombú is called Lajau *in Guaraní. That word means "shadow" or "dark shape." The ombú is native to Uruguay, Argentina, and parts of Brazil. It can grow to thirty-two feet in height and can be several yards in diameter. The tree often stands isolated or it can appear in groups. Some famous ombú forests are the Island of the Ombús in Cerro Arequita near Lavalleja, Uruguay; the famous Forest of Ombús that extends around Lake Castillos in Rocha, Uruguay. This forest has been declared a protected area as it has some of the finest specimens of ombú in the world. Some are over five hundred years old.*

Quebracho: This tree has very hard wood, so hard that its name may come from "*quiebra hacha*" or "crash axe"!

Timbó: The seed pods of this tree do look like dark ears. They have from five to fourteen seeds in each pod and both the fruit and the leaves of this tree can be used as medicine.

Ñacurutú: This is the largest owl in Uruguay, as much as a eighteen inches tall. It is considered very voracious as it eats rabbits, weasels, skunks, armadillos, partridges, and much more! This owl can live as long as forty years.

EL ORIGEN DEL CALAFATE

Leyenda Selknam de la Patagonia.

Quienes llegan hasta el fin del mundo, a las ciudades más australes que existen en el mundo, en Argentina y en Chile, quedan enamorados para siempre del lugar. Esto no se debe a las enormes masas de hielo de los glaciares, a los inmensos bosques, a los cielos multicolores, a las montañas ni a los lagos. Se debe a una pequeñísima fruta, muy dulce, de color azul intenso, casi negro que existe en esas latitudes y que nos hace enamorar del lugar. Esta es su historia.

Cuando los Selknam habitaban esas tierras cuyas extensiones son inmensas, se agrupaban en tribus. Dos de estas tribus mantenían una disputa desde hacía ya varios años. Ambos jefes, se odiaban a muerte.

Uno de ellos tenía un hijo cazador, un joven inquieto, curioso, aventurero que salía a explorar nuevos territorios. Recién salido de la edad del *kloqueten,* recién entrado al mundo de los hombres.

El otro jefe de la otra tribu, tenía una hija llamada Calafate. Era muy alta, tenía una larga cabellera y unos ojos enormes de un color negro intenso. Dicen que era tan hermosa como los reflejos del sol sobre las montañas de hielo del glaciar.

Un día, los caminos de estos dos jóvenes se cruzaron. Acaso por casualidad o por el destino, en un claro del bosque se encontraron, se miraron, se enamoraron y se amaron con un amor puro y profundo. Sabían que sus padres eran enemigos y que la única manera en que podrían continuar viéndose sería a escondidas. Se encontraron en ese mismo paraje todos los días, a la misma hora mientras día tras día el amor entre ellos crecía más y más.

Cuando uno está tan enamorado no es fácil disimularlo. Por momentos la cabeza parece estar en otra parte ya que se va sola en pensamientos hacia la persona amada. Otras veces uno se encuentra riéndose solo, recordando, anhelando. ¿Quién puede disimular tanto sentimiento? Pronto se dio cuenta el hechicero de la tribu que Calafate estaba enamorada y decidió seguirla para ver quién era el afortunado. Fue muy desagradable su sorpresa cuando se dio cuenta que no era otro sino el hijo del jefe de la tribu enemiga.

Los jóvenes, al verse sorprendidos intentaron huir juntos. El hechicero quiso separarlos, pero no lo logró.

Entonces, tras pronunciar conjuros incomprensibles y desplegar sus poderes mágicos hizo que Calafate se transformara en una planta cubierta de unas largas y afiladas espinas de modo que su enamorado no pudiera tocarla. El joven pudo ver que detrás de esas espinas los frutos redondos, negros y brillantes encerraban la mirada de la muchacha cautiva y transmitían el encanto y la belleza de Calafate.

El amor de este joven era tan fuerte, tan puro y tan profundo que ya nunca se separó de ella. Y así, junto a su amada se quedó hasta que le llegó la muerte.

Cuentan que este fruto guarda aún este embrujo de amor y por eso quien lo pruebe, tarde o temprano regresará a ese hermoso lugar llamado Patagonia.

Cuentos de plantas y árboles/Stories of Plants and Trees

THE ORIGIN OF THE CALAFATE

Selknam legend from Patagonia.

Those who come to the end of the world, to the extreme southernmost cities that exist in the world in Argentina and Chile, are forever in love with the place. This is not due to the enormous masses of ice from the glaciers, to the immense forests, to the many colored skies, to the mountains, or to the lakes. It is due to a tiny fruit, very sweet, of an intense blue color, almost black, that grows in these latitudes and forces us to fall in love with the place. This is its history.

When the Selknam inhabited these extensive lands, they were grouped into tribes. Two of these tribes had been fighting for several years. Both chiefs hated each other to death.

One of them had a son, a restless, curious, and adventurous hunter who wanted to explore new territories. He had recently completed the age of *kloqueten*, and entered the world of grown men.

The chief of the other tribe had a daughter named Calafate. She was very tall, with long hair and large, deep black eyes. They say she was as beautiful as the reflection of the sun on the mountains of glacial ice.

One day the paths of these two youths crossed. Perhaps by chance or by destiny, in a clearing of the woods these two met. They saw each other. They fell in love. And they loved with a love that was deep and pure. They knew that their parents were enemies and that the only way they could continue seeing each other would be secretly. They met in the same place every day at the same hour until day after day the love between them grew more and more.

When one is so much in love it is not easy to hide it. At times, the head seems to be in another place and alone in thoughts of the loved person. Other times one is found laughing alone, remembering, longing. Who can hide such feeling? Soon the shaman of the tribe figured out that Calafate was in love and decided to follow her to find out who was the fortunate one. It was a very unpleasant surprise when it turned out that this was none other than the son of the enemy tribe's chief.

The lovers, finding themselves discovered, decided to flee together. The shaman tried to separate them but was not able to do so.

Then, after saying incomprehensible incantations and revealing his magical powers, he turned Calafate into a plant that was totally covered with long and sharp spines so that her lover could not touch her. The young man was able to see that behind those spines, the round, black, and shiny fruits enclosed Calafate's gaze and conveyed her charm and her beauty.

His love was so strong, so pure, and so deep that he could never separate from her. Like this, he remained next to his beloved until death reached him.

It is said that this fruit still keeps this love enchantment and that is why if one tastes it, sooner or later you will return to this beautiful place called Patagonia.

COMO CONSIGUIÓ SUS ESPINAS EL QUESHQUE

Leyenda dePerú.

En la falda de una montaña, en uno de esos lugares donde apenas llueve y casi no se ve el verde, creció una vez un *queshque*. Llamaba la atención de los animales del lugar: llamas, vicuñas y alpacas, porque además de ser verde, sus grandes hojas carnosas y jugosas les proveían de un jugo refrescante. Los animales lo mordisqueaban constantemente, arrancándole partes de su cuerpo, lo que le causaba un gran dolor. El pobre *queshque* no tenía cómo defenderse ya que en ese entonces, aun no tenía espinas.

Una tarde, mientras se reponía de las heridas del día escuchó un ruido de algo que bajaba desde la cumbre. Levantó la vista y vio a una zorra que corría a toda velocidad perseguida por una piedra que rodaba tras ella, apenas rozándole la cola.

—¡Socorro Tío Queshque! ¡Socorro Tío Queshque!—gritaba la zorra a punto de ser aplastada.

— ¿Qué sucede? —contestó el *queshque*.

—¡Por favor! Ataja a la piedra que quiere aplastarme. ¡Te regalaré mis uñas!
—¿Uñas? ¡Eso es justo lo que necesito! Así ya no me morderán tan fácil todos los animales.

Y a la zorra le dijo:

—¡Corre hacia mi lado que yo te ayudaré!

La zorra corrió directamente hacia el *queshque*. Cuando parecía que iba a chocar con él, se corrió hacia un costado mientras la piedra continuó rodando en línea recta, de modo que el *queshque* logró retenerla. Cuando la zorra estuvo a salvo de ser aplastada, el *queshque* sintió que algo extraño sucedía y vio como sus hojas se llenaban de cientos de espinas iguales a las uñas de la zorra.

Desde aquel día, la zorra y el *queshque* saben que se deben mutuamente la vida y eso los hace amigos para siempre.

HOW THE QUESHQUE CACTUS GOT ITS SPINES

Legend from Peru.

At the base of a mountain, in one of those places where it hardly rains and you seldom see green, grew one time a *queshque* cactus. It drew the attention of the animals of the place: llamas, vicuñas, and alpacas. Because, in addition to being green, its great meaty and juicy leaves provided a refreshing juice. The animals were constantly munching on it, ripping off parts of its body, which caused it great pain. The poor *queshque* had no way to defend itself from this, since it had no spines.

One afternoon, while it was recovering from the day's wounds, it heard the sound of something coming down the mountain. It looked up and saw a fox running at full speed, pursued by a stone that rolled after it, almost rolling onto the fox's tail.

"Help! Tio Queshque! Help! Tio Queshque!" screamed the fox, just about to be squashed.

"What is going on?" asked the *queshque.*

"Please! Hold back the rock that wants to squash me! I will give you my nails as a gift!"

"Nails? That is just what I need! Then the animals won't be able to bite me so easily."

And to the fox it said, "Run to my side. I will help you!"

The fox ran directly toward the *queshque*. When it looked like it was going to crash into it, the fox ran to one side while the rock continued rolling in a straight line, falling right into the *queshque* cactus and thus the rock was held fast. When the fox found himself saved from being squashed, the cactus felt something strange happening and saw how its leaves began to fill up with hundreds of spines like the nails of a fox.

From that day, the fox and the *queshque* know that they mutually owe their lives to each other, and they are friends forever.

CUENTOS DEL CIELO

SKY STORIES

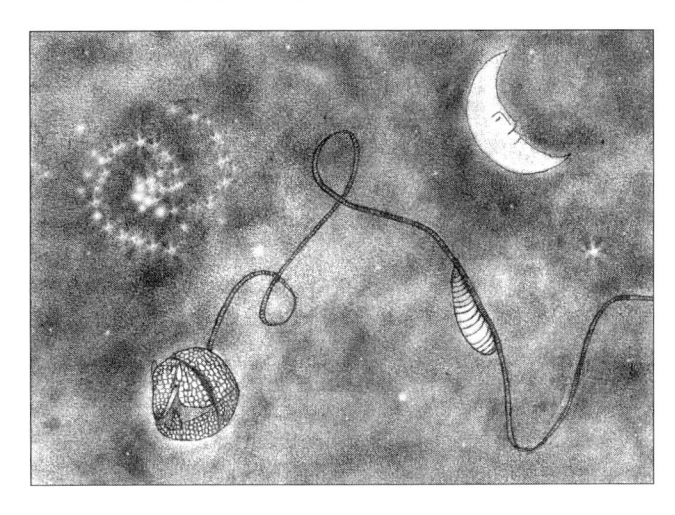

PORQUÉ SON BLANCAS LAS ESTRELLAS

Cuento Qom (Toba) de Gran Chaco.

En el cielo están las estrellas *Aranak-ki* (mortero). Son dos estrellas.
En ese mortero muele la harina una vieja.
Esta vieja muele la algarroba en ese mortero.
Cuando se muele la algarroba, a veces, se agrega la fruta del *mistol*.
Y esta vieja muele *amap,* la fruta del algarrobo, que saca del *mapik*, el algarrobo del cielo.
Y hace harina en el *aranak-ki* del cielo.
Y la harina que esta vieja hace en el *aranak-ki* con la *amap* sacada del *mapik* del cielo, se esparce.
Y esa harina blanca hace que todas las estrellas sean blancas.
Las estrellas son blancas por esa harina que sale del *aranak-ki* de esta vieja que está en el cielo.
Así es.

WHY THE STARS ARE WHITE

Qom (Toba) folktale from the Gran Chaco.

In the sky are two stars called "The Mortar."
In this mortar an old woman grinds flour.
This old woman grinds *algarroba* in the mortar.

When she grinds *algarroba*, sometimes she adds *mistol* fruit.

And the old woman grinds *amap*, the fruit of the *algarrobo* that comes from the *mapik*, the *algarrobo* of the sky.

And she makes flour in the mortar in the sky.

And the flour this old woman makes in the mortar with the *amap* taken from the *mapik* of the sky, she spreads.

And the white flour makes all the stars become white.

The stars are white because of the flour that comes from the mortar of this old woman in the sky.

That's the way it is.

Note: The algarrobo *tree is related to the mesquite tree. It is spiny and grows well in dry places like the Gran Chaco. The seedpods of the* algarrobo *contain a sweet, floury paste that can be ground into flour. The flour is called* algarroba. *This is what is known as carob flour.*

Ziziphus mistol or mistol *is a spiniferous tree (four to fifteen meters high) that grows in the Gran Chaco. Its fruit, one to five centimeters long, is a reddish-hazel color and has a sweet and sugary taste, with a distinct bitterness when ripe.*

Mapik seems to be the name of the Algarrobo *in the sky. There is a small town named Mapik in the Chaco.*

ÑUCU, EL GUSANO

Cuento Chimané (Tsimané) del departamento de Beni, Bolivia.

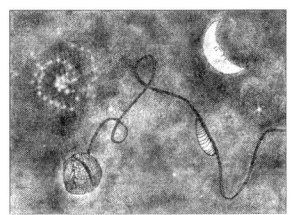

Hace mucho pero mucho tiempo el cielo no estaba como está ahora allá en lo alto. Estaba tan bajo que no había lugar para que los pájaros volaran, ni podían lo árboles crecer hacia lo alto. Pero lo peor, era que cada tanto, el cielo chocaba con la tierra y así aplastaba a muchas personas.

Una vez, una mujer muy pobre del pueblo Chimané se encontraba en un estado desesperante. Vivía sola y como no tenía quién la ayude con su pequeño *chaco*, su terreno para cultivar, no pudo sembrar nada. Como era ya bastante vieja, nadie la quería contratar para trabajar y así, la mujer estaba pasando hambre.

Un día, mientras intentaba juntar unas yucas para comer, vio algo que brillaba entre las hojas. Por la noche soñó con eso que brillaba. En su sueño se movía como si tuviera vida. A la mañana siguiente regresó al yucal, tomó en su mano aquello que aún estaba ahí y lo llevó a su casa envuelto en una hoja de yuca. Le puso de nombre Ñucu y decidió que a partir de ese momento sería su hijo. Lo puso dentro de un cántaro para cuidarlo y darle de comer.

Ñucu parecía un gusano blanco que no hacía más que comer y comer. Una semana más tarde, había crecido tanto que ya ocupaba todo el cántaro. La mujer fabricó entonces, otro cántaro el doble de grande pero a la semana, Ñucu lo había vuelto a llenar.

Ñucu comía mucho, siempre tenía hambre y la pobre mujer no paraba de trabajar de lo que fuera para poder alimentarlo. Cuando llegó la tercera semana Ñucu dijo:

—Madrecita, me voy al río a pescar.

Esa noche, Ñucu se recostó atravesado sobre el río. Su cuerpo era tan enorme que formó un dique. Los peces se acumularon y saltaron hacia ambas orillas. Cuando llegó el amanecer, la mujer se sorprendió al ver tanto pescado y llenó su canasta. A partir de esa noche, todas las noches hicieron lo mismo. Ñucu se acostaba en el río y la madre recogía el pescado que desbordaba. Nunca más pasó hambre pero la gente del pueblo comenzó a murmurar:

—¿Cómo puede ser que esta vieja que se moría de hambre hace apenas un mes,
 ahora tiene tanto pescado?—se decían entre ellos.

La mujer no les decía cómo obtenía el pescado. Al poco tiempo, la gente del pueblo empezó a pasar hambre. Ya el pescado escaseaba porque Ñucu los atajaba río arriba. Ñucu entonces, le pidió a su madre:

—Madrecita, anda, diles que vengan aquí a pescar.

Entonces la mujer les contó a todos:

—Allá arriba está Ñucu pescando para todos. ¡Vamos para allá!

Cuentos del cielo/Sky Stories

Así supieron cuál era el secreto de la viejita. El pueblo entero vivió mucho tiempo sin problemas y con abundante pescado. Mientras tanto, Ñucu continuaba creciendo más y más y más hasta que llegó a ser tan enorme que ya no cabía en el río. Esta vez, así le habló a su madre:

—Madrecita, ahora me voy. Ya les he ayudado bastante aquí en la tierra y tú ya no pasarás hambre pues has ayudado a tu gente y la gente te sabrá ayudar. Ahora debo ir a sostener el cielo, para que esté más arriba y nunca más se vuelva a caer.

Ñucu entonces, se acostó a lo largo de toda la tierra, ocupando con su cuerpo de un extremo al otro. De pronto se elevó y empujó al cielo para arriba, elevándolo hasta donde lo vemos hoy. Mirando el cielo azul, inmenso y lejano, la viejita se puso a llorar. Estaba muy triste por la pérdida de su querido hijo a quien pensó que nunca más volvería a ver. Pero cuando llegó la noche, vio a su hijo brillando allá arriba. Ñucu era ahora la Vía Láctea, y la viejita noche a noche, fue sintiendo consuelo. Allá arriba, su hijo Ñucu continuaba brillando para todos.

ÑUCU, THE WORM

Chimané (Tsimané) tale from the Department of Beni, Bolivia.

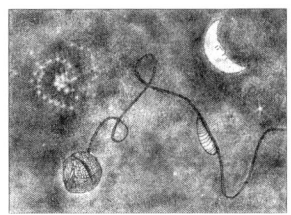

A long, long time ago the sky was not as it is now, high above. It was so low that there was not room for the birds to fly, or for the trees to grow to their full height. But worst of all was that every so often the sky would crash into the ground squashing many people.

One time, a woman of the Chimané people found herself in a desperate state. She lived alone, and since she had no one to help with her little *chaco,* her piece of land to cultivate, she was unable to sow anything. As she was already old, nobody wanted to hire her to work, and so the woman was going hungry.

One day while she was trying to collect some yucca to eat, she saw something shining among the leaves. That night she dreamed about that shining thing. In her dream it moved as if it was alive. The next morning she went back to the yucca, took in her hands the thing that was still there, and carried it to her house wrapped in a yucca leaf. She gave it the name Ñucu and decided that from that moment on it would be her son. She put it in a jug to take care of it and gave it food.

Ñucu seemed like a white worm that did nothing other than eat and eat. A week later it had grown so big that it completely filled the jug. The old woman made a jug twice as large, but within a week Ñucu had filled that one too.

Ñucu ate a lot, he was always hungry and the poor woman could not stop working in order to feed him. When the third week came around, Ñucu said,

"Mother, I am going to the river to fish."

That night Ñucu lay across the river. His body was so enormous that it formed a dike. The fish piled up and jumped toward both banks. When morning came, the woman was surprised to see so many fish and filled her basket. After this night, every night the same thing happened. Ñucu lay down across the river, and his mother collected the overflowing fish. She was never hungry again, but the people of the village began to mutter. "How can it be that this old woman who was dying of hunger less than a month ago, now has so many fish?" they asked among themselves.

The woman didn't tell them how she got the fish. After a while, the people of the village began to go hungry. Now the fish were scarce because Ñucu had the stream dammed upstream. So Ñucu asked his mother, "Mother, go, tell them to come here to fish."

Then the woman told everyone, "Upstream there Ñucu is fishing for everyone. Let's all go there!"

And thus they learned the secret of the old woman. The people lived for a long time without problems and with plenty of fish. Meanwhile, Ñucu continued to grow more and more and more until he became so enormous that he would not fit in the river. This time he spoke to his mother thus, "Mother, I am going now. I have helped you all enough here on earth, and you are not going to go hungry because you have helped your people and the people will now help you. Now, I need to go take care of the sky, so that it is higher and never falls again."

Then Ñucu stretched himself out across the entire earth, covering it with his body from one side to the other. Immediately he lifted and pushed the sky up, elevating it to where we see it today. Looking at the blue sky, immense and far away, the old woman began to cry. She was so sad because she had lost her beloved son, who she thought she would never see again. But when night arrived, she saw her son shining there above. Ñucu is now the Milky Way and the old woman, night after night, feels comforted. There above, her son Ñucu continues shining for all.

EL'AL Y KELLFU, EL CISNE

Cuento Tehuelche de la Patagonia.

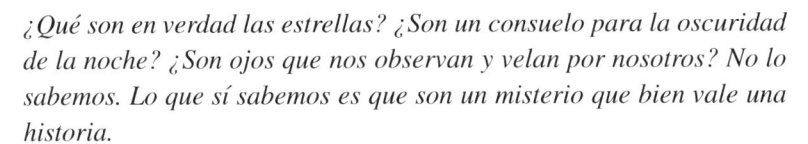

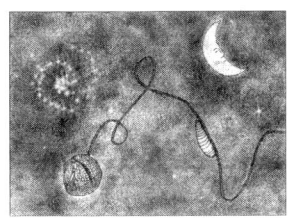

¿Qué son en verdad las estrellas? ¿Son un consuelo para la oscuridad de la noche? ¿Son ojos que nos observan y velan por nosotros? No lo sabemos. Lo que sí sabemos es que son un misterio que bien vale una historia.

Un día, mientras observaba el amanecer, El'Al vio un brillo en el horizonte. Era Teluj, el lucero del alba. Era tan cautivante su brillo que al instante El'Al se enamoró de ella y quiso hablar con el padre cuanto antes para pedirle el permiso de casamiento. Pero el padre de Teluj era Xaleshem y no era fácil llegar hasta su casa. Entonces El'Al llamó a su amigo Kellfu, el cisne, para que lo ayudara a llegar hasta la morada del Xaleshem. Luego de un largo viaje, finalmente llegaron. De inmediato, El'Al se presentó ante Xaleshem:

—Deseo casarme con su hija Teluj.

Xalshem no tenía ninguna intención de permitir esta unión, sin embargo dijo:

—Tienes que probar que eres digno de merecerla. Tendrás que pasar por unas pruebas muy difíciles y arriesgadas donde tu vida correrá peligro.

El'Al estaba tan enamorado que estaba dispuesto a realizar cualquier hazaña con tal de ganar el amor de Teluj. Aún, si debía arriesgar su vida.

—Haré lo que sea necesario para desposar a mi amada Teluj—dijo El'Al sin dudarlo.

—¡Qué comiencen las pruebas entonces! —ordenó Xaleshem —En primer lugar, debes traerme el anillo de oro que está dentro de un huevo envenenado, dentro de una serpiente que está en el interior de la cueva del *kampen*.

El'Al sabía que el *kampen* podía matar a una persona con sólo mirarla, pero aun así, aceptó el desafío. Partió de inmediato con Kellfu. Al llegar a la cueva Kellfu distrajo al guanaco y El'Al aprovechó la oportunidad. Con un tiro certero de sus *shome*, enredó sus boleadoras alrededor de los ojos del *kampen* y así, no sólo evitó la mortal mirada sino que además, logró de este modo que el guardián de la cueva se cayera por el abismo.

El'Al se internó en la cueva en busca de la serpiente. Era en verdad enorme. El'Al la mató, le sacó la piel y se cubrió con ella totalmente. Luego tiró una flecha certera en el huevo ponzoñoso y lo rompió en mil pedazos desparramando así el veneno por toda la cueva.

Con muchísimo cuidado, el joven se quitó la piel envenenada y pudo tomar el anillo de oro.

—Lo has logrado —dijo Xalshem, el sol —pero esta es solo la primera prueba de muchas más que han de seguir.
—¿Cuántas pruebas son? —preguntó El'Al.

—"No lo sé aun."—Xaleshem pensaba para sí "tantas como sean necesarias para alejarte de mi hija" pero a El'Al dijo:

—La próxima prueba es así: Mi hija Teluj te espera en un palacio, al fondo de ese jardín que ves allí. En ese lugar nada es lo que aparenta ser y tendrás que descubrir quién es Teluj, de lo contrario la perderás para siempre.

El'Al intentó cruzar ese jardín, pero a medida que avanzaba, ese jardín se transformaba en un pantano pegajoso y hediondo en el que el joven se hundía lentamente.

—¡Ayúdame Kellfu! —suplicó El'Al a su cisne amigo.

—¡Súbete a mi lomo El'Al! Yo te cruzaré al otro lado del pantano. Pero no cortes flores ni ramas porque se convertirán en *kotenki* y entonces estarás perdido.

Solo así, montado en el lomo de Kellfu pudo llegar al palacio donde encontró dos mujeres. Una de ellas era joven, hermosa y estaba vestida con un *shaionk-kai*, un hermoso manto de piel de guanaco. La otra era una vieja horrible, sin dientes, sucia y vestida con harapos.

—"¿Qué hago? ¿Cómo la reconozco?" —pensaba El'Al. Luego recordó las palabras de Xaleshem "En ese lugar nada es lo que aparenta ser" y sin dudarlo, eligió a la vieja fea.

De inmediato El'Al vio como la vieja deforme se iba transformando en la hermosa Teluj mientras que la joven se transformaba en una vieja horripilante.

—Has ganado otra vez. —dijo Xalshem con una sonrisa falsa —pero aún quedan muchas pruebas más.

Y así le fue dando más y más pruebas, cada vez más difíciles. Xaleshem, en lugar de lograr que El'Al se alejara, conseguía exactamente lo contrario. Cada vez El'Al estaba más y más enamorado de Teluj y cada vez estaba más convencido de que jamás desistiría de su amor.

—El'Al, estas pruebas no tendrán fin —dijo un día Kellfu—yo te ayudaré para que puedan escapar porque Xaleshem nunca consentirá a esta unión ¡Te lo aseguro!

Así, El'Al y Teluj escaparon montados en el lomo de Kellfu y aún hoy viven en lados opuestos del firmamento. Teluj, aun teme la furia de su padre y es por eso que todavía se esconde detrás de las montañas.

Nota: Se cree que El'Al vive en el cielo, a donde llegan las almas de los muertos para conversar con el antes de convertirse en estrellas y brillar para siempre en el cielo. Es por este motivo que los tehuelches no lloran la muerte de sus seres queridos sino que contemplan el cielo estrellado con profundo respeto. Allí, como un consuelo para la oscuridad de la noche, están las estrellas. En ellas permanecen sus ancestros, observando todo lo que sucede aquí abajo y cuidando de su pueblo.

EL'AL AND KELLFU, THE SWAN

Tehuelche tale from Patagonia.

What, in truth, are the stars? Are they a consolation for the darkness of the night? Are they eyes that observe and watch out for us? We do not know. What we know is that they are a mystery which deserves a story.

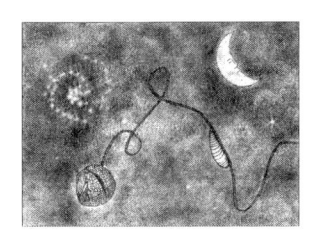

One day, while watching the sunrise, El'Al saw a sparkle on the horizon. It was Teluj, the morning star. Her sparkle was so captivating that El'Al instantly fell in love with her and wanted to talk to her father as soon as possible to ask his permission to marry. But the father of Teluj was Xaleshem and it was not easy to reach his abode. So El'Al called his friend Kellfu, the swan, to help him reach the home of Xaleshem. After a long trip, they finally arrived. Immediately El'Al presented himself before Xaleshem.

"I would like to marry your daughter, Teluj."

Xalshem had no intention of letting his daughter marry, nevertheless he said,

"You have to prove that you are worthy of deserving her. You will have to pass some very difficult and risky tests in which your life will run into danger."

El'Al was so in love that he was willing to take on any feat in order to win the love of Teluj, even if he had to risk his life.

"I will do whatever is necessary to marry my love, Teluj," said El'Al without hesitation.

"Let the tests begin!" ordered Xalshem. "First, you must bring me the golden ring which is in the poison egg, inside the serpent that is in the cave of the *kampen*.

El'Al knew that the *kampen* could kill a man easily with a single glance. But even so, he accepted the challenge. He set off immediately with Kellfu. On arriving at the cave, Kellfu distracted the guanaco and El'Al took advantage of the opportunity. With a sure shot of his *shome*, boleadoras, he wrapped the balls of the weapon around the eyes of the *kampen* and thus, not only avoided the deathly gaze, but also in this manner caused the guardian of the cave to fall into the abyss.

El'Al entered the cave in search of the serpent. It was truly enormous. El'Al killed it, took off its skin, and covered himself completely with it. Then he shot an arrow straight into the poisonous egg and broke it into a million pieces, spewing venom over the entire cave.

Very carefully, the youth took off the poisoned skin and was able to take the golden ring.

"You did it," said Xalshem, the sun. "But this is just the first task of many more that are going to follow."

"How many tasks are there?" asked El'Al.

"I don't know yet," Xalshem was thinking to himself, "all that are necessary to keep you away from my daughter" but to El'Al he said,

> "The next test is this: My daughter, Teluj, is waiting for you in a palace at the bottom of the garden that you can see there. In this place nothing is as it seems and you will have to discover which is Teluj, or she will be lost to you forever.

El'Al tried to cross this garden, but as soon as he moved forward, the garden turned into a reeking, gooey swamp into which the youth was slowly sinking.

"Help me, Kellfu!" pleaded El'Al to his swan friend.

> "Climb on my back, El'Al! I will carry you across to the other side of the swamp. But don't cut any flowers or branches, because they will turn into *kotenki* and then we will be lost.

Only in this way, mounted on the back of Kellfu, could he reach the palace, where he met two women. One of them was young, beautiful, and clothed in a *shaionk-kai*, a beautiful mantle of guanaco skin. The other was a horrible old hag, toothless, dirty, and clothed in rags.

"What can I do? How can I recognize her?" wondered El'Al. Then he remembered the words of El'Al. "In this place nothing is as it seems." And without hesitating he chose the ugly old hag.

Immediately El'Al saw how the deformed old woman was transformed into the beautiful Teluj, while the young girl transformed into a horrid old hag.

"You won again." said Xaleshem, with a false smile. "But many tests still remain."

And so he gave more and more tests, each time more difficult. Xaleshem, instead of managing to make El'Al go away, found exactly the opposite. Each time El'Al was more and more in love with Teluj, and each time he was more determined to never give up his love.

"El'Al, these tasks have no end," said Kellfu one day. "I will help you escape, because Xaleshem will never consent to this union, I assure you!"

And so El'Al and Teluj escaped, mounted on the back of Kellfu, and today they still live on opposite sides of the firmament. Teluj still fears the fury of her father and because of this, Teluj, the morning star, still hides behind the mountains.

Note: It is believed that El'Al lives in the sky, where dead souls arrive to talk with him before being turned into stars to shine forever in the sky. Because of this, the Tehuelche do not cry over their dead loved ones, but contemplate the sky with deep respect. There, as a consolation for the darkness of the night, are the stars. In them remain their ancestors, observing all that happens here below and guarding their people.

LA NOCHE DEL TATÚ

Cuento folklórico de los Cashinahua de Perú.

El pueblo Cashinahua cuenta que hace mucho tiempo no había noche. El sol resplandecía con calor y brillo constante. La gente estaba muy cansada y no tenían cuándo dormir.

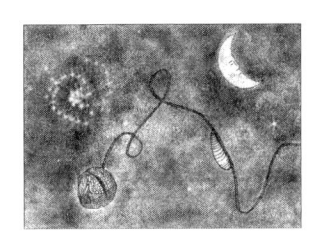

Pero un día, una mujer encontró un ratoncito escabulléndose en un hueco que había al pie de su horno. Lo espió y vio que el ratón se acurrucaba bajo la oscuridad de ese agujero para dormir.

—¡El ratón tiene su propia noche! —exclamó— ¡Si tan solo pudiéramos tener una noche como esa!

El hijo de esta mujer, se acostó al lado del horno y observó al ratón salir, entrar y luego dormir en su oscuridad.

—Tengo una idea —dijo—quizás podamos pedirle al ratón que nos preste su noche. Déjame intentar.

El niño separó los bocados más sabrosos de su ración de comida y luego colocó una hilera de migas en la entrada del hueco del ratón. Cuando el ratón se asomó para investigar, el niño dijo:

—Si te gustan estos bocados, habrá más para ti. Te traeré comida a diario si nos prestas tu noche.

El ratón engulló esas migas deliciosas y asintió. Luego de sus ojos y de sus orejas comenzó a salir una niebla oscura que se elevó al cielo. Cubrió la luz del sol. El sol se escapó de esta niebla y se apuró a esconderse detrás del horizonte.

Esta fue la primera noche del pueblo . . . la noche del ratón.

La gente se trepó a las hamacas que colgaban de sus techos de paja, cerraron los ojos y se durmieron dulcemente. Pero casi de inmediato, ¡el sol había salido otra vez!

—La noche del ratón es demasiado corta —se quejó el pueblo—Necesitamos una noche más larga.

Ahora que sabían que la noche era posible, los cazadores se propusieron encontrar una noche más larga.

En lo profundo del bosque encontraron un tapir acurrucado en una cueva oscura de hojas.

—¡El tapir encontró una noche!

Capturaron al tapir y lo amenazaron.

—¡Préstanos tu noche o serás nuestra cena!

El tapir asustado comenzó a exudar un humo denso de su trompa, de sus ojos y de todo su cuerpo. El humo oscuro se elevó al cielo y cubrió al sol. El sol se apuró y corrió hasta abajo del horizonte para esconderse de semejante oscuridad.

Esta fue la segunda noche. La noche del tapir.

Los cazadores se apuraron a llegar a sus casas bajo el brillo de las estrellas. Nunca antes las habían visto y se asombraron ante las bellezas de la noche. De vuelta en sus casas hicieron fogatas donde se sentaron y conversaron en la oscuridad. Luego se treparon a sus hamacas y se perdieron en unos sueños largos y maravillosos. Soñaron, soñaron y soñaron. Pasaron días y más días. Semanas y semanas. Hasta que finalmente se despertaron.

—¡Oh, no! ¡Cuánto hemos dormido! ¡Miren nuestra aldea!

Las enredaderas y las malezas lo cubrían todo. Sus casas habían sido invadidas por las hiedras y los campos se llenaron de yuyos.

—Esta noche fue demasiado larga. No podemos usar la noche del tapir.

Entonces la mujer que había encontrado al ratón se dio cuenta de algo. Su hijo, que era pequeño había encontrado una noche corta. Los hombres que eran grandes, habían encontrado una noche larga. Quizás una mujer, podía encontrar una noche que fuera apropiada.

De modo que la mujer salió a buscar. Encontró al Tatú, al armadillo, en su madriguera. Pudo ver que estaba bien oscuro ahí adentro.

—¡Tatú, ven aquí! ¡Necesito hablar contigo!

El Tatú se despertó.

—Tatú, quiero que me prestes tu noche. Si nos prestas tu noche, te dejaré a diario mis sobras de comida. ¿Lo harás?

El Tatú se quedó pensando.
—Lo haré. Pero solo te la prestaré por un día.
—¡De acuerdo! —la mujer se alejó y esperó. El Tatú regresó a su madriguera y comenzó a agitarse.

Lentamente, una dulce oscuridad comenzó a elevarse desde la madriguera del Tatú. Se desparramó lentamente a través del cielo.

El sol se dio cuenta gradualmente y comenzó a deslizarse hacia el horizonte. Esta vez no se escapó rápido como antes y el cielo se cubrió de hermosos rayos de colores mientras el sol retrocedía.

Las personas del pueblo encendieron sus fogatas, comieron y conversaron. Luego se retiraron a sus hamacas. Durmieron bien, pero no excesivamente. Después de varias horas se despertaron descansados y con ganas de trabajar de nuevo.

Esta fue la tercera noche. La noche del Tatú. Y fue una buena noche.

Por eso la gente nunca le devolvió la noche al Tatú. Se la quedaron para ellos.

Es por eso que el pobre Tatú duerme todo el día y recorre de aquí para allá por las noches. Ya no tiene más una noche propia donde dormir.

THE NIGHT OF THE *TATÚ*

Folktale from the Cashinahua of Peru.

The Cashinahua people tell of a time long ago when there was no night at all. The sun shone hot and bright on and on and on. People were exhausted, with little chance to sleep.

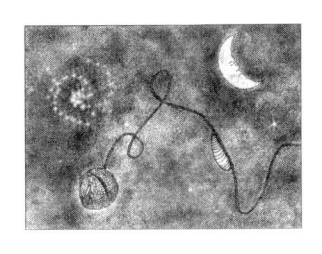

But one day a woman noticed a little mouse scurrying into a hole at the base of her oven. She peeked in and saw the mouse curled up in the darkness there to sleep.

"The mouse has its own night!" she exclaimed. "If only we could get a night like that!"

Her son lay down by the oven and watched the mouse coming and going and then sleeping in its darkness. "I have an idea," he said. "Maybe we could ask the mouse to loan us his night. Let me try."

The boy saved the tastiest crumbs from his food that day and he laid a trail of crumbs before the mouse's hole. When the mouse came out to investigate, the boy said,

"If you like these crumbs, there is more for you. I will share with you every day if you will lend us your night."

The mouse gobbled up the delicious crumbs and nodded. Then from his eyes and ears a black fog began to rise to the sky. It covered the light of the sun. The sun fled from this fog and hurried down behind the horizon where it hid.

This was the first night for the people…the night of the mouse.

The people climbed into the hammocks hung under their thatch roofs and closed their eyes. They slept so sweetly. But almost immediately the sun was up again!

"The night of the mouse is too short!" the people complained. "We need a longer night."

Now that they knew that a night was possible, the hunters set out to find a longer night.

Deep in the forest they found a tapir, curled in a dark cave of leaves. "The tapir has found a night!" They caught the tapir and threatened it. "Lend us your night or we will have you for supper!" The frightened tapir began to exude a dense smoke from its trunk, eyes, and whole body. The dark smoke rose to the sky and covered the sun. Quickly, the sun rushed below the horizon to hide from this darkness.

This was the second night. The night of the tapir.

The hunters hurried home under the bright starlight. They had never seen the stars before and were amazed at the beauties of night. At home, they built a campfire and were able to sit and talk in the darkness. Then they climbed into their hammocks and lost themselves in such long and wonderful dreams. They dreamed and dreamed and dreamed. Days and days passed.…weeks and weeks. Finally, they began to awake. "Oh, no! We slept too long! Look at our village!" Vines and weeds covered everything. Their houses were overrun with creepers and their fields were covered with brush.

"This night was too long! We cannot use the night of the tapir."

Then the woman who had first noticed the mouse realized something. Her son, who was small, had found a short night. The men, who were large, had found a long night. Perhaps a woman could find a night that would be just right.

So the woman went out looking. She found Tatú, the armadillo, in his burrow. She could see that it was very dark in there. "Tatú, come out! I need to talk to you!"

Tatú woke up.

"Tatú, I would like to borrow your night. If you will loan it to the people, I will leave out my leftover food for you every day. Would you do that?"

Tatú thought. "I will. But you can only borrow it for one day."

"Agreed!" The woman stood back and waited. Tatú went back into his hole and stirred around.

Slowly, a sweet darkness began to rise from Tatú's burrow. It spread slowly across the sky.

The sun gradually noticed and began to slip toward the horizon. But it did not flee quickly as before, and beautiful rays of color filled the sky as the sun retreated.

The people lit their fires, ate and talked. Then they went to their hammocks. They slept well, but not too deeply. And after a few hours they awoke, rested and ready for work again.

This was the third night. The night of the Tatú. And this was a good night.

So the people did not return Tatú's night. They kept it for themselves.

That is why the poor little Tatú sleeps all day, but scurries around all night. He has no more night of his own to sleep in.

CUENTOS CON CRIATURAS FANTÁSTICAS

TALES OF FANTASTIC CREATURES

EL DUENDE SOMBRERUDO

Cuento folklórico del noroeste de Argentina: Salta, Jujuy, Catamarca, Tucumán y Santiago del Estero.

Cuando íbamos a visitar a mis abuelos al campo me obligaban a dormir la siesta y a mí no me gustaba nada. Con mis hermanas nos escapábamos cuando los grandes se dormían y nos íbamos a jugar. Pero mi abuela nos advertía:

—Cuidado, que a la hora de la siesta, anda el duende.

Nosotras nos reíamos, porque nos parecían creencias provincianas sin sentido. Un año, fuimos a pasar el verano al campo. Los primeros tres días obedecimos a mi abuela y dormimos la siesta, pero a partir del cuarto día, ya queríamos salir a comer las frutas maduras calientes por el sol, a juntar huevos al gallinero o a mojarnos los pies en el estanque de los animales. Algunos días en que el sol parecía una brasa ardiente, nos quedábamos jugando tranquilas bajo la sombra de la higuera.

Poco tiempo después comenzaron a suceder cosas extrañas en la casa: el café con leche de la mañana salía salado mientras que las empanadas del mediodía estaban dulces; cada vez que se lavaba ropa se perdía una de las dos medias de cada par; al bañarnos no encontrábamos el jabón; desaparecieron unos aros de mi abuela, una pulsera de mi mamá, unos frascos con miel y las tapas de algunas cacerolas; el cajón de los cubiertos, el costurero y la caja de herramientas aparecían con todo el contenido revuelto... en fin, una serie de molestias menores pero constantes que nos daban a todos varios dolores de cabeza.

Una tarde, cuando mi hermana mayor leía bajo la higuera escuchó un ruido que parecía un silbido, pero no alcanzó a ver nada. Sin embargo cuando se dio vuelta encontró a su lado los aros de mi abuela. Otro día sucedió lo mismo con la pulsera de mi mamá. Siempre a la siesta, siempre con mi hermana mayor.

Mi abuela no lo dudó:

—Es el duende. Seguro que anda enamorado de la chinita. Ya van a ver...

Mi abuela entonces, preparó un paquete con tabaco, aguardiente y miel. Dejó todo frente a la entrada de la cocina, bajo unos hilos de colores que colgó de la puerta.

Esa noche montamos guardia. Nos quedamos en silencio esperando en el quincho a oscuras. No sé cuánto tiempo estuvimos así, pero parecían horas. Yo ya me estaba quedando dormida y estuve a punto de abandonar. De pronto se escuchó un silbido a la distancia y el ruido que hacen las hojas de los arbustos cuando algo las mueve. Nos quedamos como estatuas, casi sin respirar hasta que el duende llegó a tomar las ofrendas. Mi abuelo encendió la linterna y ¡lo vimos!

Era un hombrecito petiso y panzón con un sombrero de paja enorme que le tapaba la cabeza casi totalmente y un largo bastón en cuya punta había un silbato. Con la luz de la linterna se sobresaltó y levantó sus manos, pudimos ver que cada una era diferente de la otra. Luego se alejó corriendo.

Mi corazón latía como una locomotora, no podía creer lo que acababa de ver. Mis hermanas estaban también muy alborotadas y no paraban de preguntarle a mi abuela acerca de lo que acababan de ver.

—¡Miren las huellas!, ¡son como círculos!
—Es que el duende sombrerudo no tiene pies sino talones de los dos lados.
—¿Y las manos? ¿Por qué eran diferentes?
—Porque tiene una mano de plomo que es para pegar y una de lana que es para acariciar.
—¡Pero si llega a pegar con la de lana duele más que la otra! —agregó mi abuelo.
—El duende apareció de noche. Quiere decir que está enamorado nomás, no va a ser fácil lograr que se vaya.—Y a mi hermana mayor especialmente le indicó:
—Tendrás que hacer exactamente lo que voy a indicarte.

A la mañana siguiente mi abuela cocinó unas galletas de chocolate muy extrañas. Le daba una forma que no resultaban nada apetecibles, ya que semejaban ser deposiciones humanas o animales. Luego preparó un balde con barro y le pidió a mi hermana que se untara la cara y el cuerpo con eso. Cuando terminó nos reímos mucho, ¡estaba muy graciosa toda sucia y manchada!

Mi hermana nos sacó la lengua, pero siguió concentrándose en las indicaciones que le daba mi abuela.

—Cuando escuches el silbido del duende agáchate para comer directamente del suelo las galletas que preparé. El duende tiene que verte así sucia, y haciendo algo realmente asqueroso para que se espante. ¡Tiene que parecer que comes caca! Si no, no se va ir nunca más.

Mi hermana se quedó sola bajo la higuera mientras nosotras espiábamos desde la ventana de la cocina. Bien entrada la siesta, se escuchó el silbido del duende. Mi hermana que ya tenía las galletas de chocolate colocadas en lugares estratégicos cerca de la higuera, se agachó. Para comerlas directamente del piso, daba un mordisco y se levantaba para que se le viera toda la cara manchada de barro. Verdaderamente actuó muy bien, era asqueroso verla. Parecía que estaba comiendo caca de verdad y que se regocijaba con eso.

Entonces se escuchó una vocecita:

—¡Puerca! ¡Puerca! ¡Puerca! ¡Ya no te voy a mirar más!

Luego, escuchamos el silbido alejándose. ¡El truco había resultado!

A mí me intrigaba saber por qué mi abuela sabía tanto sobre los duendes. Una tarde en que nos quedamos solas le pregunté:

—Abuela, ¿Por qué conoces tanto sobre los duendes?

Y entonces me contó su secreto:

—Cuando era joven como tu hermana mayor y vivía allá en Tucumán, ¡me pasó lo mismo! En casa pasaba de todo, se pudrían los fiambres y se agusanaban los quesos, se volcaban las ollas de la cocina, cuando mis hermanos entraban a la huerta recibían piedrazos que no se sabía de donde provenían. Cuando nos dimos cuenta que era un duende estudiamos mucho sobre ellos escuchando los relatos de los viejos. Con mi familia nos estábamos por mudar a Buenos Aires, así es que aprovechamos la mudanza para deshacernos del duende. El día de la mudanza empezamos bien temprano a la mañana para evitar tanto la siesta como la noche, que son las horas del duende. Habíamos acarreado muchos muebles y ya cerca del mediodía entré a la despensa a ver qué faltaba llevar. Ahí nomás, como de la nada se me presenta el duende cargando el mortero y pregunta: —¿A dónde es que nos mudamos? —El duende se vino con nosotros. Continuaron las travesuras en la nueva casa hasta que me puse de novia con tu abuelo. Recién ahí, dejó de molestarnos. No lo había vuelto a ver hasta este verano. Por eso lo que hizo tu hermana resultó mucho mejor. Ahora sí que no nos va a molestar más.

Y hasta el día de hoy, el duende no volvió a molestarnos.

Nota: El duende sombrerudo de esta historia se encuentra en el noroeste argentino en las provincias de Salta, Jujuy, Tucumán, Santiago del Estero, Catamarca, La Rioja pero se extiende también a otras zonas del país. Es un hombrecito de muy baja estatura, barbudo, con un gran sombrero de paja que tapa su cabeza. Una de sus manos es de lana y la otra es de plomo. Suele tener un bastón con un silbato o una flauta con un sonido muy agudo. En algunos casos es rubio y en otros es muy moreno. Su morada se encuentra dentro de algún árbol del monte. A la hora de la siesta sale a hacer travesuras y asustar a los niños que no quieren dormir. Como es muy enamoradizo, durante la siesta corteja a la muchacha elegida y le ofrece todo tipo de regalos, desde las joyas que roba, hasta pañuelos, empanadas o golosinas. Para deshacerse de él hay que cubrirse con barro hediondo o en el caso de las chicas, hacer algo asqueroso como simular comer excrementos.

THE BIG HATTED *DUENDE*

Folktale from Northwestern Argentina: Salta, Jujuy, Catamarca, Tucumán, and Santiago del Estero.

When I went to visit my grandparents in the country, they made me take a siesta, a nap in the afternoon, and I did not like that. Along with my sisters, we would sneak out while the old folks were sleeping and go play. But my grandmother warned us, "Watch out! During the siesta hour, the *duende* is about." We just laughed, because we thought these were just meaningless countryside superstitions.

One year we went to spend the summer in the country. The first three days we obeyed my grandmother and slept during the siesta. But by the fourth day we wanted to go out to eat ripe fruit warmed by the sun, to hunt for eggs in the chicken coop, or to cool our feet in the watering tank of the animals. Some days, when the sun seemed like a burning coal, we stayed quietly playing in the shade of the fig tree.

A little while later, strange things began to take place in the house. The *café con leche* of the morning was salty, while the empanadas at lunch were sweet. Every time we washed clothes, one sock of each pair was lost. When we went to take a bath, we couldn't find the soap. Things went missing: a pair of my grandmother's earrings, a bracelet of my mother's, some bottles of honey, and the lids from several pots and pans. The silverware drawer, the sewing box, and the toolbox had everything turned upside down. . .in other words a series of minor but constant aggravations left everyone with a headache.

One afternoon, while my older sister was reading under the fig tree, she heard a noise that sounded like a whistle. She wasn't able to see anyone, but when she turned around, she found at her side my grandmother's earrings. Another day the same thing happened with my mother's bracelet. Always during siesta time, always with my older sister.

My grandmother had no doubt. "It is the *duende*. For sure he is enamored of the girl. Let's just see about this. . ."

My grandmother prepared a packet of tobacco, *aguardiente* liqueur, and honey. She left it all at the entrance to the kitchen, under some colored threads hung from the doorway.

That night we set up a guard. We kept quiet, waiting in the barbecue shed in the dark. I don't know how long we were there, but it seemed like hours. I had almost fallen asleep and was about to give it up. Suddenly, I heard a whistling in the distance and the noise that leaves make when something moves them. We stayed as still as statues, hardly breathing until the *duende* came up to take his offerings. My grandfather lit the lamp and. . .we saw him!

It was a little man, short and paunchy, with a large straw hat that covered his head completely and a long staff with a whistle at the end. In the light of the lantern he did a somersault and lifted his hands. We could see that each hand was different from the other. Then he took off running.

My heart was beating like a locomotive. I couldn't believe what I had just seen. My sisters too were very upset and couldn't stop talking to my grandmother about what they had just seen.

"Look at his tracks! "They are like circles."

"That's because the *duende sombrerudo* doesn't have feet, only heels on both sides."

"And his hands? Why were they different?"

"Because he has one hand of lead that he uses to hit and the other one of wool which he uses to caress."

"But if he happens to hit you with the hand of wool, it will hurt worse than the other," added my grandfather.

"The *duende* appeared at night. That means that he is truly in love. It's not going to be easy to get rid of him." And to my older sister especially, she pointed out, "You will have to do exactly what I tell you."

The next morning my grandmother cooked some very strange chocolate cookies. She gave them a shape that was most unappetizing, that which resembled deposits of humans or animals. Then she prepared a bucket of mud and told my sister to cover her face and body with this. When she finished, we were laughing a lot. It was very funny to see her all dirty and stained!

My sister stuck out her tongue, but kept concentrating on the instructions of my grandmother. "When you hear the whistle of the *duende,* crouch down and eat directly off the ground the cookies that I prepared. The *duende* has to see you as filthy and doing something so disgusting that it appalls him. You have to appear to be eating caca! If not, he will never ever leave us alone!"

My sister waited by herself under the fig tree, while we peeked out from the kitchen window. Well into the siesta time she heard the whistle of the *duende*. My sister, who had already placed the chocolate cookies in various strategic places near the fig tree, crouched down to eat them directly from the ground. She ate a bite and stood up showing a face all covered with mud. It really worked well! It was disgusting to see her. It looked like she was eating caca for sure and that she was enjoying this!

Then a little voice was heard,

"PIG! PIG! PIG! I am not going to look at you anymore!"

Then we heard the whistling disappear in the distance. The trick had worked!

I was curious as to how my grandmother knew so much about *duendes*. One afternoon when we were alone, I asked her.

"Grandma, how do you know so much about the *duende*?"

And then she told me her secret.

"When I was a young girl like your big sister and lived in Tucumán...the same thing happened to me! Everything happened in the house. The lunchmeat rotted and the cheese got wormy. The pots fell all over. When my brothers went into the orchard, they were pelted with stones from who knew where. When we realized that it was a *duende* we studied this matter, listening to the stories of the old folks. With my family, we were moving to Buenos Aires. Thus we took advantage of the move to get rid of the *duende*. On the day of the move, we started early in the morning in order to avoid the siesta time and the nighttime as these were the hours of the *duende*. We had loaded much furniture, and it was almost noon when I went into the pantry to see if we had missed anything. And there, out of nowhere, appeared the *duende*, carrying a mortar and asked, "And where is it that we are moving?" The *duende* was coming with us! His mischief continued in the new house until I got engaged to your grandfather. Only then did he stop bothering us. I hadn't seen him again until this summer. But what your sister did will have a much better result. Now he will not bother us again."

And to this day, the *duende* has not returned to bother us.

Note: The story of the duende sombrerudo *is found in Northwestern Argentina in the provinces of Salta, Jujuy, Tucumán, Santiago del Estero, Catamarca, and La Rioja, but it extends also to other areas of the country. He is a little man, short of stature, bearded, with a large straw hat that covers his head. One of his hands is of wool and the other is of lead. He usually has a staff which has a whistle or flute with a piercing sound. In some cases he is blonde, in others very dark. He lives inside a tree somewhere in the shrubby hillsides. During siesta hours he comes out to do mischief or to scare the children that don't want to go to sleep. Since he is very amorous, during siesta time he courts the woman he chooses and offers her all sorts of presents, from stolen jewelry to handkerchiefs, empanada pies, or candies. To get rid of him, you have to cover yourself with fetid mud or in the case of young girls, do something disgusting like pretending to eat excrement.*

YASÍ YATERÉ

Cuento Guaraní del Paraguay y del Litoral Argentino.

Déjenme que les cuente cómo es el Yasí Yateré, no sea cosa que se lo encuentren en la selva y embelesados por su silbido caigan en el mal de la desmemoria.

Es un enano rubio y barbudo, que anda totalmente desnudo con un gran sombrero de paja en la cabeza y en la mano un bastón de oro que nunca jamás deja. Este bastón le da poderes sobrenaturales y entre otras cosas le permite hacerse invisible. Jamás lo deja pues este bastón es el espíritu del Yasí Yateré y sin él pierde todos los poderes. El puño del bastón es un instrumento de viento que al soplarlo, produce un sonido estremecedor que es como un llamado. Si uno lo escucha quiere decir que el Yasí Yateré anda por ahí, así es que hay que andar con mucho cuidado. Se oye como si estuviera lejos pero en realidad está cerca... el bastón lo hace invisible pero seguramente está escondido en alguno de los troncos caídos que andan por ahí nomás o puede estar convertido en un pájaro.

Le gusta la miel, la fruta y mascar tabaco. Es el guardián de la selva. Se lleva a los niños que se alejan de la casa por eso los padres no dejan que los niños salgan a jugar a la hora de la siesta que es la hora del Yasí Yateré. Los devuelve envueltos en enredaderas y quedan sin memoria y medio atontados.

Un día Lirolay, había olvidado su muñeca junto al río y se escapó por la ventana para ir a buscarla. Ella no creía en el duende de la siesta y no le tenía miedo. Al llegar al río escuchó un silbido lejano, que nunca antes había escuchado y vio un hermoso pájaro al lado de su muñeca. Se quedó como encantada mirando a ese pájaro y comenzó a caminar tras él. Así, sin darse cuenta, se había perdido en la selva y delante de ella estaba...

—¡El Yasí Yateré!—dijo Lirolay en un grito.
—¿Cómo? ¡Pensé que vos no creías en todas esas pavadas! Bueno, ya vas a ver que mañana no vas a saber ni como te llamás. JI...JI...JI...

Y con eso la dejó sola, en el medio de la selva. A Lirolay no le asustaba la selva, toda su vida había vivido allí, era amiga de los animales, de los insectos, de las plantas. Pero no quería olvidarse de todo, ya no sería ella y eso sí que le daba mucho miedo. Mientras pensaba todo eso vio un gusanito que se movía en la tierra. Lo tomo en su mano y escuchó:

—Psst!
—¿Quién me habla? ¡No veo a nadie!
—Soy yo acá en tu mano. Vine para ayudarte. Vine para contarte el secreto del Yasí Yateré. Esta noche por nada del mundo podés dormirte. Aunque se te cierren los ojos, ¡Tenés que seguir despierta! Si uno se duerme se olvida de quién es.
—Pero, ¿Cómo voy a hacer? Nunca duermo siesta y a la noche el sueño me agarra tempano.
—No te preocupes. Te vamos a ayudar.

Y así fue. Los animales le hicieron mucha bulla, los mosquitos y otros insectos le picaron y zumbaron. Cada vez que ella volvía a cabecear, volvían a hacer algo para que no se duerma. Así estuvo despierta toda la noche, y al amanecer regresó el Yasí Yateré, disfrutando por anticipado.

—Seguro que debe estar retontísima ya. . .JI. . .JI. . .JI. . .

Pero se encontró que Lirolay estaba como siempre, cantando una hermosa canción. Y antes de volver para su casa le dijo bien fuerte al Yasí Yateré:

—¡Nunca! ¡Nunca me voy a olvidar quién soy yo! ¡Nunca me voy a olvidar de la gente que quiero, che!

Y así fue como Lirolay venció al mal de la desmemoria. Venció al Yasí Yateré.

YASÍ YATERÉ

Guaraní folktale from Paraguay and the Argentine littoral.

Let me tell you about the Yasí Yateré. I don't want you to find him in the forest and fall into a forgetfulness trance enthralled by his whistle.

He is a blond and bearded dwarf, who goes about totally nude, with a big straw hat on his head and in his hand a gold staff which he never puts down. This staff gives him supernatural powers and, among other things, can make him invisible. He never lets go of it because this staff holds the spirit of Yasí Yateré and without it he loses all of his powers. The tip of the staff is a wind instrument that on being blown produces an alarming sound that is like a cry. If one hears it that means that the Yasí Yateré is around and thus you need to move very cautiously. It sounds like he is distant, but in reality he is close...the staff makes him invisible, but surely he is hidden in one of the fallen tree trunks around, or he could be changed into a bird.

He likes honey, fruit, and chewing tobacco. He is the guardian of the forest. He carries off children that wander away from their homes. For this reason, parents don't let their children go out to play at the hour of the siesta, because this is the hour of the Yasí Yateré. They are left wrapped up in vines and left without their memory, half stunned.

One day Lirolay had forgotten her doll by the river and escaped out the window to look for it. She did not believe in the dwarf of the siesta and was not afraid. Arriving at the river, she heard a faraway whistle that she had never heard before and saw a beautiful bird beside her doll. She stayed entranced staring at this bird and began to walk toward him. And so, without realizing it, she was lost in the forest, and in front of her was...

"The Yasí Yateré!" cried Lirolay.
"What? I thought you didn't believe in this nonsense! All right then, you will see that tomorrow you won't even know your own name. "Hee...hee...hee..."

And with this he left her alone, in the middle of the forest. Lirolay was not afraid of the forest. All of her life she had lived there. She was friend of the animals, the insects, the plants. But she did not want to forget everything. Then she would not be herself and this frightened her very much. While she was thinking this, she saw a little worm moving along the ground. She took him in her hand and heard:

"Pssst!"
"Who is talking? I don't see anybody!"
"It is me here in your hand. I came to help you. I came to tell you the secret of the Yasí Yateré. Tonight do not go to sleep for anything in the world. Don't even close your eyes! You have to stay awake! If one goes to sleep one forgets who one is."
"But how can I do that? I didn't take a nap and tonight sleep will overtake me early."
"Don't worry. We are going to help you."

And so it was. The animals made a great racket. The mosquitoes and other insects bit her and buzzed around. Every time she started to nod, they would start to do something to keep her from sleeping. Thus she was awake all night. At dawn the Yasí Yateré returned, enjoying his anticipation.

"Surely she is going to be really stunned by now. Hee…hee…hee…"

But he found that Lirolay was as usual, singing a happy song. And before going back to her house, she said sternly to Yasí Yateré,

"Never! Never will I forget who I am! I am never going to forget the people I love!"

And that is how Lirolay overcame the evil of oblivion. She defeated the Yasí Yateré.

EL RUNA-UTURUNCO, EL HOMBRE-TIGRE
Mito Quechua del noroeste de Argentina

Poco se sabía de aquel hombre llamado Pascual que vivía solo en lo alto del cerro. Era callado, silencioso, solitario. Bajaba al pueblo de vez en cuando y saludaba correctamente, pero no era hombre de andar socializando. Algunas veces iba al boliche a beber, pero ni aun con tragos de más se lo escuchaba hablar.

—¿Alguien sabe de dónde viene? —preguntaba uno.
—No ni idea. ¿Y sus parientes? ¿Alguien sabe quiénes son? —continuaba otro.
—Es como si hubiese salido de la nada —opinaba un tercero.
—Es extraño que no se haga amigo de nadie.
—Si no molesta a nadie ¿a nosotros qué nos importa?

Y así cambiaban opiniones, conversaban sobre él pero nada más. Por ninguna otra cosa les llamaba la atención. Pascual se vestía como cualquier otro hombre de la montaña, poncho, sombrero, *ushuta*, pero en lugar de *chuspa* colgaba de su cuello un trozo de cuero.

De un día para el otro, en el pueblo comenzaron a desaparecer animales. Una día una cabra, otro día una mula, otro día tres corderos... cada día una familia amanecía y se encontraba con esa desgracia. Sangre, revuelo y huellas de tigre.

Los pobladores se organizaron y por turnos montaron guardia. Don Damián dejó a sus perros sueltos para que rastrearan al predador. La primera noche en cuanto los perros comenzaron a ladrar los hombres corrieron hacia el lugar marcado. Alumbraron y pudieron ver una sombra que parecía un tigre enorme. No lo pudieron rodear. El tigre era muy hábil y se escabulló entre unos matorrales.

A la noche siguiente los pobladores se distribuyeron en lugares estratégicos. En cuanto el tigre dio las primeras señales, lo rodearon. De todas partes salían las personas y los perros. Esta vez sí parecía que no podría escaparse. Sin embargo, de un momento a otro, el tigre desapareció y nadie vio por donde se había ido. No quedaba ningún lugar sin cubrir, sin embargo el tigre ya no estaba.

Pasaron varias noches sin tener ninguna noticia del tigre. Pero la gente del pueblo seguía alerta y montando guardia. En cualquier momento el tigre podía volver a atacar a sus animales. Sin embargo no volvió por los animales ya que fue otra la presa que cayó en sus fauces.

Fue un sábado. Recién se había ido la claridad del día y por la montaña bajaba un viajero a caballo. Pasó muy cerca del rancho de Pascual y ahí vio lo último que vería en vida. Vio a Pascual sacarse el cuerito que llevaba colgado del cuello. Lo vio tirarlo al suelo y luego tirarse encima de él, revolcándose como un perro. Vio su cuerpo y su rostro transformándose, cambiando lo humano por lo animal y lo monstruoso. Su caballo relinchó presintiendo el peligro y al encabritarse arrojó a su jinete que estaba demasiado asustado como para reaccionar. El tigre se abalanzó sobre él y aunque el hombre peleó para defenderse, la fuerza sobrenatural de ese tremendo animal era superior. Lo destrozó con sus garras y lo devoró.

Antes del amanecer apareció en el pueblo el caballo solo, sin su jinete. La gente del pueblo, siguiendo las huellas del caballo llegó hasta el lugar donde apenas quedaban las ropas destruidas, la sangre y los pocos restos del viajero. Las huellas del tigre se perdían hacia la montaña. Uno de los presentes notó algo raro en esas huellas:

—¡Esta pata tiene cinco dedos en vez de cuatro!
—Entonces no es tigre ¡es Runa-uturunco! —dijo uno de los más viejos.
La voz comenzó a correr con espanto.
—¡Es Runa-uturunco! ¡Es Runa-uturunco!

Vieron que estaban muy cerca del rancho de Pascual y comenzaron a atar cabos. ¡Claro! Por eso no se hacía amigos, por eso no hablaba, por eso no se sabía de dónde había llegado, por eso no estaba manteniendo guardia con ellos. Había que actuar rápido, antes de que amaneciera del todo. Unos fueron a buscarlo por los alrededores siguiendo las huellas de cinco dedos. Otros entraron a su rancho y vieron con espanto los huesos y las pieles desparramados por todas partes. El día apenas empezaba a clarear. Entonces uno de ellos vio al trozo de cuero que Pascual usaba en su cuello. Estaba tirado ahí, en el lugar donde Pascual se había transformado por última vez en tigre. El cuerito se movía, se sacudía como si quisiera alertar a su dueño del peligro. Pero su dueño dormía al costado del arroyo saciado de carne humana. Siguiendo las instrucciones del anciano del pueblo encendieron un fuego, tomaron con sumo cuidado el cuerito endiablado y lo arrojaron a las llamas.

En ese momento los hombres que iban acercando al arroyo vieron primero al tigre durmiendo y luego lo vieron despertar violentamente. Escucharon los sonidos ensordecedores que profería y lo vieron retorciéndose del dolor. Sin saber lo que estaba sucediendo en el rancho con el cuerito, comenzaron a arrojarle piedras a la cabeza. Una tras otra, grandes piedras mientras el animal se retorcía y aullaba. A medida que las piedras daban en el blanco y el animal se desangraba, los pueblerinos vieron cómo poco a poco, el animal daba paso en su transformación al humano conocido como Pascual.

El pueblo pudo librarse del Runa-uturunco y al rancho de Pascual le prendieron fuego con todo su contenido, asegurándose de que todas las pieles se transformaran en cenizas. No sea cosa de que algún otro cuerito diabólico continuara dando vueltas por ahí.

Nota: El Runa-uturunco es un hombre que a través de pactos con el diablo obtiene el poder de transformarse en tigre. Gusta comer carne humana. Siendo hombre lleva un cuero colgado que usa para transformarse revolcándose sobre él. Cuando es tigre se lo reconoce por sus huellas de cinco dedos y además algunas veces habla. Algunas descripciones dicen que no tiene cola. Los guaraníes tienen un ser mítico similar que se llama Yaguareté-abá y que tampoco tiene cola y cuyas manos y patas continúan siendo humanas aun en su transformación.

Runa-uturunco: del quechua *runa* hombre y *uturunco* tigre o puma

Ushuta: calzado típico parecido a una sandalia

Chuspa: Pequeña bolsa tejida a telar que generalmente se usa para llevar hojas de coca y hierbas. Se usa cruzada sobre el cuerpo o colgada del cuello.

THE RUNA-UTURUNCO, THE MAN-TIGER

Quechua myth from Northwestern Argentina.

Little is known of this man, Pascual, who lived alone on the highest peak. He was quiet and solitary. He came down to the village now and then and spoke politely to people, but he was not a man to socialize. Sometimes he went to the bar to drink, but even with a few drinks, you did not hear him talk.

"Does anyone have any idea where he comes from?" asked someone.

"No idea. And his relatives? Anyone know who they are?" continued another.

"It is as if he came out of nowhere," observed a third.

"It is strange that he doesn't have anyone for a friend."

"If he doesn't bother anyone, what does it matter to us?"

And so they talked about him, exchanging opinions, but nothing else. Nothing else caught their attention. Pascual was dressed like other men of the mountain, poncho, hat, *ushuta* sandals, but instead of a *chuspa* bag, around his neck was a piece of leather.

From one day to the other, animals began to disappear in the village. One day a goat, one day a mule, another day three lambs. Each day one family awoke and discovered this misfortune: blood, disturbance, and tiger tracks.

The villagers organized themselves and took turns mounting guard. Don Damián let his dogs loose to track the predator. The first night, when the dogs started to bark, the men ran to the spot they pointed out. They lit up the place and could see in the shadows what appeared to be an enormous tiger. They weren't able to surround it. The tiger was very cunning and slipped into the bushes.

The next night the people distributed themselves in strategic places. And when the tiger gave its first signs, they surrounded it. From every side came people and dogs. This time it appeared that it could not escape. Nevertheless, from one minute to the next the tiger disappeared, and no one could see where it had gone. There was no place that was not covered, and yet the tiger was not there.

Several nights passed without any sign of the tiger. But the people of the village continued alert and mounted guard. At any moment the tiger might return and attack their animals. However, it did not return for the animals, but another who fell prey to its jaws.

It was a Saturday. The light of day had just gone away and down the mountain came a traveler on horseback. He passed very close to the home of Pascual and there he saw the last thing that he would see in his life. He saw Pascual take off the little piece of leather that was hanging from his neck. He saw him toss it on the ground and throw himself on top of it, rolling around like a dog. He saw his body and face transform themselves, changing from human to animal and monster. His horse whinnied, sensing the danger, and reared, throwing its rider, who was too frightened to react. The tiger pounced on him and although the man fought to defend himself, the supernatural force of this tremendous beast was too much. It destroyed him with its claws and devoured him.

After dawn, the horse appeared in the village alone, without its rider. The people of the village, following the horse's trail, came to the place where hardly anything was left, only the destroyed clothes, blood, and few remains of the traveler. The tracks of the tiger led away into the mountains. One person there noticed something strange about the tracks.

"This paw has five toes, instead of four!"
"Then it is not a tiger. It is a *Runa-uturunco!*" said one of the elders.

The voice began to run in terror.

"It is the *Runa-uturunco!*"
"It is the *Runa-uturunco!*"

They saw that this was very near the ranch of Pascual and began to connect the dots. Of course! This is why he did not have friends, this is why he didn't speak, this is why they didn't know where he came from. This is why he didn't keep up with them. They knew they had to act quickly, before daylight was fully there. Some went to look for him in the area, following the tiger tracks. Others went into his house and saw with horror the bones and skins scattered everywhere. Day had already started to break. Then one of them saw the leather that Pascual used around his neck. It was thrown down there where Pascual had transformed the last time into a tiger. The leather moved, it trembled as if wanted to warn its master of danger. But its master was sleeping at the side of a stream, satiated with human flesh. Following the advice of the village elder, they built a fire, took with extreme care the diabolic leather, and threw it onto the flames.

At this moment the men, who were approaching the stream, saw first the sleeping tiger and then saw him awaken violently. They heard the deafening sounds that he let out and saw him writhing in pain. Not knowing what was going on back at the ranch, they began to throw stones at his head. One after the other...huge stones...while the animal writhed and howled. As soon as the stones hit their target and the animal began to bleed, the villagers saw that little by little the animal was changing into the human they knew as Pascual.

The village wanted to be free of the *Runa-uturunco* and the ranch house of Pascual was burned with all its contents, assuring that all of the skins were turned to ashes. No way was another diabolical skin going to be carrying on around there.

Note: The Runa-uturunco *is a man who, through a pact with the devil, obtains the power to transform into a tiger. He likes to eat human flesh. As he is a man, he wears a little piece of leather, hanging from his neck, which he uses to transform himself, by rolling on it.. When he is a tiger, he can be recognized by his tracks, which have five toes, and also he sometimes speaks. Some descriptions say that he does not have a tail. The Guaraní have a similar mythological creature that is called the* Yaguareté-abá *and that also lacks a tail and whose hands and feet continue being human even after transformation.*

Runa-uturunco: from the Quechua words *runa* (man) and *uturunco* (tiger or puma)

Ushuta: a local shoe something like a sandal

Chuspa: A small woven bag generally used to carry coca leaves or herbs. It is worn across the body or hung around the neck.

ZAPAM ZUCUM

Cuento Aymara del noroeste Argentino, Bolivia y norte de Chile.

Del árbol de la vida, el algarrobo, surge la *aloja*, la *añapa*, el *arrope*, el *patay*, la harina para hacer panes y tortas. Tiene además, una madera fuerte y noble además de poderes medicinales. Por tanta generosidad se lo llama el "árbol de la providencia".

Bajo su sombra, duermen los niños cuyas madres han ido a trabajar la tierra. Pasan las horas y no se los oye llorar, ni les molestan los insectos, ni parecen tener hambre ¿Porqué? La respuesta está en los sonidos que se escuchan. Está el sonido del viento que sopla: fffsss...fffsss...fffsss.... El de las ramas que se menean: chis... chas... chis... chas.... Los coyuyos que chirrían: cri...cri...cri.. pero sobre todo, otro sonido, rítmico, acompasado: zapam... zucum... zapam... zucum... Es el sonido que anuncia la presencia de la diosa de los algarrobales. Ella es una hermosa mujer morena, de ojos negros con forma de almendras y un cabello negro y lacio que le llega a la cintura. Tiene unas manos suaves, pequeñas y blancas, de un color distinto al resto del cuerpo, con las que acaricia a los niños, lava la tierra de sus caritas y los arropa en sus improvisadas cunas de hojas. Camina siempre desnuda y tiene unos pechos descomunales que con su bamboleo al andar producen la música que le da su nombre: zapam... zucum... zapam... zucum... Cuando los niños lloran ella los alimenta hasta que se vuelven a dormir y así es como pasan las horas cuidados y protegidos por la diosa.

Sin embargo, el algarrobo escucha un sonido que lo ensordece: chac... chac... chac. Es el golpe de los hombres del hacha, talando su vida, vaciando los montes del árbol sagrado. Para ellos, la diosa es implacable, espera a que se acuesten a descansar y entonces atrapa a unos cuantos y se los lleva a algún lugar desconocido de donde nunca más regresarán.

Nota:

Aloja es una bebida autóctona muy antigua, fermentada, de color lechoso y gusto dulce.

Añapa es una bebida refrescante que se hace con la vaina madura del algarrobo, más suave que la *aloja*.

Arrope es un líquido dulce oscuro y espeso que se obtiene de cocinar en agua las vainas de algarrobo permitiendo la concentración del azúcar. También se llama "miel de algarrobo."

Patay es un pan muy seco.

Coyuyos son cigarras gigantes. Dicen que el algarroba madura con el canto de estos insectos.

ZAPAM ZUCUM

Aymara folktale from Northwestern Argentina, La Rioja, Bolivia, and Northern Chile

From the carob tree, the tree of life, comes the *aloja*, the *añapa*, the *arrope*, the *patay,* and the delicious flour to bake breads and cakes. In addition, it has a strong and noble wood and medicinal powers. For such generosity, it is called "the tree of Providence."

Under its shadow sleep small children whose mothers have gone to work the land. Hours pass without them crying, with no insects bothering them, they don't even seem to be hungry. Why is that? The answer is in the sounds which surround them. The wind that blows: fffsss...fffsss...fffsss.... The branches that swing: chis... chas... chis... chas.... The *coyuyos* that chirp: cri...cri...cri.. and above all, a rhythmic and regular sound: zapam... zucum... zapam... zucum... It's the sound that announces the presence of the goddess of the carob woods. She is a dark skinned beautiful woman, with black almond-shaped eyes and straight black hair that reaches her waist. She has small, soft, light colored hands, different from the rest of her body, with which she caresses the children, washing the dirt away from their little faces, and tucking them into their improvised leaf cradles. She always walks around nude and her name comes from the sound that her bosoms make in her wobbling walk: zapam... zucum... zapam... zucum... If the children cry, she feeds them until they go back to sleep and so it is how the hours go by with the care and protection of the goddess.

Yet, the carob tree hears a sound that deafens it: chac... chac... chac. It is the sound produced by men with axes, cutting down its life, draining the woods of the sacred tree. For them, the goddess has no mercy. She waits for them to lie down to rest and then catches a few and takes them away, to some unknown place from where they never ever return.

Note:

Aloja *is a very old native drink, fermented, with a milky color and sweet taste.*

Añapa *is a refreshing drink made of ripe carob pod and is of a softer taste than the* aloja*.*

Arrope *is a dark, thick, and sweet liquid that is obtained by cooking the carob pods in water, thus provoking the concentration of sugar. It is also called "carob honey."*

Patay *is a very dry bread.*

Coyuyos *are large cicadas. It is believed that the carob tree ripens to the singing of the* coyuyos*.*

CUENTOS DE NUNCA ACABAR

ENDLESS TALES

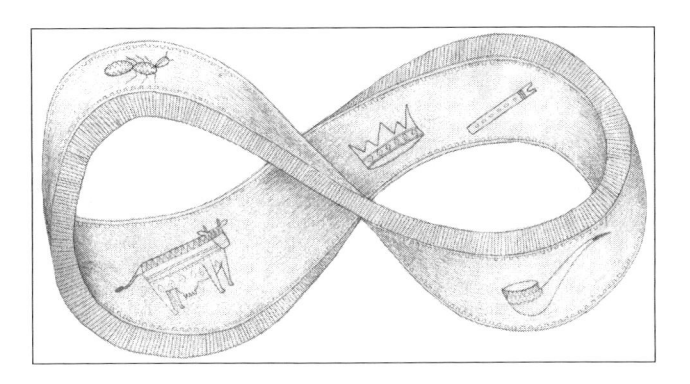

LA HORMIGUITA

Cuento chileno.

Esta era una hormiguita
Que de su hormiguero
Salió calladita
Y se metió en un granero
Se robó un triguito
Y arrancó ligero.

Salió otra hormiguita
Del mismo hormiguero
Y muy calladita
Se metió al granero
Se robó un triguito
Y arrancó ligero.

Salió otra hormiguita. . .

THE LITTLE ANT
Chilean folktale.

There was a little ant
Who left her anthill,
Went out carefully,
Entered the granary.
Stole a wheat grain,
Took it out swiftly.

Another ant went out,
From this same anthill,
And very carefully,
Entered the granary,
Stole a wheat grain,
And took it out swiftly.

Another ant went out...

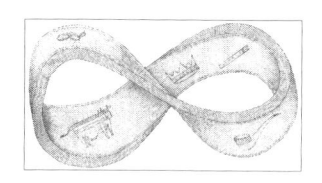

LA VACA DEL REY
Cuento chileno.

Este era un rey que tenía una vaca.
La vaca tenía una cabeza.
Y la cabeza era de la vaca
Y la vaca era del rey.

Y la cabeza de esta vaca tenía dos cachos.
Y estos dos cachos eran de la cabeza.
Y la cabeza era de la vaca.
Y la vaca era del rey.

Y esta cabeza tenía dos ojos.
Y estos dos ojos eran de la cabeza.
Y la cabeza era de la vaca.
Y la vaca era del rey.

Y esta cabeza tenía una nariz.
Y esta nariz era de...

THE KING'S COW

Chilean folktale.

There once was a king who had a cow.
The cow had a head.
And the head belonged to the cow.
And the cow belonged to the king.

And the head of this cow had two horns.
And the horns belonged to the head.
And the head belonged to the cow.
And the cow belonged to the king.

And the head of this cow had two eyes.
And the eyes belonged to the head.
And the head belonged to the cow.
And the cow belonged to the king.

And the head of this cow had a nose.
And the nose belonged to...

EL REY QUE TENÍA DOS HIJOS

Cuento chileno.

Este era un rey que tenía dos hijos.
Uno era más grande y el otro más chico.
Uno se llamaba Pancho y el otro Francisco.

Y cuando el rey se levantaba,
se levantaba con sus dos hijos.
Uno era más grande y el otro más chico.
Uno se llama Pancho y el otro Francisco.

Y cuando el rey se lavaba,
se lavaba con sus dos hijos.
Uno era más grande y el otro más chico.
Uno se llama Pancho y el otro Francisco.

Y cuando el rey tomaba desayuno,
tomaba con sus dos hijos.

Uno era más grande y el otro más chico.
Uno se llama Pancho y el otro Francisco.

Y cuando el rey salía a la calle,
salía con sus dos hijos.
Uno era más grande...

THE KING WHO HAD TWO SONS
Chilean folktale.

There once was a king who had two sons.
One was bigger and the other was smaller.
One was called Pancho and the other was called Francisco.

And when the king got up,
he got up with his two sons.
One was bigger and the other was smaller.
One was called Pancho and the other was called Francisco.

And when the king bathed,
he bathed with his two sons.
One was bigger and the other was smaller.
One was called Pancho and the other was called Francisco.

And when the king ate breakfast,
he ate with his two sons.
One was bigger and the other was smaller.
One was called Pancho and the other was called Francisco.

And when the king went out,
he went out with his two sons.
One was bigger...

Note: Pancho is a nickname for Francisco. So it looks like both sons had the same name!

EL CUENTO DE NUNCA ACABAR
Cuento argentino.

Este es el cuento de nunca acabar.
¿Quieres que vuelva a empezar?

Este es el cuento de nunca acabar.
¿Quieres que...?

THE NEVER ENDING STORY

Argentinian folktale.

This is the story that never ends.
Do you want me to start again?

This is the story that never ends.
Do you want me to...?

LA FLAUTA DE BARTOLO

Cuento argentino.

Bartolo tenía una flauta
Con un agujero solo.
Y la mamá le decía
Tocá la flauta Bartolo...
... tenía una flauta
Con un agujero solo.
Y la mamá le decía
Tocá la flauta Bartolo...
... tenía una flauta...

BARTOLO'S FLUTE

Argentinian folktale.

Bartolo had a flute
With a single hole.
And his mama said
Play the flute Bartolo...
...had a flute
With a single hole.
And his mama said,
Play the flute Bartolo...

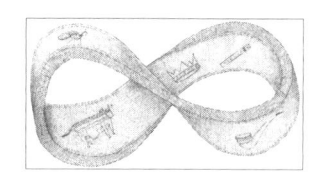

JOSÉ SE LLAMABA

Cuento argentino.

José se llamaba el padre.
Y Josefa la mujer.
Y al hijo que tuvieron
Le pusieron de nombre...
José...se llamaba el padre.
Y Josefa la mujer.
Y al hijo que tuvieron
Le pusieron de nombre...

JOSÉ IS THE NAME

Argentinian folktale.

José is the name of the father.
And Josefa the mother's name.
And the son they had
they named...
José...is the name of the father.
And Josefa is the mother's name.
And the son they had
they named...

EL CUENTO DE LA BUENA PIPA

Cuento argentino.

—¿Querés que te cuente el cuento de la Buena Pipa?
—Sí.
—Yo no digo "sí", digo si querés que te cuente el cuento de la Buena Pipa?
—Bueno.
—Yo no digo "bueno", digo si querés que te cuente el cuento de la Buena Pipa?

Se repite todo lo que diga la otra persona hasta cansarse, aún si se da cuenta del juego y dice:

—¿Querés que te cuente el cuento de la Buena Pipa?

THE STORY OF THE GOOD PIPE

Argentinian folktale.

Do you want to hear "The Story of the Good Pipe"?
"Yes."
Not "yes." Do you want to hear "The Story of the Good Pipe"?
"Alright."
Not "alright." Do you want to hear "The Story of the Good Pipe"?

Repeat whatever the other person says until they get tired and call it quits, even if they catch on and say,

"Do you want to hear "The Story of the Good Pipe"?"

GLOSSARY

All word in the list in italics are words not understood in the Spanish language. The language from which they come appears in parenthesis.

Aguardiente   anise-flavored liqueur made from sugar cane

Algarroba   flour ground from the fruit of the *algarrobo* tree, also called carob flour

Algarrobo   *Prosopis alba*, grows well in dry areas such as the Gran Chaco

Alo Nsoxoi   woman of the insatiable appetite (Qom/Toba)

Aloja   fermented drink made from the algarroba bean pod (Aymara)

Alpargatas   espadrilles

Altiplano   high plain in Andes covering parts of Bolivia, Chile, and Peru

Amap   fruit of the algarrobo (Guaraní)

Añangá   evil spirit (Guaraní)

Añapa   a refreshing drink made of ripe carob pod

Antu   sun (Mapuche)

Arrope   dark carob pod sweet drink (Aymara)

Asado   barbecue meat

Asiru Qucha   lake in Bolivia

Asiru   snake (Aymara)

Aymara   people of the Altiplano

Bailecito   musical rhythm, means "small dance"

Bari   sun (Shipibo-Conibo)

Batará   antshrike

Boleadoras   three hard leather-covered stones (like small balls) attached to ropes which can be swung and thrown to wrap around the feet of calves or to entangle game

Bombachas   broad pants worn by gauchos

Bombo   base drum in *Candombe* music

Bombilla   straw

Bombos   drums

Butiá   *Butía capitata* palm

Caá   plant from which mate comes (Guaraní)
Cacique   chief
Café con leche   coffee and hot milk mixed
Cajas   Andean drums
Calafate   *Berberis microphylla*, a kind of barberry found in southern Chile and Argentina
Calandria   calandra lark
Candombe   Uruguayan musical style with African roots
Carpinteros   woodpeckers
Carretilla   wheelbarrow
Cassava   *Manihot esculenta*
Ceibo   *Erythrina crista-galli*, known as the cockspur coral-tree in English
Ceviche   raw fish marinated in lime or lemon juice
Chacarera   Argentine dance
Chaco   See Gran Chaco
Chaco   small piece of land to cultivate
Chajas   crested screamer
Chamigo   friend, dialect
Charango   musical instrument made of the shell of an armadillo
Che   people (Mapuche)
Chico   soprano drum in *Candombe* music
Chiloé   island in southern Chile
Chingolo   red-collar sparrow
Chungará   lake on the Altiplano
Churrinche   vermillion fly-catcher
Chuspa   small woven bag in which to carry coca leaves (Quechua)
Ciega   blind
Cisne   swan
Cocá   *Numida meliagris* (guinea fowl)
Copla   verse form
Coquito de butiá   seed of a *butiá* palm tree, about one inch long
Cotacotani   lake on the Altiplano
Coyuyos   large cicadas (Aymara)
Crespin   cuckoo
Cucao   lake on the Altiplano
Cuerda   set of four drums which maintain the rhythm in *Candombe*; literally "cord"
Cuervo   crow
Cuy   guinea pig (Andean Spanish word)

Dungún   speaking (Mapuche)

Duende   elf

Facón   gaucho knife used to eat meat and other purposes

Familiar   creature who serves a witch or devil

Finca   ranch

Futa Chao   Great Father of the Sky (Mapuche)

Gallinita   little chicken

Gallinetas   moorhens

Gaucho   cowboy of the Argentinian, Uruguayan, and Paraguayan pampas

Garzas   herons

Gavilán   hawk

Gaviotas   seagulls

Gran Chaco   large desert area of Paraguay and parts of Argentina; parts are marshy in wet season

Guaina   young girl, dialect (Guaraní)

Guaraní   native people of Paraguay and parts of Northern Argentina

Guayaquí   branch of the Guaraní people

Halcón   hawk

Hornero   oven bird

Huacollo   mountain pass on the Altiplano

Hueke Huekú   same as *Trekle-Wekufe,* cowhide-like monster that dwells in Patagonian lakes

Huevo   egg

Huistínbaque   descended from the stars (Tehuelche)

Irupé   name of a flower, means "plate over water" (Guaraní)

Jacarandá   tree with beautiful lavender flowers, of the family *Bignoniaceae*

Juan Soldado   stock figure in Spanish folktales; means "soldier John"

Kampen   lamb (Tehuelche)

Kahrua   llama (Aymara)

Kjirkinchu   armadillo (Aymara)

Kloqueten   male initiation ceremony (Selknam)

Kultrún   sacred instrument used in ceremonies by the Wise Woman of the Mapuche (Mapuche)

La Serena   city on northern coast of Chile

Lafke trilke   monstrous cowhide, same as *trelke-wekufe* (Mapuche)

Lajau   Ombú tree (Guaraní)

Lakhatus   worm living on the Altiplano (Aymara)

Lechuzas   owls

Llijlla   rectangular hand-woven shoulder cloth worn by Andean women of Peru and Bolivia

Loro   parrot

Machi   Mapuche religious leader; usually a woman (Mapuche)

Machi sabia   wisest old woman (Mapuche)

Machiguengas   people of the Peruvian Amazon

Malambo   man's solo tap dance performed by gauchos

Mani   peanut

Mapik   magical *algarrobo* in the sky (Guaraní)

Mapu   earth (Mapuche)

Mapuche   native people living in southern Argentina and Chile

Mapudungún   language of the land (Mapuche)

Martinet   tinamou bird

Mate   tea made from the yerba mate leaves, drunk through a silver straw from a little gourd held in the hand

Millalobo   dangerous water creature of Chiloé Island; sometimes said to be the offspring of a sea lion and a human

Mirlo   blackbird

Miseria   misery

Mistol   *Ziziphus mistol,* a small, spiny tree that grow in the Gran Chaco

Monterita   long-tailed reed finch

Mucama   maid

Nasherec   tobacco (Qom/Toba)

Ñacurutú   large owl (Guaraní)

Ñandú   rhea, an ostrich-like bird

Ñandutí   delicate lace made by Guaraní woman working on a wooden frame (Guaraní)

Nehue Rao   magical wind tree (Shipibo-Conibo)

Newen   spirit (Mapuche)

Nguillatún   Mapuche celebration for fertilization of the earth

Nguillipún   Mapuche celebration in thanks for the crops

Ñuke Mapu   Madre Tierra, Mother Earth (Mapuche)

Ollitas   little pots

Ombú   *Phytolacca dioica,* tree native to the pampas of Argentina and Uruguay

Pachacámac   Sun. Creator god of the Inca and present-day Altiplano people

Pala-pala   Argentinian dance

Pala-pala   shovel

Pampas   large, flat grassland covering much of central Argentina and most of Paraguay

Pancho   nickname for Francisco

Pantanal   large wetland

Parinacota   volcano on the Altiplano

Patay   kind of bread made from the *algarroba* bean pod (Aymara)

Patrón   boss, land owner

Payada   rhyming contest, ten-line couplet, accompanied by guitar

Píano   tenor or baritone drum in *Candombe* music which maintains the rhythm

Pucuna   blowgun

Pingüinos   penguins

Perdiz   partridge

Picabuey   cattle tyrant bird

Pichi   armadillo

Pillankucé   wise old woman (Mapuche)

Podrido   rotten

Qucha   lake (Quechua)

Quebracho   tree with a very hard wood; several different species are called this

Quena   reed flute

Queshque   Andean cactus

Quirquincho   armadillo

Quizco   *Echinopsis chiloensis*, type of cactus found in the southern tip of South America

Repique   contralto drum in *Candombe* music

Runa   man (Quechua)

Runa Uturuncu or *Runa Uturunco*   Man-Tiger (Quechua)

Salamanca   witches' or devils' gathering

Sampoñas   Andean flute

Shaionk-kai   mantle of guanaco skin (Tehuelche)

Shome   (Tehuelche) See also boleadoras

Sikus   Andean flute

Sopa   soup

Supay   the devil. (Aymara)

Tarka   panpipes

Tero   curlew

Ticci   creator of the universe (Aymara)

Tijereta   fly catcher bird

Timbó   *Albizia indundata* tree

Tío   uncle

Titicaca   lake on Altiplano

Titiri   warbler

Toba   native people living in the Gran Chaco

Trelke-Wekufe   cowhide-like monster that dwells in Patagonian lakes (Mapuche)

Ttula   tuber living on the Altiplano (Aymara)

Glossary

Tupá   creation god. (Guaraní)
Urraca   magpie
Uturunco   tiger or puma (Quechua)
Verdon   seed pampas greenfinch
Viudita   widow
Viudita negra   black widow bird
Wenu Mapu   sky country (Mapuche)
Yacaré   large caiman (Guaraní)
Yaguareté   jaguar (Guaraní)
Yasí   moon (Guaraní)
Yuca   cassava plant, *Manihot esculenta*
Yucca   desert shrub with tough, tall, sword-like leaves
Zamba   traditional Argentinian dance in which couples wave white handkerchiefs while circling each other
Zorzal   thrush

PACHAMAMA TALE NOTES

MOTIF AND TALE INDEXES WHICH ARE REFERENCED HERE

Aarne, Antti and Stith Thompson. *The Types of the Folktale.* Helsinki: Folklore Fellows Communication, 1961.

MacDonald, Margaret Read. *The Storyteller's Sourcebook: A Subject, Title, and Motif-Index to Folklore Collections for Children.* Detroit: Neal-Schuman/Gale Research, 1982.

MacDonald, Margaret Read and Brian W. Sturm. *The Storyteller's Sourcebook: A Subject, Title, and Motif-Index to Folklore Collections for Children: 1983–1999.* Farmington Hills, MI: Gale Group, 2000.

Thompson, Stith. *Motif-Index of Folk-Literature.* 6 vols. Bloomington: Indiana University Press, 1966.

PACHAMAMA

Motif A625 World parents: sky-father and earth-mother. A431 Goddess of fertility. Fertility goddesses are found throughout the world. Irish, Greek, Roman, Scandinavian, Hawaiian, Icelandic, Japanese, Chinese, and Maori among others.

Sources for information about Pachamama traditions: *Creencias y supersticiones puneñas* by Olga Julieta Sánchez de Salazar, 2008 [obra declarada de Interés Cultural Provincial mediante Decreto N° 3665-G-1991]. *Leyendas indígenas de la Argentina* by Lautaro Parodi. Buenos Aires: Ediciones Libertador. Andrómeda, 2005. *Seres mágicos que habitan la Argentina* by Elena Rossi. Córdoba: Ed del Copista, 2007. Berta Vidal de Battini. *Cuentos y leyendas populares de la Argentina, Tomo VIII.* Buenos Aires: Ediciones Culturales Argentinas, 1980, pp. 763–786.

EL MONO Y EL *YACARÉ*

The Monkey and the *Yacaré*

Monkey tricks alligator into giving a ride across river. This is related to *K544 Escape by alleged possession of external soul. Monkey caught for his heart (liver, etc.) as remedy makes his captor believe he has left his heart at home.* Also related to *K1241 Trickster rides dupe horseback.*

Sources: *Cuentos y leyendas populares de la Argentina, Tomo III* por Berta E. Vidal de Battini. Buenos Aires: Ediciones Culturales Argentinas, 1980. The Guaraní version on which our story is based is on pp. 481–482. This collection includes eight versions of the story, all from Guaraní speakers of Corrientes Province, Argentina, pp. 471–488. A Toba version of this tale "El Mono y el Yacaré" appears in *Lo que cuentan los Tobas* by Buenaventura Terán. Buenos Aires: Biblioteca de Cultura Popular, 1994, pp. 108–109.

LAS MANCHAS DEL SAPO

The Toad's Spots

K1041 Borrowed Feathers. Dupe lets himself be carried aloft by bird and dropped. In a similar tale from Nicaragua, Rabbit is taken to a feast in heaven by Buzzard. But when Buzzard tries to drop him, he hits Buzzard over the head with his guitar and holds Buzzard's wings outstretched so that they glide to earth. This is found in Moritz A. Jagendorf and Ralph Steele Boggs, *King of the Mountains* (New York: Vanguard, 1960), 205–208. The story is reminiscent also of the many stories about how turtle's shell is cracked by being dropped from on high by birds. *A2312.1 Origin of turtle's shell.* This is also: *Type 225 The Crane Teaches the Fox to Fly. Lets him fall to the earth.* There are many Spanish variants of this story, as well as Eastern European, German, Native American, and African. The use of the toad as main character may be unique to Argentina.

Sources: Berta Vidal de Battini, *Cuentos y leyendas populares de la Argentina Tomo II*, Ediciones Culturales Argentinas, Secretaría de Cultura, Ministerio de Cultura y Educación, (1980), pp. 593–639. Battini gives twenty-five variants of this tale from Jujuy, Salta, Catamarca, Santiago del Estero, Tucumán, La Rioja, Santa Fe, Buenos Aires, San Luis, Córdoba, Entre Ríos, and Chubut.

LA ZORRA VANIDOSA

The Vain Fox

J953 Self-deception of the lowly. J2271 Absurd theories concerning the moon.

Source: Because of its ending, this is related to *K1041 Borrowed Feathers. Dupe lets himself be carried aloft by bird and dropped.* Attempts to reach the sky appear elsewhere in folk literature, such as *F772.1 Tower of Babel* and *F772.1.2 Tower reaches moon,* which has an African variant. A version of "The Toad's Spots" above shows a fox lowering itself back to earth on a rope and taunting parrots. They cut the rope. In: Berta Vidal de Battini, *Cuentos y leyendas populares de la Argentina Tomo II,* Ediciones Culturales Argentinas, Secretaría de Cultura, Ministerio de Cultura y Educación, (1980), pp. 607–608.

Source: *Leyendas y fábulas peruanas* by Enriqueta Herrera G. [Gray] (Lima:Imprenta del Ministerio de Guerra, 1945), pp. 97–100.

EL SAPO Y EL QUIRQUINCHO BOLA

The Toad and the Round Armadillo

A2305 Origin of animal's flat body. J2413 Foolish imitation by an animal.

Sources: Berta Vidal de Battini, *Cuentos y leyendas populares de la Argentina Tomo II, #303*, Buenos Aires: Ediciones Culturales Argentinas, 1980, pp. 111–150. Collected from Gabriela Romero, 64 years old, El Sauce, Chacabuco, San Luis, in 1950. This source also provides versions from Jujuy, Salta, Catamarca, Mendoza, Córdoba, Formosa, Corrientes, Entre Ríos, Río Negro, Chubut, and Santa Cruz. The *quirquincho* (armadillo) is also called a *pichi* in some parts of Argentina.

¿QUIÉN VE PRIMERO LA SALIDA DEL SOL? EL SAPO Y EL ÑANDÚ

Who Was First to See the Sun? The Toad and the Ñandú..

Type 120 The First to See the Sunrise. Motif K52 Contest in seeing sunrise first. This motif has many European variants, including Catalan. Versions have been collected in Japan, China, and African American traditions. The animal characters vary: fox and hog, mouse and camel, etc.

Sources: Berta Elena Vidal de Battini, *Cuentos y leyendas populares de la Argentina Tomo III*, Ediciones Culturales Argentinas, 1980, pp. 419–426. Battini gives three versions of this story. One collected from 86-year-old Ramona Villafañe de Coronel from San Fernando del Valle de Catamarca in 1968. One from a 56-year-old vineyard worker, Rudecindo González of Carodilla, Godoy Cruz, Mendoza, in 1951. And a version from 60-year-old Juan Lucero of El Durazno, Pringles, San Luis, 1945.

EL ZORRO Y EL CUY

The Fox and the *Cuy*

K842.2 Tied animal persuades another to take his place. K1251 Holding up the rock. Trickster makes dupe believe that he is holding up a great rock and induces him to hold it up for a while. Type 1530 Holding up the Rock. This trickster motif is found in Asia, Africa, Europe, Latin America, and African-American tradition.

Sources: *Cuentos y leyendas del Perú*, by Arturo Jiménez Borja. Lima: Instituto Peruana del Libro, 1940. For another Peruvian version, see Rebecca Hickox, *Zorro and the Quwi: Tales of a Trickster Guinea Pig* (NY: Doubleday, 1997). See also a Mexican variant in *Boreguita and the Coyote* by Verna Aardema (NY: Knopf, 1991). A Chilean version appears in Patricia Aldana, *Jade and Iron* (Toronto: Douglas & McIntyre), pp. 49–52.

KHAMKHE Y KUSI-KUSI (EL ZORRO Y LA ARAÑA)

Khamkhe and Kusi-Kusi (The Fox and the Spider)

L400 Pride brought low. This is an Aymara tale from Bolivia.

Sources: *Mitos, fábulas y leyendas de América. Tomo I* by César Toro Montalvo. Lima: A.F.A. Editores Importadores S. A. , 2008, pp. 652–653. Translated from the Aymara by Luis Soria Lens, published in La Paz, Bolivia: *La Razón*.

KHARUA Y KJIRKINCHI (LA LLAMA Y EL ARMADILLO)

Kharua and Kjirkinchi (The Llama and the Armadillo)

L400 Pride brought low. An Aymara tale from Bolivia.

Source: *Mitos, fábulas y leyendas de América. Tomo I* by César Toro Montalvo. Lima: A.F.A. Editores Importadores S. A. , 2008, pp. 650–651. Translated from the Aymara by Luis Soria Lens, published in *La Razón*, La Paz: Bolivia.

EL RÍO DE LOS PÁJAROS PINTADOS

The River of the Painted Birds

This tale tells how the country and the river got their name: Uruguay. It is taken from the published report of a storyteller's conference in Brazil.

Source: "Antologia de Contos Populares" by Marô Barbieri in *História é Pra Contar. Vol II*. Segundo Encontro de Narradores Contadores de Historias: Porto Alegre, Brasil, 2006. Told by Ignacio Martínez.

QUIRQUINCHO, EL GRAN CANTOR

Quirquincho, the Great Singer

D420 Transformation: Animal to object. B297 Musical animals. The *charango*, made from the *quirquincho's* shell, is a popular folk instrument in the Altiplano region.

Source: The Bolivian children's writer and poet, Oscar Alfaro, retold this Bolivian folktale in his award winning short story, "El quirquincho músico." Our version and several others which you will find on the web, draw inspiration from Alfaro's retelling. For an animated version in Spanish, see: https://www.youtube.com/watch?v=mQ0S89QmLAA A version retold by S.E. Schlosser is found at: http://americanfolklore.net/folklore/2010/07/the_armadillos_song.html Found also in *Mitos de Chile: Diccionario de seres, magias y encantos* by Sonia Montecino Aguirre. Santiago de Chile: Editorial Sudamericana, 2004, pp. 377–378 and in *Las más bellas historias para ser contadas* by Carlos Genovese. Santiago de Chile: Editorial Don Bosco S.A., 1999, pp. 73–78.

LEYENDA DE LA GUITARRA

The Legend of the Guitar

Motif E632 Reincarnation as musical instrument.

Sources: Carlos A. Villafuerte entry in Félix Coluccio, *Diccionario folclórico argentino*. Buenos Aires: Editorial Plus Ultra, 1981. *Cuentos y leyendas de la Argentina* by Nahuel Sugobono. Buenos Aires: Planeta, 1997. *Más cuentos y leyendas de la Argentina* (*Érase una vez... Biblioteca de cuentos maravillosos, no. 126*) by Nahuel Sugobono. Buenos Aires: Olaneta, 2001. *Leyendas tradicionales Argentinas* by Julia Saltzmann. Buenos Aires: Editorial Planeta, 1999, pp. 85–90.

LA QUENA: *LA LEYENDA DE* MANCHAI PUYTU (*CAVERNA TENEBROSA*)

The *Quena*: The Legend of *Manchai Puytu* (Gloomy Cavern)

This is a tale told by the Quechua people of Peru's Cochabamba region. Another tale of a human bone made into an instrument is found in the European story of "The Singing Bone." In that tale, however, the bone flute sings and reveals its murderer. *Motif E632 Reincarnation as musical instrument. The Singing Bone. D457.12 Transformation: bone to other object.*

Sources: *Cuentos y leyendas de Argentina y América* by Paulina Martínez, Alfaguara Infantil. Buenos Aires, Alfaguara Infantil, 1996, pp. 61–62. This tale is also mentioned in *Tradiciones cuzqueñas y leyendas* by Clorindo Matto de Turner, Lima: H.G. Rozas, 1917, pp. 54–55.

LOS TAMBORES DEL *CANDOMBE*

Candombe Drums

This is a Uruguayan story relating to the Afro-Uruguyan *Candombe* musical form. *A1461 Aquisition of music.*

Sources: "Antologia de Contos Populares" by Marô Barbieri in *História é Pra Contar. Vol I.* Primer Encontro de Narradores Contadores de Historias: Porto Alegre, Brasil, 2005. Told by Ignacio Martínez.

EL KULTRÚN

The *Kultrún*

This is a Mapuche tale collected in Argentina. *A1461 Acquisition of music. D1211 Magic drum.*

Source: *Cuentos y poesías mapuches* by Peñi Kurvf. Buenos Aires: El horizonte producciones periodísticas, 2007.

CINCO KILOS DE MAÍZ

Five Kilos of Corn

J2671.2.1 Fool's talking to himself thought to be inappropriate greeting. This tale is found in many cultures, including Norway, India, Japan, and Turkey. The Appalachian version "Soap, Soap, Soap" is well-known in the United States through Tom Birdseye's picture book, *Soap! Soap! Soap! Don't Forget the Soap!* (NY: Holiday House, 1990). A Turkish version, "Hic! Hic! Hic!" is found in *Twenty Tellable Tales* by Margaret Read MacDonald (NY: H.W. Wilson, 1986).

Source: Berta Vidal de Battini, *Cuentos y leyendas populares de la Argentina Tomo IX. Cuentos de tontos*, (Buenos Aires: Ediciones Culturales Argentinas, 1983), pp. 839–840. She cites sources from Jujuy, Tucumán, La Rioja, Córdoba, Chaco, and Buenos Aires.

EL ZONZO VALIENTE

The Brave Fool

K1951.1 Sham warrior. Boastful fly-killer. "Seven at a blow." *Type 1640 The Brave Tailor. Seven with one stroke. K1951.3 Runaway cavalry-hero.* This tale is told throughout Europe and also in the Middle East and Asia. Anti Aarne's *Types of the Folktale* cites Latin American variants from Chile, the Dominican Republic, and Puerto Rico.

Sources: *Juan Soldao. Cuentos folklóricos de Argentina.* Collected by Susana Chertudi. Buenos Aires: Editorial Universitaria de Buenos Aires, 1962, pp.140–141. Berta Vidal de Battini, *Cuentos y leyendas populares de la Argentina Tomo IX. Cuentos de tontos*, (Buenos Aires: Ediciones Culturales Argentinas, 1983), pp. 839–840. Her source was from San Luis Province.

CUANDO INGELE SE CREYÓ MUERTO

When Ingele Believed He Was Dead.

This story is from the pampas of Argentina and Uruguay. In many variants of this story, the man dies after his donkey passes gas three times. *J2311.1 Numskull told that he will die when his horse breaks wind (or donkey brays) three times*. *When this happens he lies down for dead.* This tale appears in Turkey, India, and Italy. *J2133.4 Numbskull cuts off branch on which he is sitting. Type 1240 Man Sitting on Branch of Tree Cuts it off* appears in Turkey, India, throughout Europe, in Puerto Rico, and the Caribbean.

Sources: *Cuentos y leyendas de Argentina y América* by Paulina Martínez. Buenos Aires: Alfaguara Infantil, 1996, pp. 20–21. Collected from Buenos Aires Province. A Uruguayan variant of this story is found in *The King of the Mountains: A Treasury of Latin American Folk Stories* by Moritz A. Jagendorf and Ralph Steele Boggs (New York: Vanguard Press, 1960), pp. 252–256. The story was heard from a Uruguayan the authors met at the United Nations in New York. Berta Vidal de Battini, *Cuentos y leyendas populares de la Argentina Tomo IX. Cuentos de tontos*, (Buenos Aires: Ediciones Culturales Argentinas, 1983), pp. 839–840. Her sources were from Catamarca, San Juan, Entre Ríos, and Buenos Aires.

DOMINGO SIETE

Sunday Seven

Though this story is taken from an Argentinian source, this tale is known also in Chile and Uruguay, and the phrase "Eso es un domingo siete" is common in all these areas. The story and phrase are also well-known in Mexico and other Latin American countries.

Motif F344.1 Fairies remove hunchback's hump (or replace it). The tale is widely known, with variants throughout Europe, including Grimm's, and in Japan, Korea, and China, Mexico, Costa Rica, and Haiti. For a Mexican version, see *Tongues of the Monte* by J. Frank Dobie. Austin, TX: University of Texas Press, 1980. A Japanese version is found in Florence Sakade, *Japanese Children's Stories*, (Tuttle, 1952) pp. 34–36. For a Costa Rican version, see the picture book *And Sunday Makes Seven* by Robert Baden (Albert Whitman, 1990). For another Argentinian version, see "Domingo Siete" in *Look Back and See* by Margaret Read MacDonald (H.W. Wilson, 1991), pp. 37–44. That version is based on "Salir con su domingo siete" in *Juan Soldao: Cuentos folklóricos de la Argentina*. Compiled by Susana Chertudi (Editorial Universitaria de Buenos Aires, 1962) pp. 137–140.

Source: *Cuentos y leyendas de Argentina y América* by Paulina Martínez. Buenos Aires: Alfaguara Infantil, 1996, pp. 38–42. Collected in San Luis Province.

LA SUEGRA DEL DIABLO

The Devil's Mother-in-Law

This tale includes several motifs: *K2325 Devil frightened by threatening to bring mother-in-law. Type 331 The Spirit in the Bottle. K717 Deception into bottle.* Versions appear in Spain, Chile, and in Grimm's.

Sources: Argentinian versions appear in Berta Vidal de Battini, *Cuentos y leyendas populares de la Argentina* Tomo IV (Buenos Aires: Ediciones Culturales Argentinas, 1983), pp. 631–641, as told by Dora Pasarella, age 30, of Villaguay, Entre Ríos, in 1959, and by Miguel Cano, a 50-year-old school principal, who had heard it from the farmers in his area of Amaicha del Valle, Tafí, Tucumán, 1951 and in *Cuentos con diablos* by Luciana Daelli. Ediciones Culturales Argentinas. Buenos Aires: Centro Editor de América Latina, pp. 31–41. The tale is also told in Chile. See: *Cuentos folklórico de Chile*. Tomo II by Luis Saavedra. Santiago de Chile: Ediciones de la Universidad de Chile, 1961. It was collected from Francisco Coronado in Ignaa, Valdivia in 1951.

EL HERRERO MISERIA

Misery, the Blacksmith

This is *Type 330 The Smith Outwits the Devil*. Aarne-Thompson cites variants from throughout Europe, and from Argentina, Chile, Colombia, the Dominican Republic, and Puerto Rico. This includes *Motif D1413.9.1 Wallet (sack) from which one cannot escape. D1413.5 Bench to which person sticks. D1413.1 Tree from which one cannot descend.* An Appalachian tale much heard in the United States is "Wicked John and the Devil." A version can be found in *Twenty Tellable Tales* by Margaret Read MacDonald (NY: H.W. Wilson, 1986).

Sources: Berta Elena Vidal de Battini, *Cuentos y leyendas populares de la Argentina* Tomo IV (Buenos Aires: Ediciones Culturales Argentinas, 1983), pp. 615–627. Collected from Antonia Ercilia Páez, a school teacher, who heard it from farmers in the area of Alto Bayo, General Roca, La Rioja, 1950. Similar tales were collected from Paulino Silvano Olivera, age 59, of Eldorado, Iguazú, Misiones, 1961. And from Juan Sanabria, age 68, who heard it from his grandmother, Mercedes Corrientes, 1959. For another version see, "El herrero Villa y el diablo" in *Los tres pelos del diablo: cuentos maravillosos de la cultura argentina* by María Inés Palleiro. Buenos Aires: Ediciones del Sol, 1992, pp. 47–50. Collected from Martín Alejandro, age 12 in 1988, La Plata, Argentina. The story is told also in Chile. See: *Cuentos folklóricos de Chile*. Tomo II by Luis Saavedra. Santiago de Chile: Ediciones de la Universidad de Chile, 1961, pp. 388–399. Collected from Adelaida Ardilles in Monte Patria, Coquimbo in 1949. Another Chilean version is "Pedro the Blacksmith" in *Folktales of Chile* by Yolando Pino-Saavedra. Chicago: University of Chicago Press, 1967, pp. 53–55.

EL FAMILIAR

The Devil's Helper

F403.2.2.1 Familiar spirit in animal form. M219.3 Familiars guard and protect those who have a pact with the devil. Use of the familiar by the Devil and by witches is common in European and Latin American folklore. The familiar is widely believed to exist in the Andean regions of Salta, Jujuy, Tucumán, Santiago del Estero, and the Northwest of Catamarca.

Sources: This story was collected from Medardo Cazón, age 26, Jujuy. Found in *Leyendas de nuestra tierra* by Perla Montiveros de Mollo. Biblioteca de Cultura Popular. Buenos Aires: Ediciones del Sol. pp. 75–78. Other versions found in *Cuentos y leyendas populares de la Argentina* by Berta Vidal de Battini. Tomo VIII, Ediciones Culturales Argentinas, Secretaría de Cultura, Ministerio de Cultura y Educación, pp. 801–819. *Diccionario de creencias y supersticiones argentinas y americanas* by Félix Coluccio. Buenos Aires: Corregidor, pp. 190–192. *Seres mágicos* by Elena Bossi. Córdoba, Argentina: Ediciones del Copista, pp. 45–48. Also mentioned in Adolfo Colombres, *Seres sobrenaturales de la cultura popular Argentina*. Buenos Aires: Ediciones del Sol, 1992, pp. 128–129.

EL CUERO

The Cowhide

D 1025.5 Magic cowhide. In Irish tradition, a magical cowhide has good properties enabling one who sits on it to see the future, or taking man to heaven who dies on it. This evil cowhide (*hueku hueku, lafke trilke,* or *trelke-wekufe*) of the Mapuche seems unique, though lake monsters abound in folk literature. *G308.6 Lake monster has power to attract victims. F421 Lake spirit.*

Sources: *Relatos y romanceadas Mapuches* by César Fernández. Buenos Aires: Biblioteca de Cultura Popular. Ediciones del Sol, 1996, p. 40. *Cuentan los Mapuches* by César Fernández. Buenos Aires: Ediciones Nuevo Siglo, 1995, pp. 65–66. Another tale of this monstrous cowhide appears in *Cuentos y leyendas argentinos.* Roberto Rosaspini Reynolds. Buenos Aires: Ediciones Continente, 1999. pp. 145–149. Told by Nicanor Onkoleo, who lived near Lake Buenos Aires in Patagonia. According to Reynolds, this tale is known all the way from Neuquén down to Tierra del Fuego. And a second Mapuche tale in Reynold's book "El espantoso monstruo de la laguna" comes from a lake near the convergence of Córdoba, San Luis and La Pampa. (pp. 55–57). In a Chilean tale, the monster is actually killed by a young man and his victims rescued from his cave along with treasures. See *Mitos y leyendas de Chile* by Carlos Keller. Santiago: Editorial Jerónimo de Vivar, 1972, pp. 65–68. Also in Julio Vicuña Cifuentes, *Mitos y supersticiones recogidos de la tradición oral chilena.* Santiago de Chile: Imprenta Universitaria, 1915, pp. 335–336. And in: *Folklore Chilien* by Georgette et Jacques Soustelle. Paris: Institut International de Coopération Intellectuelle, 1938, pp. 38–39 and in *Cuentos de lugares encantados.* Buenos Aires: Coedición Latinoamericana. Aique, 1989, pp. 10–17.

LA BRUJA DEL JUJUY

The Jujuy Witch

Motif G229.1.1 Witch who is out of skin is prevented from re-entering it when person salts or peppers skin. G275.8.1. Witch killed by placing salt or pepper inside skin while it is laid aside. This tale is found in England and in South Carolina African-American tales.

Source: Told by Berta Bautista of San Salvador de Jujuy to Margaret Read MacDonald, 1972.

LA LEYENDA DEL ORIGEN DEL ENCAJE DE ÑANDUTÍ

The Origin of *Ñandutí* Lace

Motif A1465 Origin of decorative art. MacDonald A1465.2.1* Origin of lacemaking. Girl finds husband killed in battle has been shrouded in spider web. She weaves a delicate lace shroud imitating the spider's web. MacDonald A1465.2.1.1* Origin of ñandutí *lace. Boy saves spider from drowning. Later he competes for hand of girl. Most exquisite gift to win her. The spider spins him a lace mantilla.* Both of the stories cited are Paraguayan. The source from which we took this tale included eight versions of the tale. In all of these the lover is covered with a spider-spun shroud. In all except the one we chose for retelling, he is killed by a rival for the girl's hand. For a Hawaiian origin of weaving tale, see *MacDonald A1453.2.1* Origin of weaving. Man copies spider and devises art of weaving.* For a West African (Fan) tale, see *MacDonald A1457.3.1* Origin of the net for fishing. Man copies spider making webs and makes nets to catch animals.*

Sources: Retold from *Ñandutí* by Gustavo González (Asunción, Paraguay: Biblioteca del Centro de Estudios Antropológicos del Ateneo Paraguayo, 1967), p. 37. Retold there from "La leyenda del ñandutí" by Nicolas Aimot in *El Orden*. III-12-1927, Asunción. The story was heard from an old Guaraní woman living in the vicinity of Pirivevyi.

EL MILLALOBO

The *Millalobo*

Motif G308.6 Lake monster has power to attract victims. R46 Captivity under water.

Source: *Chiloé: archipiélago mágico* by Nicasio Tangol. Santiago de Chile: Empresa Editora Nacional Quimantu Limitada, 1972.

EL PARAÍSO DE CHUNGARÁ

The Paradise of Chungará

Many European folktales include motifs of a gift which unexpectedly turns to gold. Often the owner discards the gift prematurely, not realizing that it had become gold. *Motif F342.1 Fairies give coal (Wood, earth) that turns to gold. And attempts to find the magic source of the gold again fails. D2095.1 Magic village and people disappear by magic.*

Source: *Mitos y leyendas de Chile* by Carlos Keller. Santiago de Chile: Editorial Jerónimo de Vivar, 1972, pp. 120–121.

EL *ORIGEN DE LAGO CHUNGARÁ*

The Origin of Lake Chungará

C984.3 Flood because of broken tabu. Though the flood motif relates to the Biblical story in which the land is flooded because of the evilness of man, this tale relates more closely to the tale of Sodom and Gomorrah, two cities which were consumed by fire and brimstone because of the evil nature of their inhabitants. In that story, Lot's wife is turned to a pillar of salt because she looks back as they leave the valley. This tabu on looking back is found in tales throughout the world, and in other Aymara tales from the Altiplano. *C961.1 Transformation to pillar of salt for breaking tabu. C331 Tabu: looking back.*

Source: *Mitos y leyendas de Chile* by Carlos Keller. Santiago de Chile: Editorial Jerónimo de Vivar, 1972, pp. 121–123.

LA *DESAPARICIÓN DE LA SERENA*

The Disappearance of *La Serena*

F760 Extraordinary city. D2095 Magic disappearance. This tale is from La Serena, a town on the northern coast of Chile. Other vanishing cities are found in Argentina, such as Pueblo del Pantano in La Rioja. And in Ecuador is found Riobamba la Vieja. Juan Soldado, or John the Soldier, is a stock figure in Spanish folklore and the name is given to figures in many tales. A second tale of Juan Soldado from La Serena tells that this peak is named Juan Soldado because a soldier of that name killed two rich men who had been making fun of his poor appearance. Juan Soldado then disappeared and his body was discovered much later on top of the peak now given his name.

Source: Told by Julio Vicuña Cifuentes. In *Folklore Chileno* by Oreste Plath. Santiago: Editorial Nacimento, 1969, pp. 98–99.

EL LAGO ASIRU QUCHA

Lake Asiru Qucha

C984.3 Flood because of broken tabu. Compare this story to the tale of "The Origin of Lake Chungará." Both tell of towns being inundated for refusing hospitality to a stranger or for sinful ways. Both end with a stone woman set high on a mountain above the valley. Both tales come from Bolivia, but Chungará is from the Aymara-speaking area and this one is from the Quechua-speaking area. Lake Asiru Qucha is in the Cochabamba Department of Bolivia.

Source: *Cuentos de lugares encantados*. Buenos Aires: Coedición Latinoamericana, 1989, pp. 18–24.

LA MONTAÑA VIAJERA

The Traveling Mountain

D2095.1 Magic village and people disappear by magic. F760 Extraordinary city. D2095 Magic disappearance. This story is told by the Shipibo-Conibo people of the Ucayali River in the Peruvian Amazon.

Source: *Cuentos de lugares encantados.* Buenos Aires: Coedición Latinoamericana. Aique, 1989, pp. 88–95. Retold by Luis Urteaga Cabrera.

LA YERBA MATE

The Yerba Mate

This Guaraní legend is found in Paraguay, Uruguay, and Argentina. *Motif D1470.1.49 Moon provides by magic. D439.5.1 Transformation: Moon to person. A2632 Origin of plant as reward. A2691 Origin of narcotic plants.*

Sources: Berta Elena Vidal de Battini, *Cuentos y leyendas populares de la Argentina* Tomo VII (Buenos Aires: Ediciones Culturales Argentinas, 1984), pp. 466–477. Versions also in *Cuentos y leyendas de Argentina y América* by Paulina Martínez. Buenos Aires: Alfaguara, 1996, pp. 47–48. "Ca-á" in *Leyendas Guaraníes* by Ernesto Morales. Buenos Aires: Editorial Futuro, 1946. "Iracema" in *Mitá Urupá (Leyendas Guaraníes)* by María Sara Sáenz Cavia. Buenos Aires: Impresores Isely & Cia, 1932, pp. 117–127.

ANAHÍ, LA FLOR DEL CEIBO

Anahí, the *Ceibo* Flower

D212 Transformation: woman to flower.

Sources: *Mitá Urupá. Leyendas guaraníes* by Maria Sara Sáenz Cavia. Buenos Aires: Impresores Isely & Cia, Buenos Aires, 1932, pp. 91–100. *Leyendas indígenas de la Argentina* by Lautaro Parodi. Buenos Aires: Ediciones Libertador, 2005, pp. 18–19.

LA HISTORIA DE LA FLOR DEL IRUPÉ

The Story of the *Irupé* Flower

This tale is related to *Motif A753.1 Moon as wooer. Moon is enamored of a mortal.* Though in this case it the mortal who is enamored of the moon. *A2650 origin of flowers.*

Source: *Leyendas Guaraníes* by Ernesto Morales. Buenos Aires: Editorial Futuro, 1946, pp. 167–173. *Cuentos y leyendas de amor para niños*. Buenos Aires: Coedición Latinoamericana, 1984, pp. 11–18.

EL ORIGEN DE LA YUCA

The Origin of Yuca

Yuca is also known as cassava, manioc, mandioca, and tapioca. *Motif A2685.5 Origin of manioc.* Stith Thompson cites four tales from South American Indian groups, three from the Paressi, one from the Mataco. For a Brazilian tale in which a girl asks her mother to bury her in just the right place and she turns into a manioc plant, see Patricia Aldana, *Jade and Iron*, pp. 6–8. *A1423.4 Acquisition of manioc.* Stith Thompson cites one Bughonogo tale from Africa.

Sources: "La tradición oral entre los Ashanikas y Machiguengas de la Amazonia Peruana" by Elsa Vílchez Jiménez" in *Tradición oral, culturas peruanas —una invitación al debate—* Gonzalo Espina Pelucé, compiler. Lima Fondo Editorial Universidad Nacional Mayor de San Marcos/Facultad de Letras y Ciencias Humanos UNMSM, 2003, p. 192.

LA MUJER CANÍBAL

The Cannibal Woman

Motif G519.1.2 Man pretends to cut toenails of cannibal woman: kills her. Interestingly, this motif is found also in an Eskimo tale from West Hudson Bay. *A2611.2 Tobacco from grave of bad woman.* This motif appears also in Finland, Estonia, Livonia, Lithuania, and from the Paressi people of South America. *A2691.2 Origin of Tobacco.* Stories giving the origin of tobacco come from China, India, Californian Indian, and Cariri Indians from South America.

Source: *Relatos Qom (Tobas): Madres cuidadoras de la cultura Qom.* Córdoba: Editorial Copiar, 2008, pp. 77–89. Told by Saxarenga Servillana Segundo, a Toba grandmother from Pampa del Indio, Chaco.

LEYENDA DEL *LAJAU*

The Legend of the *Lajau*

A2681 Origin of trees. A 2750 Interior and bark of plant. A2687.1 Origin of fruits.

Source: This story is retold from folk tradition by the well-known Uruguayan children's author, Sergio López Suárez. We include it with his permission and have provided our own translation. The Spanish tale was earlier published in: Sergio López Suárez, *Leyendas del Ñacurutú*, Alfaguara infantil, 2009. This seems to be a Guaraní tale.

EL ORIGEN DEL *CALAFATE*

The Origin of the *Calafate*

A2687.3 Origin of berries. D213.5 Transformation: woman to plant with thorns.
    This Tehuelche story seems well known in Patagonia and appears on many tourist websites. Another tale also explains the origin of the *Calafate*. In that story an old woman was abandoned in a skin tent to die. *Chingolo* birds landed on her tent and heard her bemoan being left to die. They replied that they too had to leave Patagonia each winter or die. At this, the old woman said they could stay forever and she would nurture them. She turned herself into a *Calafate* bush and since then the *chingolo* do not migrate, but shelter and feed at the *Calafate*.

Source: *Las más bellas historias para ser contadas*. Carlos Genovese. Santiago de Chile: Editorial Don Bosco S.A., 1999, pp. 61–66.

COMO CONSIGUIÓ SUS ESPINAS EL *QUESHQUE*

How the Queshque Cactus Got Its Spines

D1431 Rock pursues person. R261 Pursuit by rolling object. This is similar to the Native American tale of Coyote pursued by a rock *C91.1 Tabu stealing garment from a rock. The rock pursues.* In a Jamaican tale, Tiger is pursued by yams and goat saves by butting yams to pieces. *MacDonald D983.2.1 Ticky-Picky-Boom-Boom-Boof.* In tales from Appalachia and Zanzibar, a giant pumpkin pursues. In Sabah, a giant rolling red head pursues and is smashed by a helpful plant. *A2688.1 Origin of thorn-bush. A2752 Thorns on plants.*

Source: *Leyendas y cuentos iberoamericanos*. Santiago de Chile: Editorial Andrés Bello, 2004, pp. 91–94. Also found in *Leyendas y fabulas peruanas* by Enriquetta Herrera G. [Gray], 1945.

PORQUÉ SON BLANCAS LAS ESTRELLAS

Why the Stars Are White

Motif A763 Stars from objects thrown into sky has variants from Germany, Iceland, Siberia, and Africa. This Toba story is different in that it is causing the star's color by the thing being thrown.

Source: "Por qué son blancas las estrellas," in *Lo que cuentan los Tobas* by Buenaventura Terán. Buenos Aires: Biblioteca de Cultural Popular, 1994. The story was recounted by Manuel Araujo.

ÑUCU, EL GUSANO

Ñucu, the Worm

Motif A778 Origin of the Milky Way. Tales around the world tell of the origin of the Milky Way. See Margaret Read MacDonald's *Storyteller's Sourcebook*, Detroit: Gale Research (1982 and 2001) for tales of the Milky Way as a river, cornmeal trail, bridge, snake, and more.

Sources: *Cómo surgieron los seres y las cosas*. Coedición Latinoamericana. Lima, Perú: Ediciones Peisa, 1986, pp. 67–72. Also retold in Patricia Aldana, *Jade and Iron: Latin American Tales from Two Cultures*. Toronto: Douglas and McIntyre, 1996, pp. 18–20.

EL'AL Y KELLFU, EL CISNE

El'Al and Kellfu, the Swan

H310 Suitor Tests. A suitor is put to severe tests by his prospective bride or father–in–law. Tests such as this are set by father-in-laws throughout the world. The tale is similar to *D732 The Loathly Lady. Man disenchants loathsome woman by embracing her.* It bears similarities also with *H161 Recognition of transformed person,* which appears in tales in India, Africa, China, Europe, and in Native American tales. This tale is told by the Tehuelche people of Patagonia.

Source: *Cuentos, mitos y leyendas patagónicos* by Nahuel Montes. Buenos Aires: Ediciones Continente, 2000, pp. 83–86.

LA NOCHE DEL *TATÚ*

The Night of *Tatú*

Motif A1172 Determination of night and day. A1174 Origin of night.

Sources: André-Marcel d'Ans, *La verdadera biblia de los Cashinahua: mitos, leyendas y tradiciones de la selva peruana*. Lima: Mosca Azul Editores, 1975. *La nuit de qui?* by André-Marcel d'Ans. Illus. Fabian Negrin. Paris: Desclée de Brouwer, 2002. Alfred Métraux, *Bulletin of the Bureau of American Ethnology, CXLII*, p. 683. *Leyendas y cuentos iberoamericanos*. "La Noche del Tatú" adaptado by Alicia Morel. Santiago, Chile: Editorial Andrés Bello, 2004, pp. 83–89.

EL DUENDE SOMBRERUDO

The Big Hatted *Duende*

Motif F 482.3.1.1 "We're flitting." In England, Ireland, and Wales, they tell a story of a farmer trying to get rid of a brownie. The Farmer piles all furniture on wagon, Brownie sticks head out of churn on top and says "we're flitting." *F482.5.5 Malicious actions of brownies. F482.8 House spirit as suitor. F 489 House-spirits.* Stith Thompson includes motifs of house-spirits from Iceland, Finland, Sweden, Norway, Switzerland, Slovenia, Germany, Lithuania, Rumania, Estonia, Denmark, England, Ireland, Scotland, and Wales, as well as India and Eskimo variants. Many creatures similar to the *duende sombrerudo* are found in South American folklore. In the Peruvian Andes is found the *Inchik Olljo* which is a small creature with white, red, or yellow hair and huge eyes. It lives in waterfalls or rivers. It steals unbaptized babies and turns them into *duendes.* The *Chusalonga* of Ayacucho in Peru is another mischievous *duende* who wears fancy clothing and hat.

Sources: Adolfo Colombres, "Seres sobrenaturales de la cultura popular argentina." Félix Colluccio, *Diccionario de creencias y supersticiones Argentinas y Americanas*. Ediciones Corregidor. pp. 178–181 and 487–488; Berta Vidal de Battini, *Cuentos y leyendas populares de la Argentina. Tomo VIII* . Buenos Aires: Ediciones Culturales Argentinas, pp. 361–410. Elena Bossi, *Seres mágicos*. Buenos Aires: Ediciones del Copista, pp. 21–24. Leonardo Batic, *Seres mitológicos Argentinos*. Buenos Aires: Editorial Albatros, p. 114. Ertivio Acosta, *Cultura Popular Regional*. Instituto de Cultura del Chaco, 2008.

YASÍ YATERÉ

Yasí Yateré

C43.2 Tabu: cutting certain trees lest tree-spirits be offended. N815.0.1 Helpful tree spirit. Tales of this creature are told from the areas of the Guaraní of Paraguay's Paraná through the Gran Chaco and the Argentinian Littoral. This is a variant of the Kurupí of Brazil, and is sometimes believed to be his son. Its name in Guaraní means "the elf of the moon" or "a bit of the moon." A variation of Yasí Yateré is the Pombero or Cuarahu Yara (owner of the sun). This legend is popular in the Littoral region of Argentina, Paraguay, and south of Brasil. The difference with the Yasí Yateré is that the Pombero is taller. He also wears a straw hat and a carries a cane. The tip of this cane has a whistle that can imitate bird's sounds and he also is the protector of birds. He appears during the nighttime instead of the siesta and takes away children as well. He is very hairy and has hair even on the palms of hands and feet and thus sometimes is called *Pyrangüe* (hairy feet) and also *Pata e'lana* (woolen feet). Many of these creatures have enlarged genital organs and since they don't make noise when they walk because of the hairy feet, the often enter women's dormitories. Because of this fame of enamoring women, parents hang garlic collars from the roofs or bundles of *ruda macho (Ruta graveolens)* but still, some were seen trespassing ceilings in spite of all these preventions. Today, it is believed that many babies that are born without a known father are probably a *duende's* child. Other versions give *Pombero* hands with seven fingers and the feet could end in hooves, in double heels, or with the feet backwards so that it becomes very difficult to trace them through their footprints. These *duendes* enjoy fresh eggs, wild honey, chew tobacco and sleep on clay ovens.

Sources: A tale of the origin of this creature appears in Roberto Rosaspini Reynolds, *Cuentos y leyendas argentinos* (Buenos Aires: Ediciones Continente, 1999), pp.93–95. Also in *Seres* *sobrenaturales de la cultura popular Argentina* by Adolfo Colombres. Buenos Aires: Ediciones del Sol, 1992, pp. 102–104. In Ertivio Acosta, *Cultura popular regional. Investigaciones de Ertivio Acosta.* Colección Identidad Chaco. Museo del Hombre Chaqueño, 2009, pp. 43–44. In Ernesto Morales, *Leyendas Guaraníes.* Buenos Aires: Editorial Futuro. Buenos Aires 1946, pp. 223–228. And in Félix Coluccio, *Diccionario de creencias y supersticiones argentinas y americanas.* Buenos Aires: Corregidor, 2013, pp. 468–469. For a version of the similar Brazilian Curupira, see Margaret Read MacDonald, *Earth Tales: World Folktales to Talk About.* Atlanta: August House, 1999, pp. 75–78.

EL RUNA-UTURUNCO: EL HOMBRE-TIGRE

The Runa-Uturunco: The Man-Tiger

B26 Man-tiger. D112.2 Transformation: man to tiger. *Men who change into tigers appear also in mythology from Greece and India.* Notice also that this is similar to the actions in "The Jujuy Witch" *Motif G229.1.1 Witch who is out of skin is prevented from re-entering it when person salts or peppers skin.* This is sometimes called Uturunco or Uturuncu. These terms come from the Quechua language. The tradition is found throughout Northwestern Argentina, Jujuy, Salta, Santiago del Estero, and Tucumán.

Sources: Adolfo Colombres *Seres sobrenaturales de la cultura popular argentina.* Buenos Aires: Ediciones del Sol, 1992, pp. 175–176. *Seres mágicos que habitan en la Argentina* by Elena Bossi. Córdoba: Ediciones del Copista, 2007, pp. 19–20. *Leyendas de nuestra tierra* by Perla Montiveros de Mollo. Buenos Aires: Biblioteca de Cultura Popular. Ediciones del Sol. 1996, pp. 65–70.

ZAPAM ZUCUM

Zapam Zucum

C43.2 Tabu: cutting certain trees lest tree-spirits be offended. N815.0.1 Helpful treespirit. For a similar tale, see the Yasí Yateré above. This story reminds also of *F441.2.1 Wood-nymph with breasts so long that she throws them over her shoulder.* This motif has many Scandinavian variants. The Pacific Northwest female Sasquatch is similarly endowed. The Zapam Zucum is a creature of the Aymara people. The tale is found in the Northwestern Andean regions of Argentina, in Bolivia, and in Northern Chile: www.pueblosoriginarios.com gives a version collected in Vichigasta, La Rioja (Argentina).

Sources: Adolfo Colombres, *Seres sobrenaturales de la cultura popular argentina,* Buenos Aires: Ediciones del Sol, 1992, p. 78. Also called *Capansucana* or *Capasucana.* Also in Berta E. Vidal de Battini. *Cuentos y leyendas populares de la Argentina. Tomo VIII,* Buenos Aires: Ediciones Culturales Argentinas, 1984. And in Juan Sacarías Aguero Vera, *Divinidades Diaguitas.* Tucumán: Universidad de Tucumán, 1973. And in Roberto Rosaspini Reynolds, *Cuentos y leyendas* *argentinos.* Buenos Aires: Ediciones Continente, 1999, pp. 37–39. He says the legend is found in La Rioja, Catamarca, Jujuy, and Bolivia.

LA HORMIGUITA

The Little Ant

Motif Z11.1 Endless tale: corn carried away grain at a time. Stith Thompson includes a version of this from England.

Source: "La hormiguita" in *Folklore Chileno* by Oreste Plath. Santiago de Chile: Nascimento, 1969, pp. 267–268.

LA VACA DEL REY

The Cow of the King.

Endless tales are *Motif Z11 Endless tales.* But nothing quite like this appears in Stith Thompson.

Source: "La vaca del rey" in *Folklore Chileno* by Oreste Plath. Santiago de Chile: Nascimento, 1969, p. 268.

EL REY QUE TENÍA DOS HIJOS

The King Who Had Two Sons

Endless tales are *Motif Z11 Endless tales.* But nothing quite like this appears in Stith Thompson.

Source: "El rey que tenía dos hijos." in *Folklore Chileno* by Oreste Plath. Santiago de Chile: Nascimento, 1969, p. 268.

EL CUENTO DE NUNCA ACABAR

The Never Ending Tale

Motif Z11 Endless tales.

Source: Paula Martín's family tradition, Buenos Aires.

LA FLAUTA DE BARTOLO

The Bartolo

Motif Z11 Endless tales.

Source: Paula Martín's family tradition, Buenos Aires.

JOSÉ SE LLAMABA

José Is the Name

Motif Z11 Endless tales.

Source: Paula Martín's family tradition, Buenos Aires.

EL CUENTO DE LA BUENA PIPA

The Story of the Good Pipe

Motif Z11 Endless tales.

Source: Paula Martín's family tradition, Buenos Aires.

BIBLIOGRAPHY

Aardema, Verna. *Boreguita and the Coyote* by Verna Aardema. NY: Knopf, 1991.
Aarne, Antti and Stith Thompson. *The Types of the Folktale.* Helsinki: Folklore Fellows Communication, 1961.
Acosta, Ertivio. *Cultura popular regional.* Instituto de Cultura del Chaco, 2008.Acosta, Ertivio. *Cultura popular regional. Investigaciones de Ertivio Acosta.* Colección Identidad Chaco. Museo del Hombre Chaqueño, 2009.
Aguirre, Sonia Montecino. *Mitos de Chile: Diccionario de seres, magias y encantos.* Santiago de Chile: Editorial Sudamericana, 2004.
Aimot, Nicolas, "La leyenda del Ñandutí." *El Orden.* III-12-1927, Asunción.
Aldana, Patricia. *Jade and Iron: Latin American Tales from Two Cultures.* Toronto: Douglas & McIntyre, 1996.
Baden, Robert. *And Sunday Makes Seven* by Robert Baden. Albert Whitman, 1990.
Barbieri, Marô, "Antologia de contos populares" in *História é Pra Contar. Vol I.* Primer Encontro de Narradores contadores de historias: Porto Alegre, Brasil, 2005.
Barbieri, Marô, "Antologia de contos populares" in *História é Pra Contar. Vol II.* Segundo Encontro de Narradores contadores de historias: Porto Alegre, Brasil, 2006.
Batic, Leonardo. *Seres mitológicos argentinos.* Buenos Aires: Editorial Albatros, 2006.
Berta Vidal de Battini, *Cuentos y leyendas populares de la Argentina. Tomo II.* Buenos Aires: Ediciones Culturales Argentinas, Secretaría de Cultura, Ministerio de Cultura y Educación, 1980.
Berta Vidal de Battini*, Cuentos y leyendas populares de la Argentina. Tomo III.* Buenos Aires: Ediciones Culturales Argentinas, 1980.
Berta Vidal de Battini, *Cuentos y leyendas populares de la Argentina. Tomo IV.* Buenos Aires: Ediciones Culturales Argentinas, 1983.
Berta Vidal de Battini, *Cuentos y leyendas populares de la Argentina. Tomo VII.* Buenos Aires: Ediciones Culturales Argentinas, 1984.
Berta Vidal de Battini, *Cuentos y leyendas populares de la Argentina. Tomo VIII.* Buenos Aires: Ediciones Culturales Argentinas, 1980.
Berta Vidal de Battini, *Cuentos y leyendas populares de la Argentina. Tomo IX. Cuentos de tontos.* Buenos Aires: Ediciones Culturales Argentinas, 1983.
Birdseye, Tom. *Soap! Soap! Soap! Don't Forget the Soap.* NY: Holiday House, 1990.
Borja, Arturo Jimenez. *Cuentos y leyendas del Perú.* Lima: Instituto Peruana del Libro, 1940.
Bossi, Elena. *Seres mágicos.* Córdoba, Argentina: Ediciones del Copista, 2007.
Cavia, María Sara Sáenz. *Mitá Urupá (Leyendas Guaraníes).* Buenos Aires: Impresores Isely & Cia, 1932.
Chertudi, Susana. *Juan Soldao. Cuentos folklóricos de Argentina.* Buenos Aires: Editorial Universitaria de Buenos Aires, 1962.

Cifuentes, Julio Vicuña. *Mitos y supersticiones recogidos de la tradición oral chilena.* Santiago de Chile: Imprenta Universitaria, 1915.

Colombres, Adolfo. *Seres sobrenaturales de la cultura popular argentina.* Buenos Aires: Ediciones del Sol, 1992.

Coluccio, Félix. *Diccionario de creencias y supersticiones argentinas y americanas.* Buenos Aires: Corregidor, 2013.

Coluccio, Félix. *Diccionario folclórico argentino.* Buenos Aires: Editorial Plus Ultra, 1981.

Cómo surgieron los seres y las cosas. Coedición Latinoamericana. Lima, Perú: Ediciones Peisa, 1986.

Cuentos de lugares encantados. Buenos Aires: Coedición Latinoamericana, Aique, 1989.

Cuentos y leyendas de amor para niños. Buenos Aires: Coedición Latinoamericana, Aique, 1984.

D'Ans, André-Marcel. *La nuit de qui?* Illus. Fabian Negrin. Paris: Desclée de Brouwer, 2002.

D'Ans, André-Marcel. *La verdadera biblia de los Cashinahua: mitos, leyendas y tradiciones de la selva peruana.* Lima: Mosca Azul Editores, 1975.

Daelli, Luciana. *Cuentos con diablos.* Buenos Aires: Ediciones Culturales Argentinas, 1993

Dobie, J. Frank. *Tongues of the Monte.* Austin, TX: University of Texas Press, 1980.

Fernández, César. *Cuentan los Mapuches.* Buenos Aires: Ediciones Nuevo Siglo, 1995.

Fernández, César. *Relatos y romanceadas Mapuches.* Buenos Aires: Biblioteca de Cultura Popular. Ediciones del Sol, 1996.

Genovese, Carlos. *Las más bellas historias para ser contadas.* Santiago de Chile: Editorial Don Bosco S.A., 1999.

González, Gustavo. *Ñandutí.* Asunción, Paraguay: Biblioteca del Centro de Estudios Antropológicos del Ateneo Paraguayo, 1967.

Herrera, G. [Gray] Enriqueta. *Leyendas y fábulas peruanas.* Lima: Imprenta del Ministerio de Guerra, 1945.

Hickox, Rebecca. *Zorro and the Quwi: Tales of a Trickster Guinea Pig.* NY: Doubleday, 1997.

Jagendorf, Moritz A. and Ralph Steele Boggs. *The King of the Mountains: A Treasury of Latin American Folk Stories.* New York: Vanguard Press, 1960.

Keller, Carlos. *Mitos y leyendas de Chile.* Santiago: Editorial Jerónimo de Vivar, 1972.

Kurvf, Peñi. *Cuentos y poesías Mapuches.* Buenos Aires: El horizonte producciones periodísticas, 2007.

Leyendas y cuentos iberoamericanos. Santiago de Chile: Editorial Andrés Bello, 2004.

MacDonald, Margaret Read. *Earth Tales: World Folktales to Talk About.* Atlanta: August House, 1999.

MacDonald, Margaret Read. *Look Back and See.* NY: H.W. Wilson, 1991.

MacDonald, Margaret Read and Brian W. Sturm. *The Storyteller's Sourcebook: A Subject, Title, and Motif-Index to Folklore Collections for Children: 1983–1999.* Farmington Hills, MI: Gale Group, 2000.

MacDonald, Margaret Read. *The Storyteller's Sourcebook: A Subject, Title, and Motif-Index to Folklore Collections for Children.* Detroit: Neal-Schuman/Gale Research, 1982.

MacDonald, Margaret Read. *Twenty Tellable Tales.* NY: H.W. Wilson, 1986.

Martínez, Paulina. *Cuentos y leyendas de Argentina y América.* Buenos Aires: Alfaguara Infantil, 1996.

Métraux, Alfred. *Bulletin of the Bureau of American Ethnology, CXLII.*

Mollo, Perla Montiveros de. *Leyendas de nuestra tierra.* Buenos Aires: Biblioteca de Cultura Popular. Ediciones del Sol, 1996.

Montalvo, César Toro. *Mitos, fábulas, y leyendas de América. Tomo I.* Lima: A.F.A. Editores Importadores S. A., 2008.

Montes, Nahuel. *Cuentos, mitos, y leyendas patagónicos.* Buenos Aires: Ediciones Continente, 2000.

Morales, Ernesto. *Leyendas Guaraníes.* Buenos Aires: Editorial Futuro, 1946.

Palleiro, María Inés. *Los tres pelos del diablo: cuentos maravillosos de la cultura argentina.* Buenos Aires: Ediciones del Sol, 1992.

Parodi, Lautaro. *Leyendas indígenas de la Argentina.* Buenos Aires: Ediciones Libertador/Andrómeda, 2005.

Pelucé, Gonzalo Espina, compiler. *Tradición oral, culturas peruanas–una invitación al debate*. Lima Fondo Editorial Universidad Nacional Mayor de San Marcos/Facultad de Letras y Ciencias Humanos UNMSM.

Pino-Saavedra, Yolando. *Folktales of Chile*. Chicago: University of Chicago Press, 1967.

Plath, Oreste. *Folklore Chileno*. Santiago: Editorial Nacimento, 1969.

Relatos Qom (Tobas): Madres cuidadoras de la cultura Qom. Córdoba: Editorial Copiar, 2008.

Reynolds, Roberto Rosaspini. *Cuentos y leyendas argentinos*. Buenos Aires: Ediciones Continente, 1999.

Rossi, Elana. *Seres mágicos que habitan la Argentina*. Córdoba: Ed. del Copista, 2007.

Saavedra, Luis. *Cuentos folklóricos de Chile. Tomo II*. Santiago de Chile: Ediciones de la Universidad de Chile, 1961

Sakade, Florence. *Japanese Children's Stories*. Rutland, Vermont: Tuttle, 1952.

Saltzmann, Julia. *Leyendas tradicionales argentinas* by Julia Saltzmann. Buenos Aires: Editorial Planeta, 1999.

Sánchez de Salazar, Olga Julieta. *Creencias y supersticiones puneñas*, 2008 [obra declarada de Interés Cultural Provincial mediante Decreto N° 3665-G-1991].

Soustelle, Georgette et Jacques. *Folklore Chilien* by Georgette et Jacques Soustelle. Paris: Institut international de Coopération Intellectuelle, 1938.

Suárez, Sergio López. *Leyendas del Ñacurutú*. Alfaguara infantil, 2009.

Sugobono, Nahuel. *Cuentos y leyendas de la Argentina*. Buenos Aires: Planeta, 1997.

Sugobono, Nahuel. *Más cuentos y leyendas de la Argentina. (Érase una vez... Biblioteca de cuentos maravillosos, no. 126)* by Nahuel Sugobono. Buenos Aires: Planeta, 2001.

Tangol, Nicasio. *Chiloé: archipiélago mágico*. Santiago de Chile: Empresa Editora Nacional Quimantu Limitada, 1972.

Terán, Buenaventura. *Lo que cuentan los Tobas*. Buenos Aires: Biblioteca de Cultura Popular, 1994.

Thompson, Stith. *Motif-Index of Folk-Literature*. 6 vols. Bloomington: Indiana University Press, 1966.

Turner, Clorindo Matto de. *Tradiciones cuzqueñas y leyendas*. Lima: H.G. Rozas, 1917.

Vera, Juan Sacarías Agüero. *Divinidades Diaguitas*. Tucumán: Universidad de Tucumán, 1973.

INDEX

Acre state, Brazil, 15
Algarroba flour, 167–68
Algarrobo, 7
Alligator. *See* yacaré
Alpacas, 12
Altiplano, 3
Amazon, 4, 14; tales, 136–41, 153–54
Anahí, la flor del ceibo, 147–48
Anahí, the Ceibo Flower, 149–50, 224
Andes, 4, 5, 8, 11, 14
Ant, endless tale, 200
Apacheta, xvi–xvii, photo insert
Arani, Bolivia, 136–37
Argentina, 5, 20; tales, 32–35, 39–40, 41–42, 58–59, 69–73, 74–81, 82–85, 116–19, 143–46, 181–87, 188–91, 192–95, 196–197, photo inserts
Argentina. *See also* Buenos Aires, Catamarca, Chaco, Córdoba, Corrientes, Chubut, Entre Ríos, Formosa, Jujuy, La Plata, La Rioja, Mendoza, Misiones, Nequén, Pampa del Indio, Patagonia, Salta, San Luis, Santa Cruz, Santa Fe, Santiago del Estero, Tucumán
Armadillo, 4, 39–40, 48–49, 53–57, 177–80. *See also* quirquincho
Asado, 11
Asunción, 7
Atacama Desert, 4
Auracaria, 13
Aymara, xviii, 2, 3, 4, 12; tales, 46–47, 48–49, 127–28, 130–33, 196–97

Baby taken by Millalobo, 123–25
Bantu, 6
Bautista, Berta, 5

Beef stew recipe, 20
Beggar woman spurned, 136–37
Beni River, 4, 14
Beni, Bolivia, 169–72
Bermejo Pass, 5
Berries, origin, 163–64
Bierhorst, John, xviii
Big Hatted Duende, 185–87, 227–28
Bío Bío River, 13
Birds, 32–35, 50–51
Black Rainbow, xviii
Blacksmith tricks Devil, 102–111
Blind Chicken game, 18
Bolivia, 3–4, 7, 12, 19; tales, 157–62, 127–28, 130–33. *See also* Aymara, Arani, Beni, Cochabamba
Bolivian rain forest, 14
Bombacha, 11
Borocotó, Borocotó, Chas Chas, 62–64, photo insert
Brave Fool, 78–81, 218
Brazil, 7. *See also* Patanal, South Amazonas
British settlers, 7
Bruja de Jujuy, 120
Buenos Aires, xiii, 5, 7, 11, 13; tale, 32–35
Buenos Aires Province, 82–85

Cactus, origin, 171–72
Caiman. *See* yacaré
Cajas, 4
Calafate, origin, 169–70; photo insert
Candombe Drums, 63, 227
Cannibal, 155–57
Cannibal Woman, 151, 215
Caramel recipe, 20

Carbonada récipe, 20
Carob tree, 196–97. *See also* Algarrobo
Carrera de Carretilla game, 17
Cashinahua, 15; tale, 177–80
Cassava. *See* yucca
Catamarca, Argentina, 5; tales, 32–35, 38–39, 40–41, 80–83, 109–112, 175–80
Catholic traditions, 5
Ceibo flower, origin, 147–50; Ceibo tree, photo insert
Ceja de Selva, 14
Ceviche, 21
Chaco. *See* Gran Chaco
Chaco, Argentina, 155–57
Charango, 4; origin, 53–57
Cheese, stolen from cart, 39–41
Children nurtured by goddess, 196–97
Chile, 4–6, 20. *See also* Catamarca, Chiloé, Coquimbo, La Serena, Patagonia, Valdivia
Chilean tale, 87–91, 94–101, 116–19, 127–28, 130–33, 134–35, 196–97, 199–200, 200–201
Chiloé, Chile, 5, 9, 13, 123–24
Chimané, 4, 14; tale, 167–68
Chubut, 8, 13, 32–35, 39–40
Chungará, 127–29, 130–33
Cinco kilos de maíz, 69–71
City disappears, 127–28, 134–35
Clothing, Aymara, 12; Quechua, 11
Coastal plain, 4
Coca chewing, 12
Cochabamba, Bolivia, 60–61
Colonel Portillo state, Peru, 15
Como consiguió sus espinas el queshque, 165
Condor carries fox, 36–37
Coquimbo, Chile, 102–111, 112–15
Córdoba, Argentina tale, 32–35, 39–40
Corn bread récipe, 21
Corrientes, Argentina, 7, 8; tales, 27–31, 39–41
Cow of the King, endless tale, 201
Cowhide, demon, 116–19, 221
Creator destroys, 130–33
Crow tale, 32–35
Cuando Ingele se creyó muerto, 82–83
Cuba, xiii
Cuento de la Buena Pipa, 204

Cuento de nunca acabar, 202–3
Cuero, 116–17
Curanja River, 15
Cuy, 3; cuy tricks fox, 42–44, photo insert
Cuyo región, 8

Dam formed by giant worm, 169–72
Dead visit sky, 173–76
Dead, fool believes self dead, 82–85
Décima rhyme, 32, 34
Deforestation, 14
Desaparición de La Serena, 134
Desde los Vientos de Manguito, xiii
Devil, 5; Devil tricked by blacksmith, 102–111; Devil's familiar, 112–15; Devil's Helper, 114–15; Devil's Mother-in-law, 94–97, 219, photo insert
Disappearance of La Serena, 135, 223
Disease epidemic, 15
Dog, devil's helper, 112–15
Domingo siete, 87–90
Dove tale, 32, 34
Drug traffickers, 14
Drums, origin, 62–63, 64–67. *See also* Kultrún
Duende, 181–87
Duende sombrerudo, 181–84
Dulce de leche recipe, 20

Ecuador, 11
El Familiar, 112–13
El río de los pájaros pintados, 50
El'Al y Kellfu, el cisne, 173–74
El'Al y Kellfu, the Swan, 175–76, 226
Elf. *See* duende
Endless tales, 199–205
Entre Ríos, Argentina, 7; tales, 32–35, 39–40, 82–85, 94–101

Facón, 11
Familiar of Devil, 112–15
Five Kilos of Corn, 72–73, 218
Flan récipe, 21
Flauta de Bartolo, 203
Flour, origin, 167–68
Flowers. *See* Ceibo, Irupé
Flute of Bartolo, 203, 231

Folktale transmission, xviii
Fools, 69–85
Formosa, Argentina, 7; tale, 39–40
Fox and the Cuy, 42–45, 215
Fox tale, 37–38; saved by cactus, 165–66; tricked by spider, 46–47, photo insert
Function of folktales, xviii

Gallinita ciega game,18
Games, 17–18
Gaucho, 6, 11; creates guitar, 58–59
German settlers, 7
Girl outwits Yasí Yateré, 188–91; tricks duende, 181–87
Gran Chaco, 7, 14, 167–68
Guanacos, 12
Guaraní language, 13, 50–51
Guaraní, xviii, 7, 8; tales, 27–31, 121, 122, 143–46, 147–50, 151–52, 188–91
Guinea pig. *See* cuy
Guitar, origin, 58–59; toad hides in, 32–35

Hats, bowler, 12
Herrero Miseria, 102–6
Historia de la flor del Irupé, 151
Hormiguita, 199
How and why stories, xviii
How the Queshque Cactus Got Its Spines, 166, 226
Hueke Huekú, 116–19
Huevo podrido game, 17
Huilliche, 12
Huni Kuin, 15

I see, I see game, 18
Igauzú Falls, 8
Insects help girl stay awake, 188–91
Irupé flower, origin, 151–52
Italian settlers, 5

Jacaranda, characteristics, 158–62
Jaguar, 143–146; kills man, 121–22, photo insert
Jewish settlers, 7
José Is the Name, 204, 230
José se llamaba, 204
Juan Soldado, 134–35

Jujuy, Argentina, 5; tale, 32–35, 39–40, 112–15, 120, 181–87
Jujuy Witch, 120, 221

Kashinawa. *See* Cashinahua
Khamkhe and Kusi-Kusi, 47, 216
Khamkhe y Kusi-Kusi, 46
Kharua and Kjirkinchu, 49, 216
Kharua y Kjirkinchu, 48
King Who Had Two Sons, 202, 230
King's Cow, 201, 230
Kultrún, 9, 64–65, 66–67, 218
Kurupí, 8

La Plata, Argentina tale, 102–11
La Rioja, Argentina, 5; tales, 32–35, 102–111, 196–97
La Serena, 5; tale, 135
Lace, origin, 121–22
Lafkenche, 12
Lajau, characteristics, 158–62
Lake Asiru Qucha, 136–37, 223
Lake Buenos Aires, 9
Lake Chungará, 127–29, 130–33
Lake Cotacotani, 127–29
Lake Cucao, 123–25
Lake Titicaca, 127–29, 130–33
Lake, home of demon cowhide, 116–19
Lake, inhospitable people drowned, 136–37
Language, Guarani, 27–31
Language, Qom, 14
Language, Quechua, 12
Language, Selknam, 13
Language, Shipibo, 14
Legend of the Guitar, 58, 217
Legend of the Lajau, 160–61, 225
Leyenda de la guitarra, 57
Leyenda del Lajau, 158–59
Leyenda del origen del encaje de Ñandutí, 121
Little Ant, 199, 230
Little Pots game, 18
Llama, 12; feuds with Armadillo, 48–49, photo insert

Machiguenga, 4, 15; tale, 153–54
Madre de Dios River, 14
Malambo dance, 32, 34

Index 239

Malvinas, 8
Manchas del Sapo, 32–33
Mapuche, xviii, 5, 8, 9, 12; tales, 64–67, 116–19
Mapundugún language, 116–19
Martín, Paula, xiii, photo insert
Mata Atlántica, 8
Mate, 11; origen, 143–46
Matto Grosso, 7
Mendoza, Argentina, 8; tales, 39–40, 41–42
Milky Way, 4; origin, 169–72
Millalobo, 123–24, 222
Misery, origin, 102–111
Misery, the Blacksmith, 107–111, 220
Misiones, Argentina, 7, 8; tale, 102–111
Missionaries, 14
Monkey and the Yacaré, 30–31, 214
Mono y el Yacaré, 27–28
Monster. *See* Millalobo, Hueke Huekú
Montaña viajera, 138–39
Montevideo, 7
Moon, fox in love, 36–38; gives yerba mate, 143–46; gives yucca, 153–54. *See also* Yasí
Morales, Evo, 12
Morning star, 173–76
Mother Earth, 64–67. *See also* Pachamama
Mother-in-law terrorizes Devil, 94–101
Mountain flies away, 138–41
Mouse, night of, 177–80
Mujer cannibal, 155
Music, xviii; Andean, 12
Musical instruments, 53–67. *See also* Charango, Kultrún, Drums, photo insert
Mythology, xviii

Nagche, 13
Ñandú tricked by toad, 41–42
Ñandutí, 13, 121–22, photo insert
Neuquén, 8, 116–19
Never Ending Story, 203, 230
Never ending tales, 199–205
Night of the Tatú, 179–80, 227
Night, origin, 177–80
Noche del Tatú, 177–78
Ñucu, el gusano, 169–70

Ñucu, the milky way, 169–72
Ñucu, the Worm, 171–72, 226

Olive growing, 8
Ollitas game, 18
Ombú, 5; characteristics, 158–62, photo insert
Ona, 13
Origen of Yuca, 154, 225
Origen de la yuca, 153
Origen de Lago Chungará, 130–31
Origen del Calafate, 163
Origin of Lake Chungará, 132–33, 223
Origin of Ñandutí Lace, 122, 222
Origin of the Calafate, 164, 226
Ostrich. *See* ñandú

Pachamama, xv, xvi, 12
Pampa del Indio, Argentina, 155–57
Pampas, 5, photo insert
Pantanal region tale, 27–31
Pants. *See* bombacha
Paradise lost, 127–28
Paradise of Chungará, 129, 222
Paraguay, 7, 13, 21; tales, 27–31, 121–22, 143–46, 147–50, 151, 188–91
Paraná River, 7, 8, photo insert
Parinacota volcano, 127–28, 129–33
Paríso de Chungará, 127
Parrot laughs at flying fox, 36–38
Party, birds', 32–35
Patagonia, 8, 13; tales, 163–64, 173–76
Payada rhyme, 32, 34
Peanut soup recipe, 19
Pehuenches, 13
Pérez, Elvia, xiii
Peru, 3–4, 11, 21, 36–38, 43–44, 59–60, 153–54, 165–66, 177–80. *See also* Colonel Portillio, Ucayali
Pipe, endless tale, 205
Porqué son blancas las estrellas, 167
Pourquoi stories. *See* How and why stories
Potatoes, Andean, 12
Puerto Mott, Chile, 5
Purus River, 15

Qom, 7, 14; tales, 155–57, 167–68
Quebracho, characteristics, 158–62

Quechua, xviii, 3, 4, 11, 12, 36–38, 59–60, 136–37, 192–95
Quena, 4; origin, 59–60, photo insert
Quena, 59, 60, 217
Queshque, origin, 165–66
Quién es? Game, 17
Quién ve primero la salida del sol? El Sapo y el Ñandú, 41
Quiquincho tricks toad, 39–40; becomes instrument, 52–56
Quirquincho, el gran cantor, 52–54
Quirquincho, the Great Singer, 55–56, 216

Rain forest, 4
Recipes, 19–23
Reservation land, 13
Rey que tenía dos hijos, 201–2
Río de la Plata, 5, 7
Río Negro, Argentina, 8; tale, 39–40
River of the Painted Birds, 51, 216
Rotten Egg game, 17
Runa-uturunco: el hombre-tigre, 192–93
Runa-Uturunco: the Man Tiger, 194–95, 229

Salta, Argentina, 5, 32–35, 39–40, 112–15, 181–87, photo insert
Sampoñas, 4
San Juan, 8; tale, 82–85
San Luis, Argentina, 8; tales, 32–35, 39–40, 41–42, 87–93
Santa Cruz, 8, 13; tale, 39–40
Santa Fe tale, 32–35
Santiago de Chile, 13
Santiago del Estero, Argentina, 32–35, 112–15, 181–87
Sapo y el Quirquincho Bola, 38
Scary tales, xviii
Seattle, Washington, xiii
Selknam, 8, 13; tale, 163–64
Serena, 134–35
Seven at a blow, 74–81
Sheep, European, 13
Shipibo-Conibo, 4, 14; tale, 136–41
Siesta, hour of duende, 181–87
Sikus, 4
Sleep trance overcome, 188–91

Song of witches spoiled, 87–92
Sopa de maní récipe, 19
Sopa Paraguaya récipe, 21
South Amazonas state, Brazil, 15
Spanish immigrants, 11; traditions, 5
Spider tricks fox, 47–48
Spider web origin of lace, 121–22
Star, as ancestors, 173–76; characteristics, 167–68
Stone, woman turns to, 133
Story of the Good Pipe, 205, 230
Story of the Irupé Flower, 152, 224
Suárez, Sergio López, 158–62
Suegra del diablo, 93–96
Sumires, María, 12
Sunday Seven, 90–92, 219
Sunday Seven, origin phrase, 87–92
Sunrise, first to see, 41–42
Supa, Hilaria, 12
Swan, helpful, 173–76

Tambores del Candombe, 62
Tapir, night of, 177–80
Tarka, 4
Tatú, night of, 177–80
Tehuelche, 8, 13; tale, 173–76
Thorns of cactus, origin, 165–66
Tiahuanaco, 133
Tierra del Fuego, 8, 13
Tiger man, 192–95
Timbó, characteristics, 158–62
Toad and the Round Armadillo, 40, 215
Toad spots, 32–35; flattened, 39–40; tricks ñandú, 41–42
Toad's Spots, 34–35, 214
Toba tale, 7, 14, 155–57, 167–68
Tobacco, origin, 160–63
Traveling Mountain, 140–41, 224
Tree cutting punished by goddess, 196–97
Trees. *See also* carob, quebracho, jacaranda, ombú, timbó
Trelke-wekufe, 116–19
Tsimané Health and Life History Project, 14
Tsimané. *See also* Chimané
Tucumán, Argentina, 5; tale, 32–35, 94–101, 112–15, 181–87
Tupá, creation god, 143–46, 151–52, 158–62

Index   **241**

Ucayali, Peru, 14, 136–41
Urubamba River, 14
Uruguay, 5, 7, 21; origin of name, 50–51; tales, 62–64, 82–85, 87–90, 143–46, 158–62

Vaca del rey, 200
Vain Fox, 38, 214
Valdivia, Chile, 5, 94–101, 102–112
Veo veo game, 18
Vicuña, 12
Village flies away, 136–41
Vineyards, 8

Weaving, 12, 13; origin, 121–22
Wheelbarrow Race, 17
When Ingele Believed He Was Dead, 84–86
Whistle of Yasí Yateré, 188–91
Who is it? Game, 17

Who Was First to See the Sun? The Toad and the Ñandú, 42, 215
Why the Starts Are White, 158, 226
Witch's skin salted, 120
Witches reward song, 87–92
Woman eats husband, 155–57
Wool, 12, 13
Worm as son, 169–72

Yacaré, 27–31
Yasí Yateré, 8, 188–91, 228–29
Yasí, the moon, 143–46, 151–52
Yerba mate. *See* mate
Yerba mate, 143–44, 145–46, 224
Yuca, 4; origin, 153–54

Zapam Zucum, 196–97, 229
Zonzo valiente, 74–77
Zorra vanidosa, 36–37
Zorro y el cuy, 43

About the Author

Paula Martín is a teacher, storyteller and a specialist in children and young adult literature and on reading promotion, born in Buenos Aires, Argentina. Her love for stories goes back as far as her earliest years thanks to a grandfather whose imagination knew no limits. Her repertoire includes traditional and literary tales, poems, rhymes, riddles, tongue twisters, and songs, which she accompanies with Latin American instruments such as *charango, quena* and *sikus*. Her interest in stories and folk music has taken her all around the countries that appear in this collection.

As a bilingual storyteller she has participated in several International Festivals and has toured around United States, Cuba, South Africa, United Kingdom, United Arab Emirates, Brazil and Argentina. She is a member of the organizing committee of the *"Encuentro Internacional de Narración Oral"* an International Storytelling Festival and Conference that takes place every year at the Buenos Aires Book Fair. In 2007 she received the *"Premio Pregonero"* a prize that is awarded every year to people that promote children's literature, issued by *Fundación El Libro*.

At the present time she works for the Plan Nacional de Lectura (National Reading Program) of the Ministerio de Educación de la Nación (National Educational Ministry) offering storytelling performances and teacher's workshops all over the country, and is dedicated to promote, teach and preserve storytelling. She is also immersed in the investigation, collection and re-creation of folk tales, literary tales and personal stories.

About the Editor

Dr. Margaret Read MacDonald lived for two years in Buenos Aires and traveled to all of the countries mentioned in this collection. She spent two months each in Paraguay, Chile, and Uruguay. After performing at the ContArte Storytelling Festival in Habana, Paula, Margaret, and Elvia Pérez prepared the Cuban folktale collection *From the Winds of Manguito/ Desde los vientos de Manguito* (Libraries Unlimited, 2004). Paula also translated Margaret's *Parent's Guide to Storytelling* publishing it in Argentina as *Cuentos que van y vienen* (2001). Margaret is also editor of several folklore collections for the Libraries Unlimited World Folklore series. She worked with storytellers to produce these books: Murti Bunanta (*Indonesian Folktales*); Wajuppa Tossa (*Lao Folktales*); Supaporn Vathanaprida (*Thai Tales*); Livia de Almeida (*Brazilian Folktales*) and *The Singing Top: Tales from Malaysia, Singapore, and Brunei*. Author of over 62 books, Margaret draws on her work as a children's librarian and her Ph.D. in Folklore. Her award winning titles include *Teaching with Story: Classroom Connections to Storytelling* (August House, 2013), *Conejito: A Folktale from Panama* (August House, 2006), and *Farmyard Jamboree [La Algarabía en la Granja]* (2005) She has traveled to over 75 countries to tell stories and offer her "Playing with Story" workshops.

About the Illustrator

Luna Núñez is an art teacher and illustrator from Argentina. She graduated from the Manuel Belgrano Art School in Buenos Aires. She has participated in several collective exhibitions. Her love for art and literature drew her to find a way to tell stories through her drawings and paintings, and thus, she became an illustrator.

RECENT TITLES IN THE WORLD FOLKLORE SERIES

The Singing Top: Tales from Malaysia, Singapore, and Brunei
  Margaret Read MacDonald

Lao Folktales
  Kongdeuane Nettavong, Wajuppa Tossa; Edited by Margaret Read MacDonald

A Fire in My Heart: Kurdish Tales
  Retold by Diane Edgecomb; with Contributions by Mohammed M.A. Ahmed and Çeto Ozel

The Flying Dutchman and Other Folktales from the Netherlands
  Theo Meder

Folktales from the Japanese Countryside
  As told by Hiroko Fujita; Edited by Fran Stallings with Harold Wright and Miki Sakurai

The Flower of Paradise and Other Armenian Tales
  Translated and Retold by Bonnie C. Marshall; Edited and with a Foreword by Virginia Tashjian

OTHER BILINGUAL SPANISH COLLECTIONS IN THE WORLD FOLKLORE SERIES

The Corn Woman: Stories and Legends of the Hispanic Southwest
  Angel Vigil

From the Winds of Manguito, Desde los vientos de Manguito: Cuban Folktales in English and Spanish, Cuentos folklóricos de Cuba, en inglés y español
  Retold by Elvia Pérez; Translated by Paula Martín; Edited by Margaret Read MacDonald; Illustrated by Victor Hernández Mora

Mayan Folktales; Cuentos Folklricos Mayas
  Retold and Edited by Susan Conklin Thompson, Keith Thompson, and Lidia López de López

  Additional titles in this series can be found at www.abc-clio.com